高职高专公共基础课系列教材

新时代高职院校劳动教育读本

主　编　李俊征　周敏娟　李　蔓
副主编　王　超　宋建威　夏　涛　吴　松
参　编　郭　艺　刘孝林　李　璞　刘会杰
崔陶陶　王　鹏　冯　婧　陈　煜
张晓宁　耿曙光　赵　辉　聂振刚
王军峰　刘　颖　黄晓阳
主　审　郭社军

西安电子科技大学出版社

内 容 提 要

本书是根据《中共中央国务院关于全面加强新时代大中小学劳动教育的意见》和教育部印发的《大中小学劳动教育指导纲要(试行)》的文件精神，为高等院校贯彻落实劳动教育新部署、新要求而专门编写的劳动教育通识课教材。全书包括劳动之美、劳动精神、劳动学习、劳动安全、劳动品德、劳动法规、劳动实践七个模块。此外，为了启发读者思考、增强本书的可读性，本书在相关内容处设置了案例供读者阅读，以加深读者对相关问题的理解。

本书既可作为普通高等学校和职业院校的劳动教育相关课程的教材，亦可作为劳动教育研究者的参考用书。

图书在版编目(CIP)数据

新时代高职院校劳动教育读本 / 李俊征，周敏娟，李蔓主编. —西安：西安电子科技大学出版社，2022.3
ISBN 978－7－5606－6368－5
Ⅰ. ①新… Ⅱ. ①李… ②周… ③李 Ⅲ. ①劳动教育－高等职业教育－教材
Ⅳ. ①G40-015

中国版本图书馆 CIP 数据核字(2022)第 014764 号

策划编辑 李鹏飞 杨航斌
责任编辑 郑瑞环 李鹏飞
出版发行 西安电子科技大学出版社(西安市太白南路 2 号)
电　　话 (029)88202421 88201467　　邮　　编 710071
网　　址 www.xduph.com　　电子邮箱 xdupfxb001@163.com
经　　销 新华书店
印刷单位 陕西天意印务有限责任公司
版　　次 2022 年 3 月第 1 版　2022 年 3 月第 1 次印刷
开　　本 787 毫米×1092 毫米 1/16 印张 12.5
字　　数 221 千字
印　　数 1～5000 册
定　　价 39.00 元
ISBN 978-7-5606-6368-5 / G
XDUP 6670001-1

前　言

劳动教育是发挥劳动的育人功能，对学生进行热爱劳动、热爱劳动人民教育的活动。中华人民共和国自成立以来，继承和实践了“教育与生产劳动相结合”的观点，强调和发挥了劳动教育在国民教育中的重要作用。要建设社会主义现代化强国，必须建设教育强国；要实现中华民族伟大复兴的中国梦，必须建设一支“懂劳动、爱劳动、会劳动”的劳动者大军。而我国当前的劳动教育还存在着思想认识不到位、成效不明显等诸多弊端。这些问题的存在，要求我们重新审视和思考劳动教育，改进劳动教育实践，增强劳动教育成效。

新时代，建设教育强国，必须在继承我国劳动教育取得的成果和经验的基础上，构建德智体美劳全面发展的教育体系，发挥劳动教育“以劳树德、以劳增智、以劳强体、以劳育美、以劳创新”的重要作用。2018 年 9 月，在全国教育大会上，习近平总书记强调，要坚持中国特色社会主义教育发展道路，培养德智体美劳全面发展的社会主义建设者和接班人。他为新时代加强劳动教育提出了新的要求，指明了方向。2020 年 3 月，《中共中央国务院关于全面加强新时代大中小学劳动教育的意见》发布，为新时代劳动教育做了顶层设计和全面部署。2020 年 7 月，教育部印发《大中小学劳动教育指导纲要(试行)》，为新时代的劳动教育做出了具体规划，也将有力地指导大中小学共同构建德智体美劳全面培养的教育体系。2020 年 11 月 24 日，习近平总书记在全国劳动模范和先进工作者表彰大会上的讲话中指出：“要开展以劳动创造幸福为主题的宣传教育，把劳动教育纳入人才培养全过程，贯通大中小学各学段和家庭、学校、社会各方面，教育引导青少年树立以辛勤劳动为荣、以好逸恶劳为耻的劳动观，培养一代又一代热爱劳动、勤于劳动、善于劳动的高素质劳动者。”这进一步明确了劳动教育的途径、任务和目标。

新时代高校劳动教育，要准确把握社会主义建设者和接班人的劳动价值取向、劳动精神面貌和劳动技能水平的培养要求，进行劳动观念教育、劳动精神教育、劳动能力教育。劳动观念教育是指从理念认知的角度，使学生正确理解劳动是人类发展和社会进步的根本力量，懂得劳动创造人、创造价值、创造财富、创造美好生活的道理，尊重劳动，尊重普通劳动者，牢固树立劳动最光荣、劳动最崇高、劳动最伟大、劳动最美丽的思想观念。劳动精神教育主要指从情感态度的角度，使学生领会“幸福是奋斗出来的”的内涵与意义，继承中华民族勤俭节约、敬业奉献的优良传统，弘扬开拓创新、砥砺奋进的劳模精神、劳动精神、工匠精神。劳动能力教育主要指从行为习惯的角度，使学生掌握基本的劳动知识和技能，正确使用常见的劳动工具，增强体力、智力和创造力，具备完成一定劳动任务所需要的设计、操作能力及团队合作能力；能够自觉自愿、认真负责、安全规范、坚持不懈地参与劳动，形成诚实守信、吃苦耐劳的品质。大学生即将走入社会参加一线劳动，因此，有必要对其进行劳动保障方面的教育，使其懂得利用法律武器维护自己的劳动合法权益。

基于此，我们编写了本书。本书分七个模块。模块一为劳动之美，包含劳动概述、马克思主义劳动观、新时代高校大学生劳动教育的内涵及意义等内容。模块二为劳动精神，包含劳动精神概述、劳动精神的典型表现等内容。模块三为劳动学习，包含学习专业技能、学习劳动技能和学习劳动素养等内容。模块四为劳动安全，包含劳动安全意识、安全生产责任及安全生产应急预案等内容。模块五为劳动品德，包含劳动品德的内涵、大学生群体常见的劳动品德问题及培养大学生优良的职业道德等内容。模块六为劳动法规，包含劳动者的权利与义务、劳动与社会保障及劳动合同等内容。模块七为劳动实践，包含校园劳动和社会劳动等内容。

由于编者水平有限，书中不足之处在所难免，敬请广大读者专家批评指正。

编　者

2021 年 10 月

目　　录

模块一 劳动之美

劳动，是人类创造物质或精神财富的特殊实践活动，是人类社会存在和发展的最基本条件。劳动创造了世界。可以说，没有劳动，就没有人类的生活。恩格斯指出，某种意义上不得不说，劳动创造了人本身。

劳动分为脑力劳动和体力劳动。在知识经济时代，脑力劳动在创造社会财富中所占的比重大为提升，但这并不意味着体力劳动已经不再重要。体力劳动仍然是当今社会不可或缺的基本能力。

一、劳动概述

1. 劳动的概念

劳动是指人类创造物质或精神财富的活动，是人能动地、创造性地利用自然资源、社会资源和人类自身潜能与客观世界进行物质交换并创造精神文化产品的过程，是为了创造某种使用价值或效用以满足人类自身物质、精神文化需要，以及实现自身全面发展而进行的有目的的活动，是运动的一种特殊形式。它是人类社会生存和发展的基础，是人维持生存和自我发展的唯一手段。

劳动发生在人与自然界之间，其实质是通过人有意识的、有一定目的的自身活动来调整和控制自然界，使之发生物质变换，即改变自然物的形态或性质，为人类的生活和人类自己的需要服务。

【拓展案例】

郑国渠

郑国渠工程是公元前 246 年由韩国水工郑国设计和主持修建的，历经十年才竣工。郑国渠西起仲山西麓谷口(今陕西泾阳西北王桥乡船头村西北)，郑国在谷口作石堰坝，抬高水位，拦截泾水入渠。他利用西北微高、东南略低的地形，使郑国渠的主干线沿北山南麓自西向东伸展，流经今泾阳、三原、富平、蒲城等县，最后在蒲城县晋城村南注入洛河。干渠总长近150公里，沿途拦腰截断沿山河流，将冶水、清水、浊水、石川水等收入渠中，以加大水量。它在关中平原北部，泾河、洛河、渭河之间构成了密如蛛网的灌溉系统，使干旱缺雨的关中平原得到灌溉。

郑国渠修成后，大大改变了关中的农业生产面貌，增加了土质肥力，使农业生产迅速发展。过去雨量稀少、土地贫瘠的关中，自此也变得富庶天下。

按照传统的劳动分类理论，劳动可分为脑力劳动和体力劳动两大类。

脑力劳动是指以大脑神经系统的运动为主，以其他生理系统的运动为辅的主体劳动，如思考、记忆等。人类所特有的第二信号系统的形成与发展是脑力劳动得以产生的前提条件。低等动物的大脑因不具备第二信号系统而不能相对独立地进行脑力劳动，只是为体力劳动或其他运动提供必要的本能控制信号，从属于其他形式的运动。因此，脑力劳动是只有人类才具有的运动形式。

体力劳动是指以人体肌肉与骨骼的运动为主，以大脑和其他生理系统的运动为辅的主体劳动。体力劳动是生物进化到一定程度后形成的运动系统。任何体力劳动的形成、维持和发展必须依靠机体其他生理系统的参与，并为之提供物质、能量和信息，因此体力劳动必然伴随着其他生理系统的运动。

2. 劳动工具

劳动工具又叫生产工具，是人们在生产过程中用来直接对劳动对象进行加工的物件。它被用于劳动者和劳动对象之间，起传导劳动的作用。劳动工具是劳动资料基本的和主要的部分，是机械性的劳动资料。

从原始社会的原始人使用的石斧、弓箭，到现代化的各种机器、工具、技术设备等都起着传导劳动的作用，均属于劳动工具。制造和使用劳动工具是人区别于其他动物的标志，是人类劳动过程独有的特征。人类劳动是从制造工具开始的。劳动工具的出现是必然的，是人类在发展过程中的一个必然的进步。

考古发现及相关的研究结果表明，我国古代的劳动工具大体经历了三个大的发展阶段：

(1) 第一个发展阶段是劳动工具的石器时代，也叫生产工具的非金属时代。

(2) 第二个发展阶段是劳动工具的青铜器时代。

(3) 第三个大的发展阶段是劳动工具的铁器时代，也叫古典机具时代。

【拓展案例】

案例一 越王勾践剑

越王勾践剑，属青铜剑，制作精美，其主要合金成分为铜、锡、铅、铁、硫等。剑长 55.7 厘米，柄长 8.4 厘米，剑宽 4.6 厘米。剑首外翻卷成圆箍形，内铸有间隔只有 0.2 毫米的 11 道同心圆。剑身修长，其上布满了规则的黑色菱形暗格花纹，剑格正面镶有蓝色玻璃，背面镶有绿松石。两从刃锋利，前锋曲弧内凹，寒气逼人、锋利无比。此剑历经两千四百余年，仍然纹饰清晰精美，被当世之人誉为“天下第一剑”，堪称我国国宝，如图 1-1 所示。

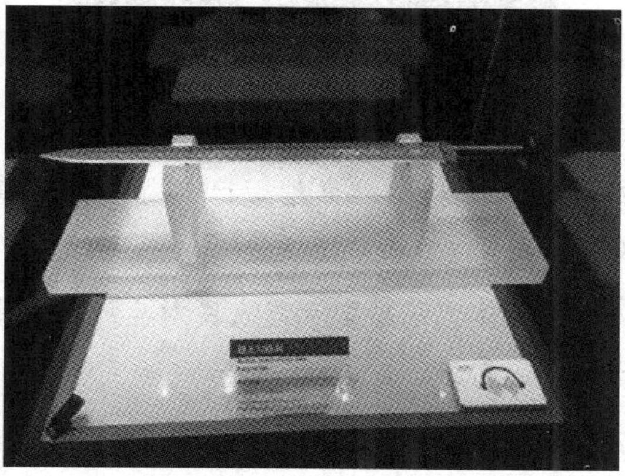

图 1-1 越王勾践剑

案例二 曾侯乙编钟

曾侯乙编钟，是战国早期文物，是由 65 件青铜编钟组成的庞大的乐器，其音域跨五个半 8 度，12 个半音齐备，如图 1-2 所示。编钟的钟架高大，由长短不同的两面木架垂直相交组成。其长面长 7.48 米，高 2.65 米；短面长 3.35 米，高 2.73 米。在木架中有 7 根彩绘木梁，两端以蟠龙纹铜套加固。6 个铜铸佩剑武士和 8 根圆柱承托住整个编钟，形成上、中、下 3 层结构。钟架及挂钩有 246 个。

编钟分为 3 层 8 组：上层 3 组为钮钟，19 件；中层 3 组为甬钟，33 件，分短枚、无枚、长枚 3 式；下层为两组大型长枚甬钟，12 件；另有鎛钟 1 件。中层及下层的也称为甬钟。最大的 1 件通高 152.3 厘米，重 203.6 公斤；最小的 1 件通高 20.2 厘米，重 2.4 公斤，在演奏中能起定调作用。曾侯乙编钟的总重量达 5 吨，是中国出土的最大的青铜编钟。

图 1-2　曾侯乙编钟

钟上大多刻有铭文，上层 19 枚钟的铭文较少，只标示着音名，中下层 45 枚钟上不仅标着音名，还有较长的乐律铭文，详细地记载着该钟的律名、阶名和变化音名等。这些铭文，便于人们敲击演奏。

这些存世的精美文物不仅体现了中国古代人民对生产工具更加精益的追求，也体现了古代劳动人民劳动技能的高超。

劳动工具是人类为了生存和不断改善生存状况的产物，是人类利用和改造自然界的产物，是社会生产力不断发展的标志。劳动工具是古代社会发展的重要物质基础，同时，它的发生和发展，又受到了社会发展进程的影响和直接制约。劳动工具的内容和形式是随着经济和科学技术的发展而不断发展变化的。

早期的劳动工具(石木工具、金属工具)是劳动者依靠自身的体力，用手操纵的；后来的机器则包括工具机、动力机和传动装置等三个部分，形成了复杂的体系；现代的自动化机器体系，又增加了以电子计算机为核心的自控装置。生产工具日益复杂化、精良化，是推动社会生产力发展的一个重要因素。

3. 劳动的价值与意义

劳动的价值与意义包括：

(1) 劳动能创造美好的生活，实现个体的人生价值。

“幸福不会从天降，美好生活靠劳动创造”“幸福都是奋斗出来的”“永远把人民对美好生活的向往作为奋斗目标”，这些思想指出：劳动是个人实现人生价值、享受美好生活的基本途径。对劳动在从猿到人转变过程中的作用，恩格斯指出：“其实劳动和自然界一起才是一切财富的源泉。自然界为劳动提供材料，劳动把材料变为财富，但是劳动还远不止如此，它是整个人类生活的第一个基本条件，而且达到这样的程度，以致我们在某种意义上不得不说劳动创造了人本身。”每个人都离不开劳动，美好的生活需要通过劳动创造，这是新时代劳动教育的新的内涵。充分调动起人们作为劳动主体的积极性，使之为了实现美好目标而奋斗，可以说这是新时期对我们提出的新要求。

在当代中国，最大的梦想就是实现中华民族的伟大复兴，每一个大学生都应该为实现这个梦想而奉献自己的力量。实现了这个梦想也就实现了自己的人生价值。在实现梦想的过程中势必会付出大量的时间和精力，也就是付出劳动。人世间的美好梦想，只有通过诚实劳动才能实现；发展中的各种难题，只有通过诚实劳动才能破解；生命里的一切辉煌，只有通过诚实劳动才能铸就。大学阶段是每一个青年学子人生中最富有青春活力的阶段，也是为实现青春梦想而奋斗的黄金时期。新时代的大学生要敢于做梦，用勤劳追梦。只有大胆地做梦和追梦才能成为合格的劳动者。社会要发展，前进的路上还会遇到很多难题和挑战，新时代大学生只有明确劳动是实现青春梦想的根本途径这个道理，才能在成长过程中为实现青春梦想、实现人生目标而劳动。不仅要让大学生学习科学文化知识，具备良好的科学文化素养，还应培养他们的社会责任感。只有具备强烈的社会责任感，大学生才能处理好个人与集体、个人与社会的关系，并在二者发生冲突时做出正确的选择。社会责任感的培养，不靠空谈，而是要立足于劳动实践。新时代大学生的劳动教育是大学生实现青春梦想和个人价值的必由之路。大学生实现个人价值也为实现社会价值创造了条件。

(2) 劳动能发展民族潜力，增强国家实力。

当前，我国已全面建成小康社会，中华民族正处于走向伟大复兴的关键时期。实干才能兴邦，要想增强国家实力，实现中华民族伟大复兴的中国梦，全体中华儿女必须勠力同心、共同奋斗。一个没有梦想的民族是没有希望的，有梦就要敢于追梦。实现中国梦，不仅要靠每一个人，更要依靠青年一代。“青年兴则国家兴，青年强则国家强。青年一代有理想、有本领、有担当，国家就有前途，民族就有希望。中国梦是历史的、现实的，也是未来的；是我们这一代的，更是青年一代的。中华民族伟大复兴的中国梦终将在一代代青年的接力奋斗中变为现实。”

“弘扬劳模精神，弘扬劳动精神，弘扬我国工人阶级和广大劳动群众的伟大品格，在实现‘两个一百年’奋斗目标的伟大征程上再创新的业绩，以劳动托起梦想。”劳动托起中国梦是新时代劳动观教育的重要方向，是实现中华民族伟大复兴的强大动力。

实现中华民族的伟大复兴是中华民族近代以来最伟大的梦想。这个伟大梦想是和中华民族劳动人民的劳动和实践紧密联系在一起的。

一切为我国社会主义现代化建设和为中国梦的实现助力的劳动都是光荣的，都值得敬佩，参与这个伟大进程的所有劳动人民都应该得到尊重，因为这一切归根结底都是为了实现国家富强、民族振兴和人民幸福的目标。“中国梦”是每个劳动者的“中国梦”，“劳动者”是一同实现“中国梦”的劳动主体，实现中华民族伟大复兴的“中国梦”是广大劳动人民伟大劳动、不懈奋斗的价值指向。

(3) 劳动推动人类社会发展，探索未知邻域。

劳动是人类的本质活动。在人类发展史上，是劳动推动了人类的发展和社会的进步。在人类社会的早期，人类通过劳动战胜大自然，获取食物，满足自己生存的基本需要。随着人类生产力的不断提高，人类劳动的能力和技巧也不断得到提高，这时人类劳动的作用也随之发生了改变。当劳动足以满足自身生存需要的时候，人类就开始追求更高层次的需要，这时劳动就帮助人类积累生产资料和社会财富。随着生产资料和社会财富的不断积累，人类开始探索更多未知的领域。在这个过程中，人类社会也发生着变化，从原始社会、奴隶社会、封建社会、资本主义社会到社会主义社会不断地变化着。

【拓展案例】

杂交水稻之父——袁隆平

1953 年，袁隆平从西南农学院毕业后被分配到湖南安江农校做老师。最初他从事红薯育种的研究和教学工作，但由于当时国家粮食非常短缺，于是他转而从事国家最需要的水稻育种。1961 年 7 月的一天，袁隆平发现一株稻株籽粒多达 230 粒。他推算用这个稻株做种子，水稻亩产会上千斤，而当时高产水稻的亩产才不过五六百斤。当时，世界权威遗传学家认为水稻不具有杂交优势，然而袁隆平通过在试验田不断选种，终于在 1964 年发现一株“天然雄性不育株”。此后，他耗时 9 年的杂交水稻“三系配套法”终于成功，比常规稻增产 20%左右，实现了杂交水稻的历史性突破。从 1976 年到 1987 年中国杂交水稻累计增产 1 亿吨以上，每年增产的稻谷可养活 6000 多万人。20 世纪 90 年代，美国经济学家布朗向世界发出“谁来养活中国？”的疑问，在此背景下，我国提出了超级稻育种计划。袁隆平领衔的科研团队，接连攻破水稻超高产育种难题，超级稻亩产 700 公斤、800 公斤、900 公斤、1000 公斤和 1100 公斤的五期目标相继完成。2016 年双季超级稻年亩产 1537.78 公斤，创双季稻产量世界纪录；2017 年超级杂交稻平均亩产达到 1149.02 公斤，刷新世界水稻单产纪录。袁隆平团队一次次刷新世界纪录，对“谁来养活中国？”这一问题给出了中国人自己的答案。

袁隆平院士将毕生精力用在了水稻育种事业上，在 2019 年被授予“共和国勋章”后，他说：“我不能躺在功劳簿上，要尽量发挥新的贡献，我最大的愿望就是饭碗要牢牢地掌握在我们中国人自己手上。”临近 90 岁时袁隆平仍每天去试验田“打卡”，他说要再完成两个目标才能放心退休，第一要做到杂交水稻大面积示范亩产 1200 公斤，第二是用耐盐碱的海水稻将沧海变为桑田。他一直在朝着这两个目标不断努力。袁隆平曾多次畅谈他的两个梦想，除了让杂交水稻覆盖全球的梦想之外，还有另外一个“禾下乘凉梦”，他曾梦见试验田里的超级杂交水稻长得比高粱还高，穗子有扫帚那么大，谷粒有花生米那么大，他和助手坐在瀑布般的稻穗下乘凉。

袁隆平曾寄语正在追求梦想的年轻人。他表示，年轻人要为了理想而努力奋斗，不要被不好的现象所影响，“君子爱财取之有道，你不能为了钱去努力奋斗，而是为实现你的理想去奋斗，你真正有了成绩、有了贡献会有回报的”。

袁隆平一生致力于杂交水稻技术的研究、应用与推广，用一生诠释了劳动的意义。他不仅是中国的袁隆平，更是世界的袁隆平。

二、马克思主义劳动观

马克思主义关于劳动的相关理论构成了马克思主义理论的出发点和落脚点。从某种意义上说，马克思主义整个思想体系是围绕着劳动问题展开的。其中，马克思在《1844 年经济学哲学手稿》中提出了著名的“异化劳动”概念，并通过研究和分析得出了一系列经典的哲学、法学、经济学、管理学等相关判断和论述。《资本论》和很多手稿围绕劳动的本质、物质劳动与精神劳动、劳动的意义等展开论述，从唯物史观的角度，以劳动为中心来看待和分析人类社会的历史演变，把整个世界历史看作人通过劳动而诞生的过程。可以说，马克思主义的劳动观是贯彻马克思主义理论体系结构的红线，是马克思主义理论的基石，也是马克思主义理论的体系轴心。时至今日，马克思主义的劳动观仍然对当代社会具有十分重要的意义。

1. 劳动的本质和主体

马克思认为，“全部人的活动都是劳动”。劳动作为一种常见的社会活动，研究其本质及主体，可以帮助我们更好地认识和了解它。

1) 劳动的本质

什么是劳动？劳动的本质又是什么？《辞海》中对“劳动”给出的释义是“人类创造物质或精神财富的活动”。在《中国大百科全书》中，定义“劳动”是“人类特有的基本的社会实践活动，也是人类通过有目的的活动改造自然对象并在这一活动中改造人自身的过程”。从这样的定义中不难看出，劳动与创造、劳动与价值、劳动与实践都有着密不可分的关系。

马克思与恩格斯认为：劳动创造了价值，劳动是人类创造物质和精神财富的活动。在其著作《资本论》中，马克思从劳动价值观的视角对劳动的本质进行了探讨。他认为劳动的本质是基于劳动者立场，促进劳动者全面发展的深刻实践。马克思在《1844 年经济学哲学手稿》中指出：“正是在改造对象世界中，人才真正地证明自己是类存在物。这种生产是人的能动的类生活。通过这种生产，自然界才表现为他的作品和他的现实。因此，劳动的对象是人的类生活的对象化：人不仅像在意识中那样在精神上使自己二重化，而且能动地、现实地使自己二重化，从而在他所创造的世界中直观自身。”劳动是一切价值的创造者。恩格斯在《自然辩证法》中指出，“其实劳动和自然界一起才是一切财富的源泉，自然界为劳动提供材料，劳动把材料变为财富”。

劳动具有二重性。生产商品的同一劳动划分为具体劳动和抽象劳动。具体劳动是指生产目的、劳动对象、所用工具、操作方法、生产结果都各不相同的劳动。抽象劳动是指无差别的一般人类劳动。具体劳动创造商品的使用价值，抽象劳动创造商品的价值。具体劳动与抽象劳动是生产商品的劳动的两种形态，是同一劳动的两个不同方面，而不是生产商品的两次劳动。具体劳动反映人与自然的关系，是自然属性，是一切社会形态都存在的永恒的范畴。抽象劳动反映人们之间的社会生产关系，是社会属性，是商品经济特有的历史范畴。理解劳动的二重性，是理解马克思主义政治经济学的枢纽；从劳动的二重性出发，我们可以正确认识劳动创造价值的本质和商品经济的运行规律。

2) 劳动的主体

劳动的主体是人。正是劳动，彻底将人与猿区别开来。恩格斯在《劳动在从猿到人转变中的作用》中写道：“我们的祖先在从猿到人的好几十万年的转变过程中，逐渐摆脱行走时用手帮助的习惯，逐渐使自己的手适应了一些动作，手变得自由了，能够不断获得新的技巧。”“手不仅是一种劳动的工具，而且手也是劳动的产物。”人类在漫长的进化过程中，要用手去劳动。在劳动的过程中，由于手要和日新月异的动作相适应，引起的肌肉、韧带变化以及在更长时间内骨骼的变化，人类的手才能像今天一样完善。会使用和创造劳动工具使人类社会和猿群社会彻底区分开来。劳动使人直立行走，劳动还创造了语言。

但是还远不止如此，劳动是整个人类生活的第一个基本条件，以致我们在某种意义上不得不说：劳动创造了人本身。在劳动的直接推动下，人类经历了从早期猿人到晚期智人的发展过程。劳动促使人类的脑量不断增大和优化，使人类体态特征愈来愈区别于猿而近似于现代人，而且使劳动工具日益改进和多样化，人类智力得到进化，物质生活逐渐丰富起来。

【拓展案例】

都　江　堰

都江堰，位于四川省成都市都江堰市城西，坐落在成都平原西部的岷江上，始建于秦昭王末年(约公元前256～公元前251)，是蜀郡太守李冰父子在前人鳖灵开凿的基础上组织修建的大型水利工程，由分水鱼嘴、飞沙堰、宝瓶口等部分组成。两千多年来，都江堰一直发挥着防洪灌溉的作用，使成都平原成为水旱从人、沃野千里的“天府之国”。至今，其灌区已达30余县市，灌溉面积近千万亩，是全世界年代最久、唯一留存、仍在一直使用、以无坝引水为特征的宏大水利工程。

都江堰工程是古代劳动人民建造的伟大工程，是中国古代劳动人民勤劳、勇敢、智慧的结晶，是古代劳动人民辛勤劳动和艰苦付出的见证。

2. 劳动与人类和社会发展

劳动是马克思思想体系中的核心观念，马克思认为劳动与人类和社会发展都有着密切的联系。

1) 劳动与人类的关系

从马克思主义劳动观来看，人是劳动的生命存在。人的生命活动，不单具有在自然生命意义上“活着”的自在性，还具有在此基础上为实现“更好、更充分地活着”的自为性。正如马克思所言，人是“自然界的一部分”，但又通过“有意识的生命活动把人同动物的生命活动直接区别开来”，“使自己的生命活动本身变成自己意志的和自己意识的对象”。人的生命自然性，离不开大自然长期的复杂演化，而“有意识地”去追求“更好更充分地活着”，创造和享有美好生活，正是人的自为性的体现，体现在人的全部生活活动即“创造人类的‘有意义’的‘生活世界’的活动”过程中，而这一人类创造性的生命活动过程也就是人的劳动过程。马克思、恩格斯在对以往旧哲学的劳动论深刻批评的基础上，认为将对象化劳动看作人的本质力量的显现，肯定了劳动的自由创造性。

第一，人类社会的出现就显现了劳动的自由创造力量。通过劳动，人超越了作为物种存在的自然性，实现了对自由创造性的占有。马克思在《1844 年经济学哲学手稿》中指出："一个种的整体特性、种的类特性就在于生命活动的性质，而自由的、有意识的活动恰恰就是人的类特性。"劳动被赋予了作为人的存在方式的文化性内涵。马克思主义对于劳动的存在论肯定，说明了人的生命与动物生命的本质区别，彰显了人的存在所特有的自由创造性，确认了劳动是人的存在的类本质。

第二，劳动促进人的全面自由发展。马克思主义劳动观肯定劳动是人追求"真""善""美"的价值实践活动。"真""善""美"的价值不断实现的过程就是人的智性、德性和审美性全面而充分发展的过程。在价值论意义上，劳动推动了人自由全面而充分的发展。从劳动内容与劳动能力的结构体系来看，人类的劳动能力，是体力劳动能力和智力劳动能力的统一性发展。在不同的劳动中，人类体力和智力得到了全面的发展。

2) *劳动与社会发展的关系*

劳动与社会发展的关系主要表现在以下几个方面：

第一，劳动创造历史。劳动推动人类历史文化的创新与发展，人通过劳动不断展开的对整个文化世界的创造，使得人的生活世界不断焕发新的生机活力，历史性地展现人的存在的普遍意义。作为劳动的主体，人的劳动创造过程即人在劳动中不断创造人的文化世界的过程，使得劳动成为整个人类生活的第一个基本条件。

在马克思看来，只有人类的生产劳动才真正构成人类历史的基础，才是解开人类历史发展秘密的钥匙。他说："人们为了能够'创造历史'，必须能够生活。但是为了生活，首先就需要吃喝住穿及其他一些东西。因此，第一个历史活动就是生产满足这些需要的资料，即生产物质生活本身，而且，这是人们从几千年前直到今天单是为了维持生活就必须每时每日从事的历史活动，是一切历史的基本条件。"因此，只有立足于生产劳动才能真正理解人类历史的发展，只有劳动人民才是历史的创造者，而人类创造历史的行动蕴含在日常生产劳动之中。马克思由此批判了各种独立于人的生产劳动之外的唯心主义历史观，并将劳动看作建立历史唯物主义的基石，人类历史发展的一切现实性都离不开人的劳动过程。对于马克思的这一伟大发现，恩格斯曾经鲜明地指出，"历史破天荒第一次被置于它的真正基础上；一个很明显的而以前完全被人忽略的事实，即人们首先必须吃、喝、住、穿，就是说首先必须劳动，然后才能争取统治，从事政治、宗教和哲学等，这一很明显的事实在历史上的应有之义此时终于获得了承认”。总的来看，在马克思的历史唯物主义中，劳动被看作“一切历史的基本条件”和“人类的第一个历史性活动”，既是人类历史发展的事实起点，也是整个历史唯物主义架构的逻辑起点。马克思正是通过劳动来揭示物质资料生产的作用，发现了人类社会关系发展的客观规律性，并由此肯定了人的主体地位，继而发现劳动人民在历史发展中的伟大作用。而这正是马克思全面建立历史唯物主义的两个理论准备。

第二，劳动创造世界。马克思认为，构成人类赖以存在的现实世界的关键要素之一正是人的劳动，而且这种劳动是现实生活中的人的感性物质劳动，即作为人类实践活动最基本形式的“生产劳动”。马克思认为，这是区分人与动物的关键。“当人开始生产自己的生活资料，即迈出由他们的肉体组织所决定的这一步时，人本身就开始将自己和动物区别开来。人们生产自己的生活资料，同时间接地生产着自己的物质生活本身”。从这里可以看出，人类的生产劳动都是有意识、有目的的活动，试图创造出一个可以满足人类生活需要的物质世界。

但是，在马克思看来，从事生产劳动的个体“并不是处在某种虚幻的离群索居和固定不变状态中的人，而是处在现实的、可以通过经验观察到的、在一定条件下进行的发展过程中的人”。这使得劳动个体的生产劳动并不只是单一地生产出外部物质世界的现实性，而且生产出人类社会生活的现实性。因此，马克思历史唯物主义所理解的世界，本身是人类的现实生产劳动的结果，而不是与人类的现实生产劳动无关的抽象的外在实体。

正是通过劳动，人类和外部世界的关系才发生了根本性的转变，原先自在意义的自然世界逐渐成为自为意义的人类世界。在这一世界中，关键性的问题不再是通过劳动来解释或直观，而是改变或改造世界。作为人类最基本实践活动形式的劳动，也不再只是单纯地依靠人的感性活动，而是将感性活动转变为人的现实社会活动。由此，马克思正式揭示了劳动的社会规定性，并从人与人的社会关系层面来理解和把握劳动，从而实现了历史唯物主义对之前一切旧唯物主义的根本性超越。

【拓展案例】

古代劳动人民的智慧结晶——京杭大运河

京杭大运河是我国古代劳动人民的智慧结晶。京杭大运河始建于春秋时期，到现在已有 2500 多年的历史，是世界上里程最长、工程最大的古代运河，也是最古老的运河之一，是中国文化地位的象征之一。大运河南起余杭(今杭州)，北到涿郡(今北京)，途经今浙江、江苏、山东、河北四省及天津、北京两市，贯通海河、黄河、淮河、长江、钱塘江五大水系，大运河全长约 1794 公里。2002 年，大运河被纳入了“南水北调”东线工程。第 38 届世界遗产大会宣布，中国大运河项目成功入选世界文化遗产名录，成为中国第 46 个世界遗产项目。

大运河的伟大历史作用可以概括为三个方面。一是国家稳定的保障线。大运河贯通以后，承担着军队的调集、粮草辎重的运输、各类货物和人员的交流、政令文书的传递等功能，运河的畅通与国家大局息息相关。二是经济交流的大动脉。唐《元和郡县志》描述大运河的作用：“公家运漕，私行商旅，舳舻相继。”大运河从贯通伊始，一直是连接京师与经济富足地区的经济交流的大动脉。三是文化融合的主纽带。从“线”上看，大运河沟通燕、赵、齐、鲁、两淮、吴、越等多个文化区域；从“面”上看，大运河贯通海河、黄河、淮河、长江、钱塘江五大流域。各个区域间由于地理、气候、环境等自然条件的差异，政治、历史背景的不同，形成了各个区域间文化的差异。大运河贯通以后，促进了运河周边区域的社会发展，促进并带动大半个中国纵向与横向的文化交流，加快了中国文化的演进与融合。

三、新时代高校大学生劳动教育的内涵及意义

劳动本身与人的发展和社会发展之间有着必然关联，劳动发展作为人的发展的社会体现，又推动了社会的发展。正是劳动所具有的发展人与发展社会的内在要义，为劳动教育的开展提供了实践的逻辑依据。

1. 新时代高校劳动教育的内涵

关于劳动教育的定义，不同文献从不同的角度给出了释义。概括起来可以分为两点：将劳动教育视为内容，将劳动教育视为过程。

作为内容的劳动教育，是德育的一部分。《辞海》中对劳动教育的定义是“劳动教育是德育的内容之一，使受教育者树立正确的劳动观点和态度，养成劳动习惯的教育。”其主要内容包括懂得劳动在历史发展和社会主义建设中的伟大意义，劳动是公民的义务和权利，热爱劳动和劳动人民，养成劳动习惯等方面。这个定义强调了劳动教育的德育属性，重在劳动观念和劳动意识的培养。其次，劳动教育也是智育的一部分，《教师百科辞典》中对劳动教育的定义强调劳动教育是教育者向受教育者传播现代

生产的基本知识和技能，把简单的劳动与富有知识的劳动结合起来。这个定义将劳动教育定位为使学生具备生产生活的知识技能。作为两者的结合，也有学者认为劳动教育是两者的统一，劳动教育与其他教育有着极为密切的联系，不仅培育学生劳动思想品德，而且也注重劳动技能的培养。

作为过程的劳动教育，在促进人的全面发展方面有着重要作用。苏联著名教育理论家苏霍姆林斯基认为“劳动以外的教育和没有劳动的教育是不存在也不可能存在的。”他还认为，应使“智育、体育、德育、劳动教育和审美教育深入地相互渗透和相互交织在一起，使这几个方面的教育呈现一个统一的完整的过程”。我国著名教育家陶行知也认为劳动教育是“在劳力上劳心，是一切发明之母。事事在劳力上劳心，便可得事物之真理”。

德智体美劳五育并举，德育为先，劳育为本，具体如图 1-3 所示。

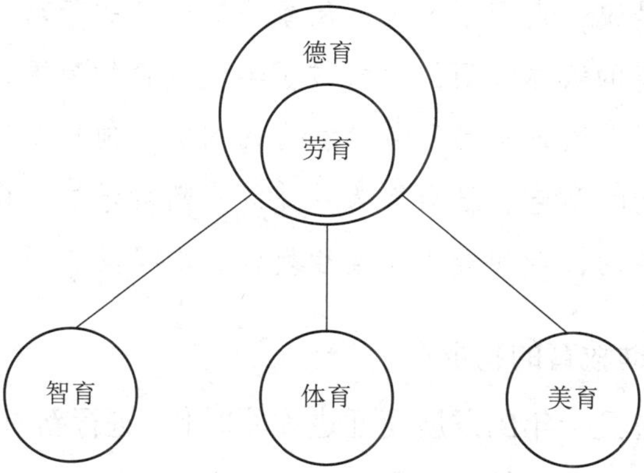

图 1-3　五育并举及五者的关系

综上所述，新时代高校劳动教育既是“内容”，也是“过程”，是二者的统一体，是高等教育人才培养体系的重要组成部分。新时代高校劳动教育的内容内在地包含劳动思想教育、劳动技能培育和劳动实践锻炼三大内容。其中，高校劳动思想教育是高校劳动教育的核心内容，高校劳动技能培育是高校劳动教育的基础内容，高校劳动实践锻炼是高校劳动教育的重要内容。

【拓展案例】

蔡元培和陶行知的劳动教育思想

首先，蔡元培批判旧中国落后的旧式教育。他说：“吾国之旧教育以养成科名仕宦之才为目的。科名仕宦，必经考试，考试必有诗文，欲做诗文，必不可不识古字，读古书，记古代琐事。其他若自然现象，社会状况，虽为儿童所亟欲了解者，均不得阑入教科，以其于应试无关也。”显然，蔡元培对中国旧时教育读死书、死读书以及科举考试是坚决反对的。蔡元培重视劳动教育，他在北京大学曾办校役班，在上海与友人筹备劳动大学。蔡元培认为：“劳动是人生一桩最要紧的事体。”关于劳动教育的意义，蔡元培认为“研究教育事业，必须脑力、劳力同时互用。”在劳动教育实施途径方面，蔡元培提出了“即工即学”与“工学结合”的主张。

陶行知的劳动教育思想主要体现在以下几个方面。在劳力上劳心是陶行知劳动教育思想的理论基础。他说“惟独贯彻在劳力上劳心的教育，才能造就在劳力上劳心的人类，也惟独在劳力上劳心的人类，才能征服自然势力，创造大同社会。”陶行知认为，在中国传统教育影响下，“劳力者”与“劳心者”是相分离的，古代的学校里到处都是严重的劳心而不劳力，读书而不做工的书呆子。因此必须“教劳力者劳心，教劳心者劳力。”也就是说，人们不仅应该从事物质生产的劳动，而且还要从事精神生产的劳动。在劳动教育的载体方面，他打破了学校教育的局限，用学校周边一切可能的素材开展劳动教育，极大地丰富了劳动教育的内容。他在重庆合川草街创办的育才学校就是一所融“工场、学堂、社会”为一体的全新的学校，比较深刻地阐释了教育蕴含于生活中的所有劳动，劳动教育与生活教育的内涵具有高度一致性。

2. 新时代高校劳动教育的特征

高校劳动教育经过几十年的发展变迁进入新时代。进行新时代高校劳动教育研究，必须要把握新时代的高校劳动教育呈现出的新特点。

1) 劳动教育理念的科学性

观念是行为的先导，理论是行动的指南。劳动教育必须成为与德智体美并行的教育。要科学地认识劳动教育的价值，并准确地贯彻实行，不能使其“在学校中被弱化，在家庭中被软化，在社会中被淡化”。劳动教育需要价值化而不能工具化，要从培养学生良好的劳动价值观和促进学生全面发展的角度出发，设计规划劳动教育，而不能使其满足于简单的劳动技能、劳动知识的教育。

2) 劳动教育特质的时代性

劳动在不同的时代具有不同的特质。在农业文明时代，生产劳动主要是以经验或技术的方式进行的。在工业文明时代，生产劳动是以技术加科学的方式进行的，强调制造。而在信息时代，科技制胜，生产劳动演变成以科学技术的方式进行，人才成为第一资源，创新成为发展的第一动力，劳动更在于“智造”而非“制造”。因而，劳动教育需要适应时代发展的特点，引导学生尚进尚新，以“有本领”的面貌实现自己的时代担当。

3) 教育对象的针对性

高校劳动教育对象具有针对性，实施高校劳动教育要契合大学生的思想和心理特征，才可以提高高校劳动教育的实效性。当代大学生从小接触实际劳动机会少，对劳动认识多停留在“吃苦耐劳”和“勤于家务”等传统劳动意义上，在施教过程中应该培养学生的劳动意识和劳动精神。

4) 劳动教育形式的多样化

劳动教育的实施要科学规划，做好设计，依据不同的教育目标，采取不同的教育形式。要统筹安排好学校、社会和家庭劳动教育的形式与关系，在具体形式上，要适应时代特点，在传统体力劳动的基础上更加重视创造性的非体力劳动形式，如科学技术的发明创造、公益活动、志愿服务，以及其他非物质劳动形式，如数字劳动、体育劳动等。

3. 新时代高校劳动教育的重要意义

大学生是实现中国梦的践行者，加强新发展阶段大学生劳动教育、培养大学生劳动精神，是新发展阶段实现民族复兴伟大梦想的呼唤与诉求，也是大学生通往成功之路的动力源泉。

1) 开展劳动教育是弘扬中华民族传统文化的现实途径

中华民族素以刻苦耐劳著称于世。五千年辉煌灿烂的文明，是中国先人热爱劳动的有力见证。墨子教育弟子说，“故圣人作诲，男耕稼树艺，以为民食”“食者国之宝也”“民无食则不可事，故食不可不务也”。在墨子看来，民不可无食，食必须通过劳动获得。明代学者吕坤说：“一年不务农桑，一年忍饥受冻。”不勤劳务农，就缺衣少食。明末清初学者张履祥提出：“治生以稼穑为先，舍稼穑无可为治生者。”这些观点指出了劳动的基本价值。没有劳动，人类社会就无法发展。作为我国古代教育与生产劳动相结合的典型形式，“耕读结合”的劳动教育方式能够使普通人家在从事农业生产劳动之余也进行读书学习。在历代私学教育中，一直有不间断的耕读结合的教育传统。

2) 开展劳动教育有助于大学生实现人的自由全面发展

劳动促进人的全面发展和人类文明进步。人类的劳动实践蕴含着德、智、体、美四个因素，加强大学生劳动教育是其他“三育”实现的根基。劳动教育有助于学生养成良好的劳动习惯，让学生热爱劳动，积极劳动，尊重劳动。劳动教育有助于提高学生学习的积极主动性，通过劳动教育让学生养成扎扎实实的学习习惯，掌握科学文化知识，锤炼过硬劳动技能。劳动教育有助于学生形成正确的价值观念，使其认识到劳动是财富的源泉，只有依靠辛勤劳动和创造性劳动，才能实现人生价值。劳动教育有助于培养学生的艰苦奋斗精神，在劳动中与时代同频共振，实现自我价值。

3）开展劳动教育是高校落实立德树人根本任务的重要途径

劳动教育具有综合育人的功能。培育正确的劳动价值观，让学生尊重劳动、热爱劳动、崇尚劳动，是德育工作的重要内容。养成坚忍不拔、不畏困难的精神内核是体育工作的重要内容。通过劳动教育掌握过硬的劳动技能，是智育工作的重要内容。从劳动中创造美，从劳动中感受美，是美育工作的重要内容。因此，开展劳动教育是提升教育教学水平的重要载体，是高校落实立德树人根本任务的重要途径。

【拓展案例】

逐梦“天河”，打造“最强超脑”——孟祥飞

能“玩转”超级计算机的人有多厉害？2019年第23届中国五四青年奖章获得者——国家超级计算机天津中心研发负责人孟祥飞这么回答：“超级计算机是干什么的？说白了‘算地’‘算人’，‘管吃’‘管玩’‘管行’。”“百亿亿计算机是个什么概念？一秒钟计算100亿亿次，形象地说，它工作1小时，相当于全国13亿人工作上万年。”独具特色而又接地气的语言令人“秒懂”。

2010年，孟祥飞进入超算中心，借助在国外超级计算机中心做物理学研究的机会，他成了一名超级计算机高手。

2010年，天河1号超级计算机问世，在争夺最快超级计算机的竞赛中，一举摘下世界第一的桂冠。有一种声音说“中国只是造了一台大型游戏机”，言外之意，天河纵然速度再快，如果没有应用到具体产业领域，也只是一个摆设。

其实，对于中国来说，“快”已经不是问题，重要的是应用，这才是与世界强国竞争的关键。孟祥飞带领他的团队开始打一场攻坚战。“如果把超级计算机比作一部智能手机，我们要做的，就是给它开发并安装各种实用、好玩的APP，使它更有用，功能更强大。”

可刚一“开战”，就遇到了“拦路虎”。2010年，超算中心要在天河平台上搭建一个有关“药物筛选分子动力学模拟”的软件，这一软件可大大提升新药的研发进

程，然而当时最大的困难就是软件无论如何也无法部署到天河平台上。“这个软件有几十万行代码，我们底层的技术平台系统工具代码量更大，要找出问题出在哪，相当于在大海里捞针。”那时超算中心刚刚落成，办公室还是毛坯房。白天，孟祥飞和大家一起调试机器，晚上一个人默默“刷夜”。经过 20 多天上万次的测试，终于将一个不起眼的变量“揪”了出来，重新定义之后，大功告成。

经过 3 年的努力，在孟祥飞的带领下，超算中心在应用领域实现了新的跨越，现在每天平均在线任务超过了1400项，是欧美一流的国家级超算中心的3倍。按照世界公认标准，一台超级计算机，它的利用率超过 70%，就预示着进入一个良性应用状态。而在天河平台上，利用率已接近饱和，高峰时段甚至出现了排队的状况。短短 6 年，超算中心支持了很多世界一流的研究成果，以及产业领域里的技术突破，为企业带来的经济效益超过了 30 亿元。新型冠状病毒疫情期间，孟祥飞率领团队运用开发的软件技术大幅提高了影像诊断效率，科研人员还可以利用超算进行靶点探寻、新药筛选、先导物及试验优化、药理毒理等研究工作。

模块二　劳动精神

进入社会主义新时代，我们要继续传承和弘扬劳动精神，教育引导学生崇尚劳动、尊重劳动，懂得劳动最光荣、劳动最高尚、劳动最崇高、劳动最伟大、劳动最美丽的道理，能够辛勤劳动、诚实劳动、创造性劳动。新时代劳动精神内涵丰富，坚持新时代劳动精神，遵循其基本要求，践行其基本内容，对大学生实现精神成人、完成社会化、顺利融入未来新生活有着重要意义；也为激发劳动者的劳动热情，投身新时代中国特色社会主义事业，实现中华民族伟大复兴的中国梦提供精神动力和精神支撑。

一、劳动精神概述

劳动精神，是指劳动者在劳动过程中所秉持的意识观念、表现的精神态度，以及形成的品质特色。劳动精神凝结了劳动对人类发展和社会进步的理性认知与感性实践。劳动精神是所有劳动者共同的特性，每一位劳动者都应该理解和领会劳动精神的内涵。

1. 劳动精神的内涵

劳动精神的内涵包括：

1) 劳动精神是全社会崇尚劳动、尊重劳动、热爱劳动的价值导向

“崇尚劳动、尊重劳动、热爱劳动”是新时代劳动精神的核心，也是新时代劳动精神的根本属性和根本要求。崇尚劳动反映了人们及社会对劳动的立场和态度，是个体及社会对劳动产生的价值认同和追求、赞美和崇敬。尊重劳动反映了人们及社会对劳动及劳动主体地位的正面和积极的价值评判和认同。热爱劳动反映了人民及社会对劳动的情感，表现为劳动者积极的劳动意愿、持久的劳动乐趣、向上的劳动锻炼、预期的劳动成果方面。

社会历史时期不同，主客观历史条件不同，人们的劳动观念和思想也有所不同。

但有一点是非常明确的，只有理解和认识马克思主义劳动思想的科学内涵，意识到劳动是人的本质活动，是人类认识世界和改造世界、发展自身和社会文明的最基本的实践活动，是创造财富和获得自由幸福的源泉，才能认同、尊重和崇尚一切劳动以及劳动所带来的个人和社会价值。虽然劳动分工、劳动方式具有时代个性特点以及差异性，但是无论时代条件如何变化，劳动本质是一样的，不存在劳动的高低贵贱，任何形式的劳动都应得到承认和尊重，劳动者都应该得到认同和尊重，劳动权利和利益应得到认可和保障。在我们社会主义国家，一切劳动，无论是体力劳动还是脑力劳动，都值得尊重和鼓励；一切创造，无论是个人创造还是集体创造，也都值得尊重和鼓励。体力劳动和脑力劳动虽然形式不同，但是都可以实现个人价值和创造社会价值。一切有利于人民、国家、社会发展的劳动都值得尊重，任何劳动歧视和偏见都应该被反对。

2) 新时代劳动精神是劳动最光荣、劳动最崇高、劳动最伟大、劳动最美丽的价值追求

劳动最光荣。劳动没有高低贵贱之分，任何一份职业都很光荣，这是全体劳动者应有的价值立场，其体现为在劳动关系中，做出劳动贡献的劳动者及劳动价值得到肯定和认同。全社会都应该尊敬劳动模范、弘扬劳模精神，让诚实劳动、勤勉工作蔚然成风。弘扬劳动精神就是要发扬无私奉献精神和服务他人意识，培育社会主义核心价值观，同各种好逸恶劳的错误思想彻底割裂开来，时刻警惕不劳而获、投机取巧、贪图享乐等错误观念。

劳动最崇高。在我们社会主义国家，一切劳动，无论是体力劳动还是脑力劳动，都值得尊重和鼓励；一切创造，无论是个人创造还是集体创造，也都值得尊重和鼓励。劳动最崇高，肯定了劳动者创造的成果和劳动者自身的价值。新时代劳动者是全面建成小康社会、坚持和发展新时代中国特色社会主义的主力军，同时也是劳动精神的继承者和践行者。

劳动最伟大。中华民族是勤于劳动、善于创造的民族。正是因为劳动创造，我们才拥有了历史的辉煌；也正是因为劳动创造，我们才拥有了今天的成就。劳动最伟大，体现在劳动实践推动人类社会进步，成就历史辉煌。中国改革开放 40 多年的伟大成果是靠千千万万中国人民辛勤劳动创造的，不是凭空想象出来的，也不是等得来、喊得来的，而是拼出来、干出来的。新时代进行的伟大斗争、伟大工程，推进伟大事业，实现伟大梦想，都离不开新时代劳动精神。这种精神始终贯穿于社会主义事业的方方面面，成为激励全党、全国各族人民奋发图强、勇于前进的强大

精神支柱。

劳动最美丽。人世间美好的梦想，只有通过诚实劳动才能实现；发展中的各种难题，只有通过诚实劳动才能破解；生命里的一切辉煌，只有通过诚实劳动才能铸就。劳动的美丽，是劳动者在认识和改造世界的过程中，劳动精神外化和物化所展示的劳动之美。“最美乡村教师”“最美逆行者”等无数新时代奋斗者在平凡的岗位上成就不平凡的人生，在辛勤劳动中实现自我价值和社会价值的统一。新时代，新征程，新作为，我们要撸起袖子加油干，用实干精神、担当精神助推中国梦的实现。

3) 新时代劳动精神是辛勤劳动、诚实劳动、创造性劳动的社会价值实践

辛勤劳动是诚实劳动、创造性劳动的前提和基础，劳动创造财富，劳动成就未来。只有辛勤劳动才能在最大程度上实现劳动者的价值。辛勤劳动反映勤奋、敬业、苦干、实干的精神，是劳动者的基本要求。新时代劳动精神，尤其是以“爱岗敬业、争创一流，艰苦奋斗、勇于创新，淡泊名利、甘于奉献”为核心的劳模精神，激励着人们用辛勤劳动创造美好生活，实现中华民族伟大复兴的中国梦。

诚实劳动是辛勤劳动和创造性劳动的根本。诚实劳动是指劳动者在劳动过程中脚踏实地，遵守职业道德和职业规范，遵守法律法规及政策，实事求是获得劳动成果。继承和发扬新时代劳动精神，诚实劳动是重中之重。只有诚实劳动之花，才能结出辛勤劳动和创造性劳动之果，才能推动国家，社会的积极进步和良性发展。

创造性劳动是辛勤劳动和诚实劳动的创新发展。创造性劳动是指首创性、创新性劳动，包括人类历史上各种发明与创新，如我国的“四大发明”、黄道婆纺织工具和技术的研发和推广、蒸汽机的技术革命等。继承和发扬新时代劳动精神，创造性劳动是发展的必然要求。在倡导大众创业、万众创新的背景下，劳动者只有具备艰苦奋斗及实事求是的劳动精神、精益求精的工匠精神和敢为人先、敢闯敢试的创新精神，才能破除故步自封的思想，紧跟时代，开创中国特色社会主义事业的新篇章。

4) 新时代劳动精神是幸福感的社会文化价值体现

马克思指出：“‘劳动的绝对自由’是劳动居民幸福的最好条件。”由此可见，劳动精神是人的自由全面发展的核心价值。劳动作为人的本质精神而具有价值，作为人的最基本权利而被赋予价值，作为获得幸福的生命体验而体现价值。劳动是人类的本能，是一种积极的天性，是在人类进化、社会进步和文明发展演化过程中凸显出来的一种竞争优势。从生物进化方面来看，在人类演化过程中，会使用劳动工具、经常劳动并热爱劳动的人类，更易掌握和提高认识世界和改造世界的技术和能力，更方

便和频繁地与自然界进行物质交流、与他人进行对话交流，从而更容易适应外界环境，更容易繁衍和生存下来。从社会进步来看，那些愿意为家人、他人、社会和国家辛勤劳动、服务奉献的人，往往更有成就、更加富裕、更加幸福。从文明发展来看，越是尊重劳动和劳动者，维护和保障劳动者的合法权利，劳动异化现象就越少，劳动的获得感、存在感和幸福感就越强，劳动关系就越和谐，社会精神文明程度就越高。

新时代劳动精神弘扬和体现社会主义核心价值观。劳动精神是社会主义核心价值观的应有之意。改革开放的成果、中国梦的实现等“根本上靠劳动、靠劳动者创造”。只有全社会树立崇尚劳动、尊重劳动和热爱劳动的劳动观念，积极参加劳动实践，才能确保“富强、民主、文明、和谐”的核心价值真正被接受和认可，“自由、平等、公正、法治”的核心价值真正得以实现。只有全体劳动者树立正确的劳动态度，严格遵守社会主义职业道德及基本规范，切实做到爱岗敬业、诚实守信、办事公道、服务群众、奉献社会，才能确保“爱国、敬业、诚信、友善”的核心价值真正落到实处。

2. 劳动精神的要素

劳动精神培育的核心是塑造劳动价值观，其构成要素是一个动态变化的过程。从纵向的时代发展而言，不同时期、不同阶段，劳动精神的构成要素也不尽相同。因此，劳动精神的构成要素是具体的、历史的，随着社会的发展而不断深化。新时代学生劳动精神主要指：学生在劳动观念和劳动实践中的积极表现，主要包括尊重劳动、崇尚劳动、辛勤劳动、诚实劳动以及创造性劳动五个构成要素。

1) 尊重劳动

尊重劳动是指整个社会“要尊重和保护一切有益于人民和社会的劳动，无论是体力劳动还是脑力劳动，不论是简单劳动还是复杂劳动，一切为我国社会主义现代化建设做出贡献的劳动，都是光荣的，都应该得到承认和尊重。”它主要包括两方面的内容：尊重劳动者及其劳动成果。尊重劳动是诚实劳动和创造性劳动的价值基础。尊重劳动者及其劳动成果是社会主义的本质要求。邓小平指出：“社会主义的本质是解放生产力、发展生产力，消灭剥削，消除两极分化，最终达到共同富裕。”解放生产力和发展生产力，最终实现共同富裕最终都必须要靠劳动者的劳动实现。

第一，尊重劳动者。劳动者对整个社会的发展具有重大意义，在宣扬劳模精神的同时，要体现以人为本的发展思想。具备劳动精神的学生应该懂得对劳动者以礼相待、平等相待。由于先天条件和社会分工的不同，劳动者分为多种类型：有脑力劳动者和体力劳动者、男性劳动者和女性劳动者、技术性劳动者和非技术性劳动者等，这些劳动者所付出的都是无差别的人类劳动，都为社会的进步做出了贡献。因此，劳动无高低贵贱之分，我们不应该将劳动者划分为三六九等，也不应该歧视任何一种职业，因为每种形式的劳动都是社会有机体上不可或缺的零件。劳动究其本质是平等的，没有差别的，只是存在劳动形式上的不同。因此我们需要对所有劳动者一视同仁，尊重每一位劳动者。

第二，尊重劳动者的劳动成果。劳动成果是劳动者用汗水换来的，凝结着劳动者的智慧，我们日常生活中所有的生活用品都是劳动者辛苦劳动的结晶。因此，大学生在日常生活中应该珍惜粮食，保持校园、街道的整洁等，需懂得“勤俭节约、艰苦奋斗”的重要性。劳动创造财富、财富支撑生活，为了满足人民日益增长的生活需要，解决新时代我国社会的主要矛盾，我们要学会尊重劳动者的劳动成果。劳动没有高低贵贱之分，劳动成果同样没有好坏之分。环卫工人每天凌晨为我们打扫出来的整洁的街道、建筑工人在日晒雨淋之中为我们建造的高楼大厦，科学家历经无数个日夜为我们研制出来的科研成果无不体现着他们的艰辛与汗水，都值得我们怀有一颗敬畏之心。

我们的世界是全体劳动者的世界，劳动者的劳动贯穿整个人类社会发展的始终，劳动成果的出现撑起了整个社会的运转。因此，作为当代大学生，要明白尊重劳动者及其劳动成果的重要意义。

2) *崇尚劳动*

崇尚劳动是指社会个体由内而外地对劳动产生的敬畏与赞美，主要表现为对劳动光荣和劳动幸福的价值认可。崇尚劳动是劳动本身所带给劳动者的直观感受，是尊重劳动的升华。

第一，劳动光荣。2017 年党的十九大报告指出：“要建设知识型、技能型、创新型劳动者大军，弘扬劳模精神和工匠精神，营造劳动光荣的社会风尚和精益求精的敬业风气。”劳动创造了历史，书写着当代，成就着未来，人民群众的劳动史构成了整个人类的发展史。人类先后经历了原始社会、奴隶社会、封建社会、资本主义社会、社会主义社会五种社会形态，未来还将进入共产主义社会。在漫长的进化过程中，劳动起到了决定性的作用。其具体表现为劳动促使语言、工具的产生，劳动创造物质财富和精神财富，劳动使猿脑和人脑区别开来等。马克思曾指出：“正是由于劳动，使人类告别茹毛饮血、刀耕火种的蒙昧时代，开辟了人类广阔的生活天地，从野蛮不断走向文明。”劳动光荣的思想已经深深印刻在了中华民族发展的历史轨迹中。我国古代的文学作品以及先贤哲人的思想中都体现出了古人对于劳动的敬畏和崇尚之情。战国时期的墨子提出“赖其力者生，不赖其力者不生”(《非乐》)。墨子表明人与动物的区别就是人具有生产的能力，人类可以依靠自己的力量进行劳动，以此维持人类的生存，这充分展示了墨子对劳动价值和地位的高度评价。历史发展到近代，中华民族历经磨难，在民族危亡的时刻，中华儿女通过自己的浴血奋斗，用自己的双手换来了新中国的成立。此后，在我国社会主义现代化发展的各个历史时期，无数的劳动者在自己平凡的岗位上默默发挥着“螺丝钉”的精神，一批又一批的劳动模范用自己的行动诠释了劳动的价值意蕴，使蕴含着劳动光荣的劳动精神在整个社会中传承。劳动能够促进社会生产力的持续发展，不断调整人与人之间的关系，促进历史的车轮滚滚向前。因此无论是从整个人类发展的过程来看，还是从中华民族的发展轨迹来看，劳动都是光荣的。

第二，劳动幸福。劳动幸福主要指一个人因自己在劳动中得到了尊重，劳动成果为社会带来了价值而收获的心灵上的愉悦感。劳动幸福带有比较强的主观感受，每个人的努力程度，对劳动的期待程度不同，产生的幸福感受也不尽相同。它是一种更深层次的体验，更持久的情感留存。一个人只有在劳动中体验到了自己的价值，感受到劳动带给自己的快乐，才有可能心生敬畏和崇尚劳动。马克思提出的科学社会主义理论是以劳动为基本特征的，而构建社会主义的精神动力就源于劳动幸福，一旦失去了这一精神根基，科学社会主义的理想就很难达成。劳动幸福最重要的保障是要让劳动者坚信“幸福是奋斗出来的”，只有靠自己的双手才能收获幸福的未来。新时代的我们站在历史的风口浪尖，在历史上没有任何时刻能比我们这个时代更加接近中华民族伟大复兴的中国梦。伟大的时代需要伟大的精神，伟大的精神需要优秀的传承者弘扬，作为未来社会主义事业的建设者和接班人，尤其需要培育起劳动光荣、劳动幸福的劳动精神。

3) 辛勤劳动

辛勤劳动主要体现在行动力和意志力两个方面，即付出劳动和坚持劳动。中华民族是一个以勤劳著称的伟大民族，在我国古代的神话故事以及名篇佳作中有许多赞扬辛勤劳动的词句。“民生在勤，勤则不匮”(《左传》)意在说明辛勤劳动是人类生存发展的需要，只有辛勤劳动，才能富足生活，不会缺衣少食。《悯农》诗句中：“谁知盘中餐，粒粒皆辛苦”也展示出了古人对劳动人民辛勤劳动，诚恳劳作的赞美。辛勤劳动是对劳动者最基本的要求，它是诚实劳动和创造性劳动的基础和保障，只有辛勤劳动才能够使劳动者最大限度实现自己的人生价值。

第一，付诸行动。能够付出行动是辛勤劳动的第一步，劳动者只有首先采取行动，才有可能创造劳动价值。随着人工智能技术的发展，一部分人认为以后人工智能可以代替人类劳动，人类以后无需再进行劳动。这种思想忽略了人工智能只是人类肢体的延伸，是人类劳动的产物。只有人类自己付诸行动才能够促进人工智能良性而快速地发展。行动既是一种生活方式，也是一种人生态度。在中国特色社会主义的发展历程中，在时代的号召之下，唯有每一个岗位的人都自觉传承辛勤劳动的优良传统，真正依靠自己的劳动而奋斗，才能接过时代的接力棒，做好文明的传承者和接班人。

第二，坚持劳动。长期劳动是考验人的意志力的实践活动，辛勤劳动不仅意味着能吃“一时之苦”还要能够忍受“长期之难”。因为在长期辛勤劳动的过程中需要耗费劳动者巨大的精力，有些劳动者可能会因为忍受不了其中的心酸而选择放弃，在劳动过程中“三天打鱼两天晒网”。这种缺乏劳动意志力的行为很难体验劳动过程的快乐和获得劳动成果的幸福。唯有坚持辛勤劳动才能够深刻地理解劳动的意义，体会劳动的价值。辛勤劳动的人热爱生活、创造财富，能够服务家庭和社会，而懒惰者只会享受生活、消费财富，只想着无偿占有他人的劳动成果，在一定程度上会阻碍社会的发展，是社会中一种负性的存在。不愿意辛勤劳动的人，其人生必定是碌碌无为的，容易在人生的漫漫旅途中迷失方向，走向惰性人生。

4) *诚实劳动*

诚实劳动是相对于不正当劳动行为而提出的，事关劳动的道德维度，要求劳动者在劳动中实事求是、不弄虚作假，讲究诚信，敢于并善于承担相应的社会责任。诚实劳动是辛勤劳动的升华，如果不诚实劳动，无论付出多少艰辛，劳动都是无价值的。诚实劳动也是创造性劳动的保障，唯有踏踏实实的劳动，才有可能进行创造性劳动，而创造性劳动本身也体现着诚实劳动的要求；只有依靠踏踏实实的劳动，以诚实劳动引领社会风尚，锤造每一位劳动者的品质，使其成为我国社会发展的重要动力，才能够尽早完成中华民族的伟大复兴。具备诚实劳动品质的学生懂得自身努力的重要性，在学习中勤恳、谦虚、好问，在生活中脚踏实地。我国经济社会的快速发展离不开数以万计劳动者的诚实劳动。在市场经济快速发展的今天，经济快速发展带来的“快餐文化”充斥着人们的生活，娱乐圈部分人的纸醉金迷和高额片酬，各大直播平台某些“一夜成名”的网红和霸占荧屏的一些选秀节目等都传递着错误的价值观，让青少年误认为有价值的人生就是通过网络哗众取宠，不需要诚实劳动来实现人生价值，这种不良风气给青少年劳动精神的培育造成了很大的阻碍。诚实劳动应该代表着当今社会公民的价值观取向，社会以及学校应该引导学生看到像屠呦呦这样的科研工作者为社会发展带来的价值，让学生认识到发展的路上来不得半点虚假和投机取巧。要形成诚实劳动的良好氛围，仅靠社会舆论的宣传是不够的，要从根源上加以解决，这个根源就是教育。思想政治课作为意识形态教育的主阵地，应当提升课堂教育的实效性，为学生系好“人生第一粒扣子”，使学生懂得诚实劳动的重要性。

5) 创造性劳动

创新是一个民族进步的灵魂，创新竞争力也成为国家之间竞争的核心力量。创造性劳动主要指劳动者在劳动过程中解决问题时所展现出来的一种具有发散性、创造性的思维。创造性劳动是对辛勤劳动和诚实劳动的发展，劳动的最高境界就是进行创造性劳动，其意义在于提高劳动效率，增强劳动幸福感。这里的创造性劳动既包括体力劳动又包括脑力劳动。社会主义在我国发展到今天，进入了“前无古人”的空白区，没有前人的经验可供借鉴，因此，我们必须在总结自身发展经验的基础之上进行大刀阔斧的改革创新。面对日益激烈的国际竞争，必须把创新摆在国家发展全局的核心位置，不断推进理论创新、制度创新、技术创新、文化创新等各方面创新。广大知识分子要增强创新意识，敢于走前人没有走过的路，敢于抢占国内国际创新制高点。

在灿烂的历史长河之中，中华民族的科技创新也曾经盛极一时，涌现出了四大发明等一大批先进科技产品，但由于“重文轻器”思想的盛行以及清末民初“闭关锁国”政策的实施，创新科技能力一度衰微，彼时人们的思想被禁锢，观念陈旧，墨守成规。这种情况到改革开放之后才有了一定改观，在创新驱动战略的驱使之下我国很多科技领域工作人员奋起直追，目前我国航空航天等高端科技领域已成为世界的领军者；在“大众创业，万众创新”思想的号召下，社会生活领域也涌现了一批又一批的创新创业者。但是，我们仍应警惕古代重文轻器思想的荼毒，破除僵化的教育培养模式，不要一味追求标准答案和统一管理，导致压抑人才的创新欲望和个性发展。只有具备了创造性劳动思维，学生才会多角度去寻找解决问题的途径，敢于突破常规，寻求新颖。因此，信息时代在教育领域要注重培养青少年的劳动创造精神，引导其进行创造性劳动。

劳动精神的这五个构成要素之间不是独立的个体，而是相互联系、相互促进的有机统一体。尊重劳动、崇尚劳动侧重于理念认知层面，而辛勤劳动、诚实劳动以及创造性劳动则侧重于行为实践层面。这两个层面共同构成劳动精神的核心构成部分。

【拓展案例】

高原信使王顺友——马班邮路精神要一直传承下去

四川木里藏族自治县地处青藏高原东南角，这里高山连绵起伏，平均海拔 3000 多米。21 世纪前，当地的乡镇大部分都不通公路和电话，牵着马、驮着邮件的乡村邮递员，成为散居在大山深处的群众以及乡政府与外界联系的重要桥梁。1984 年，年仅 19 岁的王顺友从赶了 30 年马班邮路的父亲手中接过马缰绳，从此开始了自己半个甲子与马为伴的生活。刚开始穿上绿色制服走在邮路上的王顺友很是高兴，他觉得这份工作很好，“但是走了一段时间就有点想打退堂鼓了，因为在大山里真的很孤独和寂寞。累和苦我都不怕，就是怕孤独，这个日子不好过”。“但是如果我做不好就无法对父亲交代，无法对邮路上的父老乡亲交代”，想到父亲把马缰绳交给自己时的嘱托，想到邮路上的父老乡亲收到信时的那一张张笑脸，王顺友觉得，自己哪怕再苦再累也值得了。就这样，他坚持了下来。这一坚持就是 30 年。

作为一名党员，王顺友提到最多的就是“党组织”和“为人民服务”。“党组织的支持和帮助，人民群众的关心和爱护，有了这些我怎么能不把邮路走好呢，必须坚持下去！”就是在这两种信念的支撑下，他在邮路上走了一年又一年。几十年来从没有延误过一个班期，没有丢失过一封邮件，投递准确率达到 100％。

从当年身强力壮的青葱少年到风湿、胃病缠身的天命之年，历经半个甲子的风霜雪雨摧残的身躯已经不能支撑他继续一走就是半个月的邮路了。今天的木里，当年“叱咤邮路风云”的 15 条马班邮路也早已消失不见，取而代之的是汽车邮路以及摩托车邮路。“现在的邮递员都骑摩托车，没有骑马的了。但是我想马班邮路精神还是要一直传承下去。路是怎么走出来的，怎么坚持过来的，要让年轻的邮递员也知道这些精神，坚持这些精神。”

病痛缠身的王顺友虽无法再奋斗在邮件投递的第一线，却仍坚守在邮政岗位上，负责木里县邮政分公司的党建工作，力图将马班邮路精神更好地传承下去。2021 年 5 月 30 日，王顺友因病在四川省凉山彝族自治州木里藏族自治县逝世，享年 56 岁。

3. 社会主义劳动精神

中国特色社会主义进入“新时代”，一方面是对新中国成立以来党和人民 70 年同舟共济、奋力拼搏的艰难岁月的肯定，这表明我们正在一步一步从过去走向未来。另一方面，现在的中国也用实践证明了马克思主义的科学性和与时俱进的优良品质。

正是在马克思主义的指导下，我们才能排除万难，从无到有，让马克思主义在21世纪的新中国焕发着生机和活力。在新时代背景下，劳动精神必须与民族精神和时代精神同向同行。时代是思想之母，实践是理论之源。在新时代，我国社会主要矛盾发生了变化，人们的追求不仅仅停留在物质层面，而是向往更加美好的生活，既向往物质的丰裕，又向往精神的富足。十九大的召开为我们明确了新的奋斗目标，即“在本世纪中叶建成富强、民主、文明、和谐、美丽的社会主义现代化强国。”要实现这一伟大目标，需要千千万万个中华儿女的共同奋进。历史是由千千万万个人民创造的，美好的未来也只有通过人民的努力劳动才能到达。传统的劳动精神，在内容表达上更注重辛勤劳动的重要性。人们常用“面朝黄土背朝天”来歌颂农民的辛苦劳作；同时，也更强调通过日复一日的体力劳动来展现伟大的劳动精神。从“起早贪黑”“晨兴夜寐”“披星戴月”等成语中便能感受传统劳动精神中人们对于体力劳动的赞美。而在新时代，面对生产力高速发展的需求，依靠技术进步的脑力劳动的重要性已经今非昔比。新时代劳动精神在继承和发扬中国优秀传统文化以及马克思主义劳动观的基础上，融入了新的时代背景，从劳动态度、劳动品质和劳动思维三方面对广大劳动者提出了新的要求，缓解了体力劳动与脑力劳动长久以来的不平等地位，具有鲜明的中国特色和时代特色，为人们实现中国梦提供了一笔巨大的精神财富。

1) 社会主义劳动精神是艰苦奋斗、不懈坚持的劳动态度

美国著名的演说家和作家罗曼·文森特·皮尔在其发表的《积极思考的力量》一书中认为态度决定一切。态度的好坏对于人的成功与否十分重要。在劳动实践中，劳动态度直接决定了人们劳动行为的选择。中华民族自古以来就是一个热爱劳动的民族，劳动精神始终流淌在人民的血脉中。“晨兴理荒秽，带月荷锄归”的陶渊明在他悠然自得的隐居生活中依然日出而作，日落而息；年且九十的愚公为了使道路通畅，不畏艰难，坚持不懈，展现出挖山不止的劳动态度；神农看到人们得病而尝百草多次中毒，最后因尝断肠草而逝世。这些古人不畏艰险、艰苦奋斗的例子生动阐释了劳动态度的重要性。在新时代的背景下，我们要汲取优秀传统文化中有关劳动态度的丰富营养，形成艰苦奋斗、不懈坚持的劳动态度。只有经历了艰苦奋斗，才能更珍惜已有的劳动成果；只有秉持着艰苦奋斗、不懈坚持的劳动态度，才能更好地担负起全面建成小康社会和社会主义现代化强国的重任。

2) 社会主义劳动精神是脚踏实地、诚信为本的劳动品质

十九大报告提出要促进社会诚信建设，社会的发展和改革的深化都离不开诚

信。诚信作为社会主义核心价值观的重要内容之一，是人们为人处世过程中需要遵循的重要准则。在劳动过程中，也应树立脚踏实地、诚信为本的劳动品质。脚踏实地要求我们从实际出发，本本分分地在宪法和法律规定内做人做事。成功没有捷径，要在一步一个脚印中稳步前进。诚信为本要求我们加强自身道德修养，遵守社会公德、职业道德和个人品德，在尊重他人的劳动成果的前提下，通过合法渠道获得劳动成果，做到诚实劳动。全面建成小康社会和社会主义现代化强国必然离不开和谐稳定的中国特色社会主义市场经济秩序，只有每个个体都秉承着诚信的准则，才能在社会上形成良好的劳动风气，为我国的经济发展营造有利的氛围。树立脚踏实地、诚信为本的劳动品质，不仅是构建和谐社会的本质要求，也是规范劳动者自身行为的重要内容。

3) 社会主义劳动精神是勇于创新、革故鼎新的劳动思维

创新指的是基于已经存在的条件和思维模式，以过去的思想、观念、理论、制度、做法等为突破口，提出新思想、新观念、新理论、新制度，是特定于人类的活动。因此，“人”是创新活动中的首要因素。创新既有科学与技术上的创新，也有社会经济治理、思想文化方面的创新。创新可以是开辟一条没人走过的路，完成从无到有的创新；也可以是在前人的基础上进行小修改，实现从有到有的创新；还可以是一次性彻底解决人类历史上重大的科学问题，实现从有到无的创新。在当今世界，国家之间的竞争越发激烈，创新作为国家竞争力的核心，已经成为各个国家争相突破的焦点。失去了创新，国家竞争力就成了空中楼阁。在国内，改革进入了攻坚克难的关键时期，面临着更加艰巨的任务。在这一时期，深层矛盾不断显露，我国发展面临着极大的挑战。针对这种情势，要不断提高广大劳动者的素质，注重创新人才的培养，才能紧紧把握住时代发展的脉搏，跟上世界发展的潮流，为人民创造更为丰富的物质生活和精神生活，不断满足人民群众对美好生活的向往与追求。勇于创新、革故鼎新的劳动思维的养成，既是以改革创新为核心的时代精神的内在要求，也是劳动者素质提升的迫切需要。

【拓展案例】

“铁人”王进喜

王进喜，1923 年 10 月出生，中国石油工人。1959 年 9 月，王进喜出席甘肃省劳模会，被选为中华人民共和国成立 10 周年国庆观礼代表和全国“工交群英会”代

表。休会期间，王进喜参观首都“十大建筑”。路过沙滩时，他看到行驶的公共汽车上背着“煤气包”，才知道国家缺油，他感到一种莫大的耻辱。这位坚强的西北汉子，蹲在沙滩北大红楼附近的街头哭了起来。从此，这个“煤气包”成为他为国分忧、为民族争气的思想动力之源。

1960年2月，东北松辽石油“大会战”打响。王进喜带领1205钻井队于3月25日到达萨尔图车站。下了火车，他一不问吃、二不问住，先问钻机到了没有、井位在哪里、这里的钻井记录是多少，恨不得一拳头砸出一口油井来，把“贫油落后”的帽子甩到太平洋里去。面对极端困难和恶劣环境，会战领导小组决定学习《实践论》和《矛盾论》。王进喜组织钻井队职工认真学习“两论”。通过学习，王进喜认识到：“这困难，那困难，国家缺油是最大困难；这矛盾，那矛盾，国家建设等油用是最主要矛盾。”钻机到了，没有吊车和拖拉机，汽车也不足。王进喜带领全队工人用撬杠撬、滚杠滚、大绳拉的办法，“人拉肩扛”把钻机卸下来，运到萨55井井场，仅用4天时间就把40米高的井架竖立在茫茫荒原上。井架立起来后，没有打井用的水，王进喜组织职工到附近的水泡子破冰取水，带领大家用脸盆端、水桶挑，硬是靠人力端水50多吨，保证了按时开钻。萨55井于4月19日胜利完钻，进尺1200米，首创5天零4小时打一口中深井的纪录。1960年4月29日，钻井队准备往第二口井搬家时，王进喜右腿被砸伤，仍坚持在井场工作。由于地层压力太大，第二口井打到700米时发生了井喷。危急关头，王进喜不顾腿伤，扔掉拐杖，带头跳进泥浆池，用身体搅拌泥浆，最终制服了井喷。房东赵大娘看到王进喜整天领着工人没有白天黑夜地干活，饭做好了也不回来吃，感慨地说：“你们的王队长可真是个铁人哪！”余秋里得知后，连声称赞大娘叫得好。在第一次油田技术座谈会上，余秋里号召4万会战职工“学铁人、做铁人，为‘大会战’立功，高速度、高水平拿下大油田！”

1960年4月29日，在“五一”节万人誓师大会上，王进喜成为“大会战”树立的第一个典型，成为一面旗帜。号召一出，群情振奋，战区迅速掀起了“学铁人、做铁人，为会战立功”的热潮。1960年7月1日，会战指挥部召开庆祝建党39周年和大会战第一战役总结大会，突出表彰了王进喜、马德仁、段兴枝、薛国邦、朱洪昌，他们被树立为大会战的“五面红旗”。一个铁人前面走，千百个铁人跟上来。大会战出现了“前浪滚滚后浪涌，一旗高举万旗红”的喜人局面！1960年，王进喜带领1205钻井队连续创出了月“四开四完”“五开五完”的好成绩，到年底共打井19口，完成进尺21 258米，接连创造了6项高纪录。轰轰烈烈的石油大会战很快取得了显著成果。1960年6月1日，大庆油田首车原油外运。1960年底，大庆油田累计生产原油97万吨。

二、劳动精神的典型表现

1. 劳模精神

劳模精神，是指“爱岗敬业、争创一流、艰苦奋斗、勇于创新、淡泊名利、甘于奉献”的劳动模范精神。劳模精神为我们科学理解和大力弘扬劳模精神提供了正确的方向和指导。对大学生来说，“艰苦奋斗、淡泊名利、甘于奉献、勇于创新”的劳模精神更有利于指导并运用于我们的实际生活和学习，是我们学习劳模精神的重点所在。

1) 艰苦奋斗

艰苦奋斗是一种斗争精神，即不怕艰难困苦，英勇顽强去战胜困难。艰苦奋斗是一种创业精神，即在与艰难困苦做斗争中，奋发向上，锐意进取，辛勤创业。艰苦奋斗是一种献身精神，即为国家和人民利益乐于奉献、勇于献身。

(1) 吃苦不是坏事。“苦味”在国人心中的含义，大部分都与“励志”有关。不管是勾践卧薪尝胆，每天用“苦味”提醒、鞭策自己，还是“良药苦口”，国人很早就明白，“吃苦”是一件好事而非坏事。《孟子》有云：“天将降大任于斯人也，必先苦其心志，劳其筋骨，饿其体肤，空乏其身，行拂乱其所为，所以动心忍性，曾益其所不能”。其实，这些“苦”是相对于普通、平常、正常而言，是比正常人付出的更多、更重一些。十分耕耘绝对有一分大收获，十分辛苦绝对有一分大甘甜。生活中，我们经常会羡慕别人外表光鲜亮丽的生活，殊不知别人在背后下了多少功夫。日常生活中，我们看到一些大学生徒具知识技能，却缺乏生活的能力，遇到挫折就垂头丧气，甚至有的还因此拒绝进入社会，当起了“啃老族”……有些苦是必须要吃的，今天不苦学，少了精神的滋养，注定了明天的空虚；今天不苦练，少了技能的支撑，注定了明天的贫穷。为了日后的充实与富有，苦在当下其实很值得。

(2) 奋斗要从现在做起。日本实业家稻盛和夫一人创造了京瓷与KDDI两家世界500强企业。他认为艰难困苦是让人重新认识自己、实现自我成长的难得的宝贵机会。灾难是上天赐予的礼物，正所谓“艰难困苦，玉汝于成”。正是因为有了艰苦的经历，人才能得到磨砺。不经历艰苦，人格很难提升。面对困难和逆境，不要消极悲观，不要哀叹，不要消沉，而要将其视为磨炼心志的绝佳机会，正面面对，勇敢挑战。“千里之行，始于足下”告诉我们：理想的实现需要每个人从我做起，从现在做起，从平凡做起。“新时代是奋斗者的时代，幸福都是奋斗出来的。”新时代要有新担当、新作为，挑战任务艰巨、难题亟待破解，更需要坚持和发扬艰苦奋斗的精神。我们只有把握今天，珍惜今天，用理想作纸，用勤奋作笔，才能抒写壮丽的青春，为人生增添光辉。

(3) 有艰苦才有创造。从古至今，一个国家、一个民族，在强国富民的创业过程中，靠的就是艰苦奋斗、勤俭建国。任正非曾经多次强调过：“华为不战则亡，没有退路，只有艰苦奋斗才能改变自己的命运。”而艰苦奋斗、以奋斗者为本也一直是华为企业文化的灵魂。正因为华为人相信艰苦奋斗可以改变命运，所以才会为华为的发展尽自己最大的努力。在瞬息万变、不断涌现颠覆性创新的信息时代，一个人乃至一个企业应该如何改变命运？我们每一个普通人在这个竞争激烈的社会里，都应兢兢业业地对待工作。我们迷恋的不是辛苦的工作，而是辛苦工作中那一点点创造的可能性，它带给我们自豪，让我们一次又一次地感受着更为广阔的世界。纵然结果无法预测，它也能让你我继续坚定地行走在属于自己的成长之路上。

2) 淡泊名利

淡泊名利是做人的一种良好心态。做人要正确对待名与利。人生需要奋斗，既要获得物质财富，也需要得到精神财富。心静贵在淡泊名利，做人应该节制物欲，多些精神上的追求，增强自律，做最好的自己。

(1) 正确定位自己，踏实做人。一个踏实的人，不管做什么事情，必然会有条不紊，把事情一件一件都落在实处。踏实的人不投机取巧，不损人利己。踏实做事，是成功的最佳捷径。达·芬奇画出的鸡蛋不是一次次乱涂鸦。在失败时，他脚踏实地认真练习，审视自己的不足，苦练基本功，终成赫赫有名的画家。越王勾践在遭到失败后并没有心灰意冷，他明白成功不会一蹴而就，需要的是脚踏实地的作风，于是才有了“苦心人，天不负，卧薪尝胆，三千越甲可吞吴”的神话。踏踏实实做事，实实在在做人，就会有实实在在的收获，这样的人能够给周围带来一份踏实感。社会的发展与进步需要的是那些踏踏实实做事，实实在在做人的人。精准定位，实在做人，是普通人走向成功的最好选择。

(2) 心底无私天地宽。从古至今，有人因为干事创业获得世人敬仰，也有人因为造福一方赢得人们赞誉，却没有人仅仅凭借官爵禄位而得到世人敬重。无论是担任领导职务，还是在平凡岗位，“发光的人”都将干事创业摆在职位、地位之前，将群众利益视作首要之事。谷文昌曾经全家被下放到宁化县禾口公社红旗大队(今福建省三明市宁化县石壁镇红旗村)当社员，但他毫无怨言，千方百计帮助生产队发展生产。群众看着金黄色的稻谷满囤满仓，亲切地称他“谷满仓”。王继才默守海岛32年，不但从不抱怨收入少，还自掏腰包修码头，获得荣誉后仍一如既往地巡岛、观海、记日志……人生的旅途上，会时常面对功名利禄的诱惑。诱惑越大，越要保持冷静清醒，多想想为什么、凭什么，少点私心、少点杂念、少点非分之想，才能迎来“天地宽”。

(3) 淡泊心灵，不能淡泊事业。淡泊名利是一种学会控制自我的人生大智慧。淡泊并不是力不能及的无奈，也不是心满意足的自赏，更不是碌碌无为的哀叹，淡泊是超脱世俗的诱惑和困扰，实实在在地对待一切，豁达客观地看待一切。淡泊名利的人，在意的是还未取得的成果，而非已经取得的成绩。诸葛亮说：“非淡泊无以明志，非宁静无以致远。”太多的人在互相攀比和竞争名利中迷失自己，成为金钱的奴隶。淡泊以明志，宁静而致远。权力是一时的，金钱是身外的；身体是自己的，做人是长久的。淡泊名利的人，是谦虚的人，要明白“尺有所短，寸有所长”的道理；淡泊名利的人胸怀宽广，在人与人之间发生摩擦时，在坚持原则的基础上，能够以谦和的态度对待对方。一个人怎样才能静下心来呢？靠的是人生理想和志向，靠的是一个人的拼搏精神和顽强毅力。人生要奋斗，要拒绝诱惑，更要有自律精神。做人要坚信走自己路，做最好的自己，有了这个信念，才能追求自己的人生理想，不被物欲所迷惑。

3) 甘于奉献

(1) 一“争”一“让”。一“争”一“让”展现的是作风与品德。在工作上“争”，是进取心、责任心的体现；在名利上“让”，既是内心的淡泊明志，也是品德的谦逊无私。但“争”要争对地方，争在工作上、表现上、干劲上，人生就会充满正能量。“让”同样如此，让出虚名，让出私利，人生就能更加纯粹而崇高。生活态度是人格的温度控制器，其好坏足以影响人生的成败。积极的人生态度，是迈向美满成功的跳板。人生的方向是由“态度”来决定的，其好坏足以左右我们构筑的人生的优劣。因此，我们要保持清醒，坚决远离现实生活中某些“能争会让”者。有的人争名夺利有一套、很来劲，对待工作不用心、很没劲；有的人只图享受不想奉献，工作能少干就少干，待遇能多得就多得，斤斤计较。对青年人而言，“扣好人生第一粒扣子”，就要树立正确的价值取向，走捷径、图虚名终究靠不住，唯有脚踏实地、经受历练方能成就自我。立足本职，敢于担当，体现的是一种高度自信、自省、自警、自律的精神，内部隐含的更是一种直面困难、锐意进取、追求卓越、精益求精的作风。敢于担当，意味着平庸、低能、拖沓、懒散都与我们绝缘，高标准、严要求才是每个劳动者的正确选择。强化责任、敢于担当，关键是树立主动负责的态度。立足本职岗位发挥先锋引领作用，需始终坚持精益求精、创优争先的工作态度，用一流的道德素养、业务技能和工作业绩发挥模范带头作用。在做好本职工作、推动任务落实中当标杆、做表率。

(2) 奉献的“良性循环”。奉献不应答，功名自来敲，道明了职场人应该具备的心理素质。我们在岗位上所做的一切，不仅是对自己的一种考验，也是实现个人价值的过程。总有一部分人急于追求功名，缺乏扎根一线的耐心。有的人怕吃苦、怕劳累，天天抱怨工作辛苦、薪水太少；有的人不求上进，安于现状，做事偷工减料；有的人好于在领导面前表现，大搞形式主义等。“万丈高楼平地起”，当我们的奉献积累到一定程度时，功名自然会来找你。“甘于奉献，不求回报”这种“披肝沥胆为工作”的伟大精神，启迪了一代又一代中国人。劳动的内涵在更新，劳模的标准在“进阶”，“爱岗敬业、争创一流，艰苦奋斗、勇于创新，淡泊名利、甘于奉献”始终是劳模精神的核心。

4) 勇于创新

(1) 始于梦想。没有目标的生活，犹如没有罗盘的航行；没有梦想的生命，犹如没有色彩的春天。一方面，梦想引领航向。千百年来，无数美好愿景为人类发展指明了方向，从愚公移山、大禹治水等神话传说，到天堑变通途、高峡出平湖等伟大创造；从追求宽裕殷实的“小康”生活，到基本实现现代化，无不体现着梦想的意蕴。另一方面，梦想激发斗志、凝聚力量。无论是浴血奋战的革命时期，还是艰苦创业的建设年代和波澜壮阔的改革年代，梦想都是保持生机、激发活力的源泉。进入新时代，人民群众对美好生活的需要日益增长，从吃得饱到吃得健康，从穿得暖到穿得讲究，从安居乐业到天蓝、地绿、水净……无数个不断生长的梦想与时代偕行。以先进思想和模范行动奏响“中国梦、劳动美”的时代主旋律，用劳模的优秀品质引领社会风尚，激励千千万万普通劳动者坚守信念、立足岗位、开拓创新、建功立业。

(2) 成于实干。建成社会主义现代化强国，实现中华民族伟大复兴，是一场接力跑。我们要一棒接着一棒跑下去，每一代人都要为下一代人跑出一个好成绩。回首新中国走过的几十年风风雨雨，劳模精神展示了中华民族顽强拼搏、自强不息的崇高品格，体现了伟大民族与时俱进、开拓创新的精神风貌。数以万计的劳动模范用智慧和汗水，为祖国创造了巨大的物质财富，更为我们树立了榜样。2020 年年初，一场突如其来的新冠疫情肆虐全球，在抗击疫情的战斗中，一批批白衣天使奔赴疫情最严重的第一线，用血肉之躯筑起了一道道救死扶伤的丰碑，成为生命的“守护神”，在没有硝烟的战场谱写了一曲曲人间大爱。时代在变迁，每一个时代的劳模都有不同的特点，永远不变的是劳模精神的本质。

(3) 走出舒适区，与时俱进。产业结构变化、社会分工细化，不会改变劳动是创造价值的唯一源泉。科技和互联网的日益发展正在改变人们的生活方式和思维方式。增强克服本领恐慌的能力，就需要不断地在实践中发现不足、弥补短板，从而使自身不断得到提升。我国经济从高速增长进入高质量发展阶段，需要更多知识型、技能型、创新型劳动者，也为劳动者、奋斗者实现人生理想提供了广阔舞台。只有敢于走出舒适区的人，才能主宰自己的命运。

【拓展案例】

播种未来——钟扬

复旦大学研究生院原院长、生命科学学院教授钟扬奉献了自己的生命，以光和热照亮了他人。“钟扬青藏高原生物学研究创新工作室”被上海市总工会命名为“上海市劳模创新工作室”。

钟扬于 1979 年考入中国科学技术大学少年班，1984 年毕业于该校无线电电子学系，获无线电电子学工学学士；随后，他留学日本综合研究大学院大学(The Graduate University for Advanced Studies)，获生物系统科学博士。钟扬于 1984~1999 年在中科院武汉植物所工作，2000 年起任复旦大学生命科学学院教授、植物学和生物信息学博士生导师，并担任复旦大学生命科学学院常务副院长、生物多样性与生态工程教育部重点实验室副主任，上海生物信息技术研究中心副主任等职务。钟扬教授还是中组部第六、七、八批援藏干部，曾任西藏大学校长助理。

钟扬教授从事植物学、生物信息学研究和教学工作近 30 年，在分子进化研究和生物信息学领域有长期的积累和独创性成果，多年来坚持生物多样性的保护和利用，在生态文明和绿色发展上做出了巨大的贡献，取得了丰硕的成果。钟扬教授不仅在交叉学科领域因材施教、教书育人，培育了许多学科人才，并且情系社会生态，把科学研究的种子播撒在西藏高原和上海海滨。

在援藏的 15 年中，他培养出了一批藏族科研人员，为西藏大学培养的第一位植物学博士如今已成为教授。援藏期间，钟扬教授为国家和上海的种子库收集了上千种植物的 4000 万颗种子，储存下了丰富的基因宝藏，绵延后世；他为西藏大学申请到第一个生态学博士点、第一个国家自然科学基金项目，帮助西藏建立起科研“地方队”。在他的带领下，西藏大学在进化生物学等研究方面，与日本、欧美名校鼎足而立。

十几年往返上海、西藏两地，长时间在海拔数千米的高山上奔波探察，个子高大的钟扬教授于2017年5月大病一场。他一边休养，一边筹划着来年在西藏的考察任务，仍然坚持着那个遥远的梦想。他说：“任何生命都有结束的一天，但我毫不畏惧，因为我的学生会将科学探索之路延续，而我们所采集的种子也会在几百年后的某一天生根发芽，到那时不知会完成多少人的梦想。”2017年9月25日，钟扬教授在去内蒙古城川民族干部学院为民族地区干部讲课的出差途中遭遇车祸，不幸逝世，年仅53岁。

钟扬教授当选为2018年感动中国人物。“超越海拔六千米，抵达植物生长的最高极限；跋涉十六年，把论文写满高原；倒下的时候，双肩包里藏着你的初心、誓言和未了的心愿。你热爱的藏波罗花不求雕梁画栋，只绽放在高山砾石之间。”这段颁奖词，正是他一生最好的印证。

2. 工匠精神

工匠精神是一种职业精神，是职业道德、职业能力、职业品质的体现，是从业者的一种职业价值取向和行为表现。它可以概括为：坚守执着、精益求精、专业专注、追求卓越。工匠精神是成为优秀劳动者的内在驱动力，也是优秀劳动者核心竞争力的体现。

1) 坚守执着

伟大出自平凡，英雄来自人民。平凡的人默默扎根基层，秉持工匠精神，勤于学习，努力工作，用平凡的方式诠释自己对工作的执着、对岗位的热爱、对事业的奉献，在坚守中演绎精彩人生。

(1) 平凡中的坚守，坚守平凡的岗位。平凡的人生，没有令人羡慕的财富、权力和荣誉，也没有一劳永逸的舒适和自在，只有爱岗敬业、真诚奉献、脚踏实地，认真做事的朴素情怀。现实社会中有一些人由于功利和短视，排斥平凡，吝惜付出。他们想要好的收入，却不愿干累活苦活；他们想干成一件事，却不屑从小事做起；他们想成名成家，却总是半途而废。海尔集团创始人张瑞敏说过：“坚持把简单的事情做好就是不简单，坚持把平凡的事情做好就是不平凡。”所谓成功，就是在平凡中做出不平凡的坚持，做好眼前的每一件小事。只有坚守、奉献、奋斗，才能用平凡生活里的点滴成果缔造出不平凡的人生意义和社会价值。

(2) 做一个匠人，修一颗匠心。匠人，就是一群不忘初心的普通人。匠人做事，有板有眼，一丝不苟。匠人体现出一种特定的态度和精神。“匠人精神”是一种情怀、一种力量，也是一份坚守、一份责任。匠人热爱自己的工作，不计得失，心甘情愿，并凭借这种热爱来激发活力和创造力，找到自我的价值感和存在感。匠心就是用心，是一种负责到底的意识。在我们的生活中，行业虽然千差万别，但每个人都可以努力尝试成为自己工作中的“匠人”。我们不管从事什么工作，都要用心。要让自己比过去做得更好，比别人做得更用心。做一件事，坚持到底，能做事，做成事，才是匠人的价值所在。唯有做到以技养身，以心养技，才能存一颗匠心，去做事、去生活，专注、自在。

(3) 不忘初心，方得始终。工匠精神，是一种心无旁骛、坚如磐石、锲而不舍的人生追求和精神品格。提到工匠精神，人们的第一反应往往是瑞士、德国、日本等国家的制造业，以及这些国家控制误差不超毫秒的钟表匠，仅拧各种螺丝就要学习几个月的工人，还有那些捏寿司都要捏成极致艺术品的手艺人。随着经济全球化的到来，市场竞争越来越激烈，中国人的消费观念也正在由“生存消费”转向“品质消费”，中国比任何时候都更需要“工匠精神”。“守初心、担使命”，发扬工匠精神是当今中国经济转型发展的必要条件。它将引导中国从低端制造的泥淖中走出，淘汰落后重复产能，加强技术创新，通过“增品种、提品质、创品牌”，提升中国制造业的整体水平与形象。坚守平凡岗位和秉持一丝不苟、精益求精的工作态度，对推动我国由制造业大国向制造业强国的跃升，使“中国制造”成为“中国创造”，真正实现中华民族的伟大复兴，都具有重要的现实意义。只有不忘“工匠精神”初心，方得“制造强国”始终。

2) 精益求精

一提到工匠精神，就容易联想到木匠、铜匠、铁匠、石匠、篾匠等。其实不然，锲而不舍，以极致的态度对自己的产品进行精雕细琢，精益求精的精神才是工匠精神。工匠精神是从这些工匠身上体现出来的对设计独具匠心、对质量精益求精、对技艺推陈出新、为创作不遗余力的精神。

(1) 古代的工匠精神。从人类最初的农用工具以及火的发明，再到后来的四大发明等，中国古代涌现出很多能工巧匠，创造了许多令人骄傲的工具。他们倾注于一双巧手，匠心独运，巧夺天工，创造出令西方仰止的古代科技文明。古代的工匠精神主要表现为“口传心授”的师道精神、产品制造过程中的制造精神、智慧与灵感集合的创造创业精神、知行合一的实践精神等。古代的“中国制造”远近闻名。早在西周时期，我国就已设立了“百工制度”。韩非子《五蠹》一文中提到了最早造房子的有巢氏、最早钻燧取火的燧人氏。木匠鼻祖鲁班，生活在春秋末、战国初，出身于世代工匠家庭。他能创制“机关备制”的木马车，也能发明曲尺、墨斗、刨子等木作工具。“庖丁解牛”是《庄子·养生主》里的一则寓言故事，讲的是庖丁为梁惠王宰牛，技艺到了炉火纯青的地步。社会进入后工业时代，一些与现代生活不相适应的老手艺、老工匠逐渐淡出日常生活，但工匠精神永不过时。尊重工匠的劳动，以良好的环境催生新时代的工匠精神，才能真正做出匠心独运、经得起时间检验的作品，才能使“工匠精神”绽放异彩。

(2) 工匠精神的精髓。工匠精神代表的是一丝不苟、精益求精的工作态度，追求孜孜不倦、精雕细琢的职业精神。精益求精，指把一件产品或一种工作，做得更好，达到极致。精益求精的品质精神是工匠精神的核心，一个人之所以能够成为“工匠”，就在于他对产品品质的不懈追求。西方“工匠精神”的核心是“标准化”。在德国、瑞士等制造业发达的国家，工匠精神是制造业的灵魂。一辆奔驰轿车、一把瑞士军刀，无论价值多少都会被匠人们精工细作、精雕细琢，不允许出现质量瑕疵。国防军工行业的年轻工匠陈行行，通过他的手将用在尖端武器装备上的薄薄壳体产品合格率从难以逾越的50%提升到100%。正是这种一丝不苟的工匠精神造就了我国的军事实力和军事地位。

(3) 智能工业时代，同样需要工匠精神。“互联网＋”时代的来临，数控和智能化已经深入企业生产中的每一个环节。如今，保时捷的工厂已经实现了工业4.0，一些工作有100%全自动的解决方案。但是，大部分的工作依然是手工作业，技师依然无可取代。例如，一款保时捷911的引擎有250个部件，几乎都由工人手工组装而成。一个训练有素的技师在精确度上可以不逊于机器，且机器根本达不到工人的灵活性。智能化的自动机械也许能带来更高的生产效率，却永远无法替代工匠那灵巧的双手，不能给产品注入别具一格的匠心；也许能够代替工匠完成重复的体力劳动，实现标准化生产，却不能代替工匠们的思考与创新。中国制造企业面临提升供给质量，进一步打造品牌竞争力的时代新考验。时代需要智能制造，中国需要越来越多的企业重视工匠精神，涌现越来越多的工匠人才。目前，中国制造业转型发展的关键就是培养对产品和服务追求极致的匠人，用工匠精神生产工匠产品、打造中国品牌，助推经济转型和产业升级。作为职场人，只有传承和发扬工匠精神，在平凡岗位上孜孜以求，追求职业技能的完美和极致，才能使“中国制造”更加精彩。

3) 专业专注

(1) 不要博而泛，要精而专。爱默生说：专注、热爱、全神贯注于你所期望的事物上，必有收获。我们只需找到自己擅长的领域，然后专注于它们并尽力做到最好，一定会达到想要的结果。在这个社会分工越来越细、专业领域越来越精的时代，如果一个人把自己的精力分散开来，那他是不可能收获成功的。我们这个时代的成功者是那些在自己的领域无所不知，对自己的目标坚定不移，做事精益求精、专心致志的人。我国正处在从工业大国向工业强国迈进的关键时期，急需培育和弘扬严谨认真、专业专注、追求完美的工匠精神。任何时候，独特、精湛、娴熟、高超的技艺，都是一个人或者一个组织的立足之本和创新发展的动力，甚至是核心竞争力。

(2) 锲而不舍、全力以赴。锲而不舍是一种精神，一种信念，是新时代年轻人最根本的素养。在各项工作中难免遇到各种问题，要想不打折扣开展工作，就要把锲而不舍当作毕生信念。意大利有一部分手工匠人热爱传统手工，坚信纯手工缝制的西服无法通过工业流程复制。正是这种“反科技”和坚守的匠人精神，让他们的服装成了“奢侈品”。在全球十大顶级男装品牌中，意大利品牌占八席。这就是工匠精神的体现，也是工匠存在的意义。做任何事情切忌半途而废，眼高手低，捡了芝麻丢了西瓜。只有把有限的生命和精力投入到既定的目标中，坚忍不拔，锲而不舍，才有可能达到自己的目标。

(3) 走“专特优精”发展道路。2016 年 4 月，工信部印发《制造业单项冠军企业培育提升专项行动实施方案》(以下简称《方案》)。《方案》指出，制造业单项冠军企业是指长期专注于制造业某些特定细分产品市场，生产技术或工艺国际领先，单项产品市场占有率位居全球前列的企业。制造业单项冠军企业是制造业创新发展的基石，实施制造业单项冠军企业培育提升专项行动，长期专注于企业擅长的领域，走“专特优精”发展道路，有利于占据全球产业链主导地位，提升制造业国际竞争力。企业走上“专特优精”发展壮大的道路，需要弘扬工匠精神，需要勇攀质量高峰决心，需要有更多的“专业＋专注”的具有“工匠精神”的高技能人才。

4) 追求卓越

“推动中国制造向中国创造转变、中国速度向中国质量转变、中国产品向中国品牌转变”，是适应经济发展新常态的根本出路所在。工匠精神是工业文化的一种重要表现。在从“制造大国”走向“制造强国”的进程中，更需要弘扬精业与敬业的工匠精神。

(1) 追求卓越、品质第一。品牌是质量的象征，是信誉的凝结，是国家的名片。人们一提到芯片、IT 产品，就会想到微软、英特尔、谷歌，就自然想到美国；一提到手机，就会想到苹果、三星，想到美国、韩国；说起汽车，都会想到奔驰、宝马、保时捷，就会和德国联系在一起。据统计，全球市场80%的份额由20%的优势品牌所占据。反观我国制造业，规模虽然已经跃居世界第一，但品牌之弱仍然是制约中国制造业发展的隐忧和短板。在全球知名品牌咨询公司国际品牌(Interbrand)发布的2019年度“全球最具价值100大品牌”排行榜中，中国制造业产品品牌仅占1席。虽然涌现出海尔、联想、华为、吉利等国际知名品牌，但从数量和质量方面与发达国家相比还不太理想。我们要弘扬和坚守“工匠精神”，在产品的个性化、质量和档次上下功夫，追求人无我有，而非千篇一律；追求质量，而非粗制滥造。我们要重视质量、打造品牌，将一丝不苟、精益求精的“工匠精神”融入每一个生产环节，打造一流产品，带动中国品牌更好地走向世界。

(2) 从“制造大国”变为“制造强国”。“工匠精神”是德国制造业过去一百年成功的钥匙。这种精神让“德国制造”声名显赫，让德国百年工业品牌扎堆出现。日本在学习中国的技艺之后纵深发展并不断创新，才有了今日闻名于世的技术和精神。据统计，截至2013年，全球寿命超过200年的企业，日本有3146家，为全球最多，德国有837家，荷兰有222家，法国有196家。之所以如此多的长寿企业集中出现在这些国家，是因为他们都在传承着一种精神——工匠精神，这种精神是任何时代都不可缺少的。工匠精神，契合了我国经济社会发展的现实需要，也将激发广大劳动者的劳动热情，实现人生梦想、展示人生价值，对推动我国由制造业大国向制造业强国的跃升，使“中国制造”成为“中国创造”，具有重要的现实意义。

中国号称“世界工厂”、制造业大国，从“大工厂”“劳动密集基地”转为“强制造”“精品化”才是中国制造业的出路所在。弘扬“工匠精神”将带动中国从“制造大国”走向“制造强国”，促进企业精益求精、提高质量，使认真、敬业、执着、创新成为更多人的职业追求。弘扬“工匠精神”，在全社会倡导一种“做专、做精、做细、做实”的作风，才能让“制、智、质”成为中国名片。中国梦目标在前，积跬步以至千里，每一个脚印，都由你我用工匠精神刻下。

推动中国制造品质革命，一方面需要培育和发扬持续创新的企业家精神，以企业家精神促进制造企业战略转型，进而推动制造业从中低端向中高端转型，提升整体制造业品质；另一方面需要培育和弘扬精益求精、追求卓越的工匠精神，“工匠精神要渗透到每一个制造业工人和管理者的心灵深处”。要鼓励更多的年轻人走技能成才之路，形成“崇尚一技之长、不唯学历凭能力”的社会氛围。在当今社会，只有把工匠精神发挥得淋漓尽致，才能拥有竞争的优势。作为职场人，传承和发扬工匠精神不仅是生存和发展的需要，更是生活精彩、人生出彩的宿命所归。

【拓展案例】

共和国追梦人——37 年，他做了一件事

1983 年 6 月，孔祥民调到了曲阜县文物管理委员会古建队，师从当时的古建队技术室主任、鲁西南一带瓦石技艺的“总把头”徐会臣。从此，孔祥民便开始了他的建筑生涯，这一干就是 37 年。从起初爬脚手架都能出一身汗，到后来的驾轻就熟、独挑大梁，孔祥民说，就是凭着一股不服输的劲头，感觉这工作还有点意思，有挑战感、成就感，而且有最好的师父带着，慢慢地就在工作中找到了这个职业的感觉。

百年不遇的奎文阁落架大修，是孔祥民前几年职业生涯中“凤凰涅槃”般的体验。五年间一千多个日日夜夜的专注，磨砺了孔祥民的耐性，锻炼了他的脾性，使他熟知了古建筑的外部装饰和内部构建，了解了这些承载着大量文化内涵的建筑所传递出的信息、符号、内容和意义，令他养成了一种整体性的思维和严谨周密的思考能力，更纠正了他对文物保护修复工作的认识。

“我被深深地震撼了。之前从来没想到，做一件事情，会如此漫长，又如此复杂；修复一件文物，是如此敬业，又如此专业。”或许，正是从那个时刻起，他的一生就同文物保护紧紧地联系在了一起，他的灵魂融入了葱郁沉凝的林木之间，融入了古朴灵动的砖瓦之中，自此再也无法割舍。2003 年，孔祥民正式被任命为古建队队长。2005 年，他作为第一责任人全面主持了颜庙复圣殿落架大修工程。无论面对何种情况，孔祥民和他的团队从来不追求冒险和突兀，而是反复推演，追求自始至终的严苛、严谨、务实、稳定乃至滴水不漏。

“37 年我就做了这么一件事”孔祥民说。从个人来讲，他姓孔；从工作而言，孔庙、孔府之中，里面的一草一木、一房一瓦，都如同自己的家人一样，经过这么多年的陪伴，已经成为他生命的一部分。“在这个浮躁、一切只讲快的社会里，做文物保护，要有敬畏之心，还要有定力、耐力和心力。无论外界如何诱惑，无论世界如何躁动，无论压力如何巨大，无论环境如何喧嚣，我自岿然不动。”匠人就要按照匠人的方式、匠人的姿态、匠人的节奏、匠人的思维，去尽善尽美、全力以赴地做好一个匠人应该做的事情。

3. 大学生创新创业精神

从以锐意进取为核心的创新精神、以求真务实为基础的奋斗精神、以团队协作为

前提的合作精神、以开拓进取为动力的冒险精神和以肩负责任为使命的担当精神这五个方面可以阐述大学生创新创业精神的内涵。创业可以推动新的发明、产生新的产品、涌现新的服务和需求，从而提高整个国家的创新实力。创业精神要以创新精神为指导，创业精神有助于激发创业者的激情。

1) 创新精神

大学生创新创业精神的灵魂是创新精神，创新精神是敢于质疑旧事物的思维方式，是社会发展的不竭动力，是国家发展进步的源泉，具备创新精神也是大学生成长和发展的重要条件。随着全球化经济的突飞猛进，在党的十九大报告的召唤之下，创新精神在我国将是一个永不过时的话题。在我国“大众创新，万众创业”的社会背景下，创新型经济已经初见端倪，对培育创新型高等人才，创新精神起到的作用显而易见。大学生创新创业精神的内涵中重要的一项就是锐意进取为核心的创新精神。例如，1999年马云和他仅数十人的创业团队成立了阿里巴巴，在十几年的时间内，阿里巴巴已经成为国内的互联网帝国。创业初期，是锐意进取、持之以恒、精诚团结的创新创业精神促使马云敢于完成自己的创业梦想。正是创新创业精神中最为核心的创新精神决定了阿里巴巴的成功。阿里巴巴的支付宝和网络零售的创新模式，改变了支付模式，创新性地激活了成千上万个中小企业。阿里巴巴的广阔前景也吸引了无数创新型人才。再如，美团网的联合创始人王兴，历经了校内网、饭否网两次失败后，于2003年首创美团网并在激烈的竞争中脱颖而出，其成功的重要原因就是自始不断地进行创新。综上所述，大学生创新创业精神培育要以“创新精神的培养”为阵地，为中华民族的伟大复兴提供宝贵的人才血液。

2) 奋斗精神

奋斗精神是我国人民的优良传统，也是我们党的一大优良传统。奋斗精神是勇于斗争的精神，顽强的克服困难的精神，在逆境中奋发向上的精神。大学生创新创业精神的依托是奋斗精神。大学生大力弘扬奋斗精神、大兴艰苦奋斗之风，十分重要而紧迫。从艰苦奋斗的角度来看，随着我国综合国力的提高和经济的发展，人民生活水平有了巨大改善，安逸的环境使一部分大学生缺乏奋斗精神，很难融入到社会就业的大环境中去。还有少数大学生在创新创业初期获得一定的成功之后，出现了自我满足、自我停滞的现象，这是一种缺乏创新创业精神的内涵之一——奋斗精神的表现。奋斗精神使人一步步接近自己的创业设想，是莘莘学子实现梦想的推动力。例如，大名鼎鼎的乔布斯在2004年时就已经被诊断患有胰腺癌，医生说他活不过一年，可他却顽强地与病魔搏斗，直到 2011 年才不幸离世。他经营企业也像经营自己的生命一样，一生都在和命运战斗，结果他战胜了命运，让苹果公司傲立于高科技企业的最顶层。乔布斯这种为了创业奋不顾身的奋斗精神，正是当代大学生缺少的“精神食粮”，值得高校大学生学习。

3) 合作精神

马克思曾说：“正像社会本身生产作为人的人一样，人也生产社会”。大学生创新创业精神培育的重要一环是培养高校大学生的合作精神。创业者寻求团队合作的重要目的就是弥补自身的不足。正如戴复古的诗作《寄兴》中所言“黄金无足色，白璧有微瑕”，一个人的能力与团队相比是微不足道的。如果没有合作精神，创业成功非常困难。很多创新创业成功的案例背后都有一个团队在起着重要的作用，每个创业英雄的背后也都站着一个强大的团队。阿里巴巴、Google、Apple 这些成功的案例无不经历了创业团队的形成、发展、强大的合作过程。朝气蓬勃的新时代大学生更应该培养合作精神。它表现在团队作战，目标一致，同舟共济，知识与信息共享，相互弥补不足，彼此尊重。相较于“独闯江湖，单打独斗”的创新创业形式，合作的团队成功率更大一些。因为，合作精神可以提高大学生的“耐受力”，即抵抗和应付挫折的能力；它还可以使大学生团队更好地适应社会创新创业环境，这主要体现在商机的捕捉、经验的交流提高、商业风险的降低，创业生存能力的提升。综上所述，团队合作是高校大学生创新创业的一种比较理想的方式方法。

4) 冒险精神

冒险精神是一种探索新事物的勇气，是一种执着、不服输的精神，是一种开拓进取、勇往直前的精神。马克思和恩格斯认为，周围的世界是工业发展和社会进步的历史产物，是人类活动的结果。风险作为一种历史现象，将伴随社会发展的始终。大学生创新创业精神需要冒险精神。当今，任何创新创业行为都存在风险，但机遇和风险往往共存。市场环境瞬息万变，停滞不前、一味追求稳定安全，最后只能在残酷的市场竞争中被淘汰。大学生要善于突破僵化的思维，锻炼自己顽强坚韧、勇于探索的意志，善于把握机会，提高危机处理能力。

5) 担当精神

培育大学生的担当精神，是新时代、新战略、新安排对大学生的精神要求。担当精神能使大学生坚定民族使命、提升社会责任感、成就美好的人生。大学生在充分开发自身内在创新创业的潜能的同时，应该具有社会责任感。敢于担当的精神，对大学生成才、就业、服务社会具有重要意义。大学生的这种肩负责任的担当精神主要体现在爱国主义情怀、强烈的社会责任感、正确的自我价值观几个方面。大学生创新创业的担当精神需要将创新创业和祖国的需要结合起来，把振兴祖国、奉献社会作为目标，需要持续关注国家的发展。社会是一个共同体，人与人，人与社会必然要发生各种联系。社会以个体为组成要素，为个体的发展提供基础与保障，社会的发展直接影响个体的利益，社会的强大影响个性的发展。社会担当精神要求大学生正确处理个人、集体与国家的利益关系，自觉维护社会利益。

模块三　劳动学习

一、学习专业技能

专业技能是大学生劳动技能的核心部分，是与高等教育人才培养方式紧密相关的专业知识、专业思维和专业实践的有机统一。良好的专业技能是衡量大学生劳动素养的重要指标，对于帮助大学生合理规划职业路径、提升创新创造能力具有无可替代的积极作用。

1. 专业知识

知识是技能的基础，是静态的技能；技能是知识的延展，是动态的知识。与基础教育显著不同的是，高等教育总体上是围绕“专业”而展开的，尽管有不少高校都在强调通识教育，但绝大多数大学生在离开校门前都会掌握一种或几种专门的学问，完成一种或几种专门的学业。这种在一定范围内相对稳定的系统化的知识就是专业知识，它不是专业技能本身，但与专业技能之间又存在彼此依赖的密切关系。

1) 专业知识是专业技能的基础

人们在认识特定领域事物的发展规律的过程中所形成的知识集合就可以被称为专业知识。这些知识能够表明不同因素之间的关系，揭示某种结果出现的原因，告诉我们现象背后的本质，提醒我们看待事物的科学方式。在大学课堂内外，知识的传授大多是以专业的形式展开的。教育部 2018 年首次发布《普通高等学校本科专业类教学质量国家标准》，涵盖了我国普通高校本科专业目录中全部 92 个本科专业类、587 个本科专业，涉及全国高校 56000 多个专业点。这些种类繁杂的专业被归于哲学、经济学、法学、教育学、文学、历史学、理学、工学、农学、医学、军事学、管理学、艺术学等 13 个学科门类中，构成大学生日后专业技能形成的基本领域和职业方向。尤其是农学、医学、工学等领域的相关专业，表现出更强的操作性和更专的技能特征。

2) 专业技能是专业知识的延展

专业技能离不开专业知识的传授，需要通过专业知识的学习和积淀才能形成。但专业技能对专业知识的依赖却不是被动的，而是一种主动的应用和积极的延展。一个人是否学过相关专业知识，在从事某项具体工作时的技能水平和实际效果是有明显差异的；而是否能够通过反复实践操练，将所学知识转化为改造事物的专业技能，对专业知识的学习效果同样有重要影响。在现实生活中，一位理论功底深厚的医学博士未必能看得好病，因为看病需要在临床实践中不断积累经验，但这位医学博士看病的能力肯定比一位建筑工人强；同样的道理，一位美术大师盖房子的技能恐怕没法和这位建筑工人相比，因为他脑海里储备的更多是关于绘画的专业知识。

【拓展案例】

怀揣水电梦，投身大三峡——“荆楚工匠”刘辉

1998年毕业于天津大学焊接工艺及设备专业的刘辉，怀揣着父辈们的水电梦想，选择参与了世界最大水电站——三峡电站的建设，成为一名骄傲的三峡建设者。

2000～2003年刘辉主导完成了三峡大坝泄洪坝段的金属结构安装焊接。期间，由他负责的三峡二期工程泄洪坝段导流底孔金属结构与启闭机安装焊接2002年荣获“全国优秀焊接工程”；2003年泄洪深孔金属结构与启闭机安装焊接工程再获此殊荣。

在三峡大坝金属结构焊接实战训练中，作为一名理论与实践兼备的专业人才，刘辉敏锐地嗅到一丝危机——传统焊接工艺和设备已经不能满足如今工况复杂性和材料多样性的需求，必须给它插上“科技的翅膀”，才能走得更长远。于是2004年，在焊接领域已小有成就的他毅然决定返回高校深造，继续潜心研究焊接工艺和设备。

2007年起刘辉就职于世界最大水电站管理者——中国长江电力股份有限公司，将自身所学毫无保留地奉献给水电事业。他先后主导完成三峡电站、葛洲坝电站机组检修焊接工艺流程的标准化操作；深入研究三峡电站机组叶片裂纹产生机理，优化处理工艺，制定了整套科学有效的综合处置措施，解决了机组叶片空蚀及关键部件焊接难题；着力改善叶片裂纹处理工艺并推广了非熔化极气体保护电弧焊(TIG)及二氧化碳气体保护电弧焊在上述工艺中的应用，机组检修成效颇为显著。在理论运用于实践的同时，又用实践丰富理论体系、升华理论成果。刘辉牵头三峡电站机组顶盖止漏环抢修焊接方案的实验性验证，把控后续的焊接铲磨的质量控制，主导完成《三峡顶盖止

漏环焊接技术方案》的制定，极大地提升了对机组主要零部件的缺陷分析和焊接应急处理能力；负责完成葛洲坝机组油系统整治、制动器及其管路改造、油冷器修复中的铜管焊接工作，有效提升了钎焊操作技术，丰富了焊接检修技能。

★ 用激光技术做好这台“心脏修复手术”

在水电站发电系统中水轮机是整个系统的“心脏”，水轮机过流部件空蚀问题一直是一道世界性难题，如何做好这台“心脏修复手术”让刘辉绞尽脑汁。2017 年，刘辉和他的团队将目光瞄向了前沿科技——激光技术。激光具有方向性好、能量密度高、热影响区小、熔覆时不预热、材料可调配、清洁环保的特性，已在航空航天、军工、医疗等多个行业中得到了应用，但是在水电站检修中的应用还是空白。刘辉带领团队开展葛洲坝电站机组转轮室下环激光熔覆强化涂层试验、转轮叶片激光重熔涂层强化研究等，经过反复比选实验机械部件、调整设备组合参数、数不清的现场模拟测试，研发出对转轮室、叶片热影响小，自动化程度高，能适应曲面连续作业的水电站机组转轮室激光熔覆和检测设备。目前，已利用激光熔覆技术替代传统的电镀、喷涂、离心浇注等工艺，完成操作油管等精密仪器的高质量修复，已修复部件性能更加优异。

他对技术的追求永远在路上，深度挖掘激光清洗设备在水电站的应用研究与开发，已成功研发出 500W 手持式全空冷激光清洗设备，可以高效率清洗金属表面油污、铁锈、油漆、镀锌层、喷锌层等介质，且不会对基层材质造成任何损害。

经过两年“摸爬滚打”，激光在水电站的应用项目于 2018 年底顺利结题验收，其间共申报了12项实用新型专利，编写了4篇论文。采用激光熔覆修复后，转轮室过流部件的抗空蚀、抗磨蚀性能得到明显提升，延长使用寿命至少五年，初步估算直接经济效益可达 2850 万元。他们应用激光技术为大国重器保驾护航，显著提高了检修工效及检修质量，深度践行了“绿色发展”理念。

★ 五年“绣花功夫”只为打赢这一仗

2019 年 5 月 3 日，装机规模位居世界第三的溪洛渡水电站传来捷报——经过长江电力检修厂26天自主检修的溪宾Ⅰ线500千伏焊接型气体绝缘金属封闭输电线路(GIL)正式投入运行，各项运行数据平稳正常。这标志着我国打破了国外技术垄断，顺利掌握 500 千伏焊接型 GIL 检修核心关键技术，填补了我国在该技术领域的空白。这也是三峡人为实现习总书记视察三峡时指示“大国重器必须掌握在我们自己手里”重要精神的具体体现。

刘辉和他的团队漂亮地打赢了这一仗，而在这背后却是五年的攻坚克难。

溪洛渡GIL设备是电站巨大电力输出的关键通道，采用国外公司独有的外壳焊接型GIL。铝合金外壳自动焊接与自动探伤技术是国外公司的核心技术，焊接难度堪称“在蜜蜂翅膀上绣花”。国外公司对此绝对保密并拒绝任何条件的技术转让。以往出现故障都需从欧洲调派人员和设备前来检修，因其过慢的响应速度和工作节奏，在汛期抢修可能会造成数亿元经济损失，每年还需向其缴纳150万元应急保障费。三峡集团公司不愿受制于人，要求长江电力检修厂努力攻克该技术，实现自主检修。

为了打破国外技术壁垒，在关键技术上不被别人“卡脖子”，2015年，检修厂正式开展薄壁GIL铝合金管道自动焊接、无损探伤科技攻关工作。刘辉作为焊接组组长，在北京度过了人生中最难忘的一段时间。他带领同事们日夜钻研大直径薄壁铝合金管道现场自动焊接技术，历经四次研究思路和方向的调整，尝试了至少16种影响质量特征参数组合，校准测试了1000多次工艺流程，经过13800个数据组合实验研究，练肿了胳膊，磨平了指纹。终于，2017年5月，国内首创的6毫米厚铝合金管道现场垂直和水平方向上的自动、手动焊接及探伤等技术通过检验，实现了国内“从无到有”的突破，填补了国内相关行业空白。

为了固化攻关技术成果，刘辉带领攻关小组马不停蹄地将焊接设备从实验室搬到了位于溪洛渡电站的工棚里。在40多度高温天气下，经过200多条焊缝的日夜反复验证，精调符合溪洛渡现场条件的自动焊接技术，精进各种工况下的手工补焊技艺，将实验成果与现场应用无缝接轨，完成了“从有到优”的磨炼。

在2019年4月的溪洛渡GIL自主检修中，10条焊缝一气呵成，一次性通过了480 KV交流耐压试验，直接节约检修成本约1000万元。刘辉攻关小组对GIL检修技术的掌握，将依靠外方检修技术需耗费43天的修复工期缩短到20天内。若故障抢修发生在金沙江流域汛期，节约工期23天，可挽回电能损失约11.5亿千瓦时，减少直接经济损失4亿多元。该检修技术带来的经济效益不言而喻。刘辉更成为了国内GIL现场自动焊接第一人。

五年梦圆。刘辉和他的团队攻坚克难，拒绝被“卡脖子”，牢牢牵住“牛鼻子”，用实践检验了科研成果的可行性，为自己的职业生涯添上浓墨重彩的一笔。

择一行而行，专一业而精。从葛洲坝到三峡，再到溪洛渡，历经多个大型水电站巨型机组检修，刘辉始终怀着一颗匠心，努力做个匠人。将辛劳和汗水化为激情和动力，把荆棘和困难变成舞台和阶梯，他将一如既往保持匠心，当好大国重器的合格守护者，做个勇往直前的新时代追梦人。

2. 专业思维

在通过学习专业知识形成专业技能的过程中，一个关键的环节是专业思维的形成。所谓专业思维，就是能够将遇到的问题迅速准确归类的思维。因为迅速，所以专业，因为准确，所以高效。一个人只有用专业的思维方式考虑问题，才有可能在看待事物时具备独特的眼光和与众不同的处理方式，即专业的技能。

1) 基于历史经验的思维

万事万物都是不断变化的，专业也是动态发展的，因而专业思维会表现出明显的历史继承性。今天的专业知识体系正是对过去每一个阶段新知识的累积叠加，当下的专业思维方式也就是对以前的专业思维延续和更新后所形成的。牛顿的三大运动定律和万有引力定律曾经统治物理学两百余年，在这期间，人们关于时空的认识观是绝对的。在这样的思维方式下，时间总是均匀地流逝着，空间总是平直均匀地分布。直到20世纪初，普朗克、爱因斯坦等人相继提出能量量子化概念和相对论，人们才逐渐认识到，时间的流逝快慢和物体的运动速度密不可分，微观世界或高速运动状态下的时空会发生扭曲。表面上看，相对论的提出是对物理学思维方式的重大变革，但在低速运动的宏观世界，牛顿绝对时空思维仍具有非常广泛而完美的应用。因而只能说相对论是绝对论的继承和拓展，而不能说相对论是对绝对论的碾压和颠覆。

2) 立足现实状况的思维

拥有专业思维的人都清楚自己的能力边界，他们了解事物运行的复杂性和专业知识的有限性，不会觉得自己无所不能，他们看待和处理问题更倚重于从现实出发的思维方式。基于此，业余人士和专业人士的最大区别是，前者认为世界按照他们的想象运转，而后者则是立足现实去适应和改造这个世界。从这个角度看，专业技能差异的背后经常表现为专业思维方式的差异。越是能立足现实进行思考的人，越能清晰地看到自己的优势和不足，从而踏踏实实地扬长避短，在工作中往往表现出越强的专业技能。被称为“文艺复兴时期最完美代表”的达·芬奇可谓是人类历史上绝无仅有的全才，在理、工、医、文、艺等几乎所有学科中都取得了显著成就，但其最伟大的成就还是绘画，这与他从 14 岁开始连续数年不间断地进行绘画基本功训练密不可分。而达·芬奇之所以能够做到这一点，正是因为老师韦罗基奥教他形成了立足现实的艺术思维。

3) 追求更高更好的思维

专业思维承认专业知识的局限性，但并不会因此囿于当下，裹足不前，而是能够放眼长远，开放心态，乐于倾听，重视专业知识的连续性和专业发展的持续性，清楚地知道自己该做什么和不该做什么，并将失败视为其获得成长的过程。拥有专业思维的人通常都心怀一种使命感，期待在专业领域获得更高的水平，实现更好的效果，因而是一种积极向上、追求创新的战略性思维方式。毛泽东曾说：“坐在指挥台上，只看见地平线上已经出现的大量的普遍的东西，那是平平常常的，也不能算领导。只有当还没有出现大量的明显的东西的时候，当桅杆顶刚刚露出的时候，就能看出这是要发展成为大量的普遍的东西，并能掌握住它，这才叫领导。”作为伟大的政治家和革命导师，毛泽东提出的“没有预见就没有领导”的战略思维既是对广大领导干部职业预见能力的要求，也是他自己追求大同世界使命感的体现，是在广泛调查研究基础上对中国革命和建设事业进行科学预见的结果。

3. 专业实践

获取专业技能需要专业知识的指导和专业思维的引导，更需要在实践活动中持之以恒的学习、模仿、操作和训练。《中华人民共和国高等教育法》指出，“高等教育的任务是培养具有社会责任感、创新精神和实践能力的高级专门人才，发展科学技术文化，促进社会主义现代化建设。”尽管各高校关于大学生专业实践的要求不尽相同，各专业的实践方式也千差万别，但通过多样化的专业实践提升大学生专业技能的目标却是明确的，这同时也是新时代高等教育阶段加强劳动教育的重要路径之一。

1) 凝练和发挥专业优势

通用知识的优势在于广度，有助于开阔视野。通用技能在各种社会活动中有着广泛应用，如计算机基本操作能力、驾驶能力、接待能力、书写能力、口头表达能力等。专业知识的优势在于深度和精度，有助于深化认识。每一种专业都存在专属的研究范畴，专业技能只有在特定的实践活动中才能获得用武之地，如律师的辩护技能主要用于法庭，园艺师的栽培技能主要在园林中展示，飞行器设计师的技能则需要航天航空环境。

2) 培养实干精神和职业专注力

专业知识必须通过刻苦的理论学习才能掌握，强调的是知晓专业；专业思维只有通过积极的思考才能获得，强调的是懂得专业；专业技能则需要在实践活动中反复操练才能拥有，强调的是运用专业。大学生能否将在校期间所学专业知识转化为创造社会财富的能力，除了对专业本身的认知和理解以外，还需要实干精神，专注于实际工作需要与专业优势的结合，这些都需要进行足够的专业实践训练。

3) 强化创新精神和社会责任感

专业技能最终要通过一个个鲜活个体的劳动过程才能体现出来。任何一种专业技能的形成都是一群人共同钻研并通过一代代人传承创新的结果。因而专业技能既是个人的本领，也是全社会的共同财富。任何一位大学生只有怀揣社会责任感进入职场，才能让所学专业技能在推动社会进步中发挥积极作用，也只有将创新的精神运用于所学专业，才能在工作实践中发现专业知识的漏洞，改进专业思维的缺陷，不断提升专业技能，为专业本身的进步创造条件和提供可能。

二、学习劳动技能

掌握技能是大学生的立身之本，更是他们成长为高素质技术技能人才的基本功。大学生要掌握的技能有很多，主要是生活技能、职业技能和社会技能。而参加日常生活劳动、生产性劳动和服务性劳动，是掌握生活技能、职业技能和社会技能的重要途径。本部分主要介绍大学生如何通过参加日常生活劳动、生产性劳动和服务性劳动，来培养和提高生活能力、生产劳动能力、服务劳动能力，更好地适应就业后的工作岗位，实现个人的良好发展和社会服务。

1. 生活技能

生活技能是一个人有效处理日常生活中各种需要的技术和能力。青年学生必备的生活技能主要通过家务劳动实践和学校生活劳动实践来提升。

1) 家务劳动

家务劳动，是指家庭成员在日常的家庭生活中必须从事的无报酬劳动。对青年学生来说，最基本的家务劳动包括烹饪、整理清洁房间、衣物的收纳整理等。家务劳动看似平常，却是一项非常有意义的家庭活动。

(1) 家务劳动有益身心健康。家务劳动的过程是肢体和头脑协同活动的过程。清洁、收纳、烹饪等日常家务劳动既需要体力又需要技巧，可以活动四肢筋络，活跃大脑思维，提高动手能力和解决实际问题的能力，有益于身心健康。家务劳动中锻炼出的“勤劳之手”，可以让人终身受益。

(2) 家务劳动增强责任意识。古语云：一屋不扫何以扫天下？细节看似琐碎，其实折射品质；家务虽然细小，却能培养责任感。2002 年，明尼苏达大学的马蒂·罗斯曼教授的研究表明：家长鼓励孩子参与家务劳动，能对孩子的未来施以极为重要的积极影响——培养孩子的责任感，让他们学会设身处地为他人着想，并增强关爱他人的同理心。

(3) 家务劳动提升就业竞争力。大学生通过参与家务劳动，培养了动手能力、独立自主能力、规划能力、解决问题的能力、判断与决策力、执行力，从而有助于提升就业竞争力。日本的近藤麻理惠由于整理家庭内务的能力杰出，成为职业整理师，2015年被美国《时代》杂志评选为“影响世界的100人”之一。

(4) 做家务时遵循的原则。家务活并不是简简单单的小事，做家务时，方法要科学，可以遵循以下几个原则：

① 及时原则。保持干净的秘诀，就是在用过之后马上清洁。油汤滴到灶台上，顺手就用清洁布擦干净；使用完的锅和铲子，马上就清洗出来。家务活刚产生时及时做完，既省时间又省力气。

② 分散原则。对很多人来说，做家务是件繁重的工作，是不得不用大块时间集中做的麻烦事。其实，将家务分散来做，每次做一点，就会比较快地做完，可以降低集中做家务的工作量。

③ 由简到难原则。做家务时，如果开始的劳动难度较大，会产生烦躁心理。从较为简单的工作入手，比较容易获得劳动成就感。

④ 节约时间原则。做家务时，要注意统筹规划以节省时间。例如，可以先将一些待洗衣物放进洗衣机清洗，利用洗衣机洗衣服的时间再做其他的工作。在清扫时，尽量养成将物品顺手放回原位的习惯。

2) 学校生活劳动

学校生活劳动是指学生在校园内开展的日常性劳动，主要包括打扫宿舍卫生、校园保洁、教学区卫生、绿化美化、勤工俭学等。宿舍、教室和校园是我们生活和学习的地方，宿舍和校园卫生需要我们每个人注意清洁和维护。

(1) 学校生活劳动有助于培养正确的劳动观。发展经验和实践证明：劳动教育是培养造就全面发展人才的必要条件，也是基本途径和有效途径。学校生活劳动使学生树立正确的劳动观点和劳动态度，有助培养学生的劳动技能，使其养成热爱劳动的习惯。

(2) 学校生活劳动有助于养成良好的劳动习惯。在职业教育发展进入内涵提升、谋求跨越式发展的新时期，通过学校生活劳动，学生可以掌握必备的生活技能和劳动技能，提高动手能力和实践经验，进一步养成劳动习惯。

(3) 学校生活劳动增加认知。学生参加学校生活劳动，可以体会到劳动不只是简单的打扫卫生、洗衣清洁，而是可以从劳动实践中感悟劳动教育的意义，用身体丈量物理世界和心灵世界。

(4) 学校生活劳动培养团队精神。团队精神是团队成员在群体行为中体现出来的意愿、品格和作风，学校生活劳动是孕育团队精神的土壤，学生在校园生活劳动中各司其职，互相配合完成任务，有助于培养其团队精神。

(5) 学校生活劳动有助于步入社会。通过劳动，学生可以更好地了解社会、走进社会和适应社会，学会关怀社会和尊重差异，为成为合格的社会人、中国公民和世界公民做准备。

学校生活劳动有其特殊性，既要有集体主义观念，服从分配，又要注意安全，规避危险。此外，在学校生活劳动中，还应注意以下两个问题：

(1) 学校生活劳动应服从分配。在参加校园劳动时，要遵守劳动纪律，从集体利益出发，服从分配，认真完成劳动任务。不要拈轻怕重，挑三拣四，敷衍了事。

(2) 学校生活劳动应注意安全。在劳动中，要树立安全意识，根据所处的劳动环境时刻注意保护自身安全，避免滑倒、摔伤、扎伤、触电、坠落等，规避潜在的危险。

2. 职业技能

职业技能是学生将来实现就业和服务社会经济发展所需要的技术和能力。掌握职业技能是大学生成为高素质劳动者和技术技能人才的立身之本。技能越多，能力越强，越有利于就业，越能适应新时代、新劳动岗位。

职业技能的水平分为初级、中级、高级，由各职业技能鉴定中心按照国家职业技能标准鉴定。

职业技能要在劳动中获取，并且在劳动中得到强化与拓展。我们掌握职业技能的实践途径主要有两个：参加生产性劳动和服务性劳动。

1) 生产性劳动

马克思认为，生产使用价值(包括物质产品和精神产品、有形产品和无形产品)或者生产商品并实现其价值的劳动，就是生产性劳动。那时，生产性劳动以尽可能生产数量更多、质量更高的物质产品并实现其价值为目标。随着社会的发展和进步，人类的生产劳动在不断演进，生产性劳动的范围也在不断变化。在信息化、全球化的今天，生产性劳动不仅体现为体力劳动，还体现为创造性的脑力劳动。尤其是在科学技术不断发展的背景下，未来还会产生更多的生产劳动新业态。

列宁指出：“没有年轻一代的教育与生产劳动的结合，未来社会的理想是不能想象的。无论是脱离生产劳动的教学和教育，或是没有同时进行教学和教育的生产劳动，都不能达到现代技术水平和科学知识现状所要求的高度。”职业教育更是与生产劳动密不可分，我们要积极参加生产性劳动，其意义在于：

(1) 掌握职业技能，适应工作岗位。实践出真知，在进行生产性劳动的过程中，学生亲自参与生产环节，把所学理论用于生产，不断应用、理解专业知识，不断学习、掌握专业技能，获取基本的职业生存能力，有利于学生顺利就业并快速适应就业岗位。

(2) 热爱尊重劳动，塑造劳动价值观。再低廉的产品，都凝结着心血；再平凡的岗位，都有着高尚的职责。青年学生通过劳动，打造产品，体验工农业生产创造物质财富的过程，体会生产产品的不易，体会平凡劳动的伟大。这既有助于学生懂得“热爱劳动、干一行爱一行”的道理，也有助于树立劳动不分贵贱、尊重劳动、尊重普通劳动者的观念，有利于学生端正劳动态度，形成正确的劳动价值观。

(3) 培养创新意识，打造制造强国。“中国制造 2025”提出，坚持“创新驱动、质量为先、绿色发展、结构优化、人才为本”的基本方针，通过“三步走”实现制造强国的战略目标。制造强国的目标不是空中楼阁，质量为先的产品靠的是技能高超的高素质劳动者。因此，人才、创新、技术技能是实现制造强国的重要支撑。大学生与制造强国的目标同频共振。他们头脑灵活、动手能力强，长期的生产性劳动，不仅有益于技术的精进，也有益于培养其技术革新和技能创新的意识；他们重视新知识、新技术、新工艺、新方法在生产劳动中的应用，创造性地解决生产过程中的实际问题，积累职业经验，磨炼工匠精神，为日后成为大国工匠、能工巧匠奠定职业技能基础，为中国迈入制造强国行列、实现世界强国目标做出应有的贡献。

积极参加生产性劳动，可以通过积极参加实习实训来实现。

从大学生劳动教育的角度来说，学生从事的生产性劳动更多体现为实习实训。学生到专业对口的企业单位或者实训车间，在各自的岗位上直接参与生产过程，将所学理论与生产实践相结合，完成一定的生产任务，这是一种体验式、学习式的生产性劳动。其目的是理论联系实际，运用所学专业知识生产出质量合格的产品，练就生存所需的职业技能，顺利实现学校与企业的联通，实现学生职业技能与企业岗位的良好对接。

实习实训场地可分为校内实习实训基地和校外实习实训基地。

实习实训学习内容包括：学习并遵守劳动规则，加强对劳动流程、劳动标准、劳动检查等相关制度的学习；掌握专业技能，熟悉多种劳动岗位职责，关注新技术的发展和运用，培养创新意识，拓展职业技能，能适应跨专业的、不断变化的职业劳动任务，为将来步入社会后做一名复合型人才做好准备；参与生产过程，体会劳动的辛苦，树立会劳动、懂劳动、热爱劳动的劳动理念；践行并弘扬劳动精神、劳模精神、工匠精神，提升职业核心素养，提高自身的市场竞争力。

实习实训的注意事项有：严格遵守学校和企业的实习实训要求，听从老师的安排和指导，保质保量地完成实习实训任务；严格遵守规定的作息制度，不得无故迟到、早退或擅自离岗；遵守车间安全规章和实习实训基地的安全要求，增强安全防范意识，提高自我保护能力；严格遵守国家法令，自觉遵守社会公德，尊重当地风俗习惯及地域政策，做一名合格的社会公民。

2) 服务性劳动

服务性劳动是利用知识、技能、工具、设备等，为企业、他人或社会提供服务，以促进企业发展、国家和社会公共领域事业的发展、个人福祉为目的的活动。服务性劳动不直接生产有形的物质产品，不直接创造财富，主要生产使用价值。

服务性劳动可以是有偿服务。学生可以凭借自己拥有的知识、技术、设备等服务他人、企业和社会，并获取相应的回报，为自己谋一席生存与发展之地，具有明显的利他性和利己性。服务性劳动也可以是无偿服务。学生也可以从事以服务他人、奉献社会为目的的劳动，具有明显的公益性。

随着信息化时代的发展和经济结构的转型升级，我国服务业快速发展，服务性劳动占比越来越高。如今，服务业已成为中国经济第一大产业，2019 年全国服务业生产指数比上年增长 6.9%，第三产业增加值占国内生产总值的比重为 53.9%，比上年提高 0.6 个百分点。由此可见，在当代社会，学生不仅要积极参加生产性劳动，还要参加服务性劳动，不仅要具备生产性劳动技能，还要掌握服务性劳动技能。

学生要积极参加各种服务性劳动，在劳动中锻炼才干，在奉献中培养吃苦耐劳、勇敢担当的品质，才能做到德、智、体、美、劳全面发展，掌握个人必备的生存技能。参加服务性劳动的主要意义在于：

(1) 发挥专业特长，练就职业技能。从事服务性劳动同生产性劳动实践一样，也是大学生练习并掌握生存必备的职业技能的重要途径。学生运用“一技之长”为他人、企业、社会服务的过程，也是在实践中检验所学理论知识的过程，在服务性劳动的实践中运用——反思——运用，精益求精，有利于拓展并提升职业技能，增强生存本领。

(2) 服务他人社会，树人生价值观。大学阶段是学生的世界观、人生观、价值观形成的关键时期。学生积极参加义工、社会实践等服务性劳动，在实践中体会并认识“衡量人生价值的重要标准就是服务人民、奉献社会”的道理。积极参加服务性劳动有助于学生树立正确的择业观，养成到艰苦地区工作的奋斗精神；有利于学生树立正确的世界观、人生观、价值观。

(3) 乐于吃苦奉献，展现时代担当。青春最美是担当。学生在服务性劳动中锻炼，在服务他人、奉献社会的过程中体会实现个人价值的快乐和自豪，有助于培育其在危难面前积极主动作为的奉献精神，形成不畏艰难、百折不挠、敢于担当的高尚品格，成为有理想、有本领、有担当的时代新人。

基于以上所述，大学生应利用专业特长，积极参加力所能及的服务性劳动，为企业提供技术支持、劳动服务，为师生、为社会提供义务劳动。比如，为企业特别是中小微企业提供技术研发和产品升级；提供手机、家电、汽车等物品的养护与维修；参加“劳动教育周”的服务劳动；参加校园外义工义演等志愿服务活动；参加大学生假期里的“三下乡”“四进社区”社会实践活动等服务性劳动。这些服务性劳动不仅能锤炼个人劳动技能，还能服务社会，更好地实现个人价值。

(1) 服务性劳动场地。大学生服务性劳动场地不只局限于学校，企业、福利院、乡村、社区都可以是开展服务性劳动的场所。

(2) 服务性劳动学习内容。运用专业所长服务他人，并在服务性劳动中积累职业技能，提升个人生存本领；学习并培养到艰苦地区和行业工作的奋斗精神，愿意到人民最需要的地方和行业择业；理解空谈误国、实干兴邦的道理，培养踏实肯干的劳动态度；培育公共服务意识，培养面对危机时主动作为的奉献精神。

(3) 服务性劳动注意事项。除注意遵守服务性劳动纪律、尊重服务对象、保护自身安全外，服务性劳动尤其要注意保证服务质量和完成服务任务。

3. 社会技能

在新时代、新形势下，大学生要掌握社会技能，在所处的家庭与学校、工作(实习)环境、乡村与社区等环境做到游刃有余，利用自己的认知与相关技能奉献社会。本部分通过探究学校义务劳动、社会志愿服务、创新创业等相关内容，引导大学生正确认知世界、理解社会，训练大学生形成尊重他人、帮助他人、服务社会的意识，培养、提升其创新创业技能。

1) 学校义务劳动

义务劳动(又称志愿劳动)指不计定额、不要报酬、自觉自愿地为社会劳动。学校义务劳动，可以理解为由学校、班级、宿舍、社团等牵头组织，或者学生自发组织，无偿地从事一些力所能及的、有利于校园环境、社区(乡村)环境的劳动。

(1) 参加学校义务劳动的动机、需求。参加学校义务劳动，培养劳动意识，学习适应劳动生活，为班级、为学校奉献自己的一份力量，是青年学生的动机与需求。只有通过艰苦卓绝的努力，才能早日实现国富民强，这是每一个中国人的愿望，也是大学生应有的价值观选择。

(2) 义务劳动的时间、地点和内容。义务劳动的时间，既可以是上学期间，也可以是假期。劳动的地点可以在校内，也可以在校外。劳动的内容既可以是以体力为主，也可以是以智力为主。例如，参与“三下乡”、志愿服务、社区报到等社会实践；在校园里，参与扫地、擦黑板、清理多媒体讲台等有意义、有价值的劳动。春浇幼苗、夏灭蚊蝇、秋捡落叶、冬扫积雪，参加义务劳动，有助于学会尊重他人的劳动成果，改掉身上的不良习惯。

(3) 参加校园义务劳动的意义与价值。参加校园义务劳动，触摸生活，认知公德，有助于提高劳动者素质、培养青年学生的劳动精神、激发学生的内在生命力。当服务同学、服务社会时，可以切实感受到义务劳动所带来的成长以及所创造的丰富价值。参与社区卫生清洁、校园美化，参与环境的整治，在付出劳动的同时，可以收获内心的满足；参与春天植树造林，不时浇灌和培土，在幼苗茁壮成长的同时，责任感也得到增强。

青年学生与国家同命运、共呼吸。时代在进步，校园义务劳动也在与时俱进地发展，其发展相承相续，与当下的社会志愿服务的制度化相对应。20 世纪 80 年代，社区志愿者出现；20 世纪 90 年代，中国青年志愿者出现，义务劳动与志愿服务便开始了新的融合。随着全球化的发展，现代志愿服务承续义务劳动精神，正式在中国规模化、系统化地出现。我们学习、借鉴国外的志愿服务经验，开始使用“志愿者”这个概念，并逐渐发展了其中国特色的志愿服务内涵。

2) 社会志愿服务

2013 年，共青团中央这样定义“志愿服务”：志愿服务是指志愿者不以物质报酬为目的，利用自己的时间、技能等资源，自愿为国家、社会和他人提供服务的行为。随着志愿服务的发展，国家也在逐步研究、规范相关政策法规。2017 年，国务院颁布中国首部志愿服务行政法规《志愿服务条例》，其中界定，“志愿服务，是指志愿者、志愿服务组织和其他组织自愿、无偿向社会或者他人提供的公益服务”。

志愿服务遵循自愿、无偿、平等、诚信、合法的原则，提倡奉献、友爱、互助、进步的精神，根据实际情况有不同的分类。共青团中央在《中国注册志愿者管理办法》中界定志愿服务类别有扶贫济困、助老助残、社区服务、生态建设、大型活动、抢险救灾、社会管理、文化建设、西部开发、海外服务等。志愿者是怀有慈心善念，且知行合一、无偿提供志愿服务的人。

志愿服务参与者的动机具有多元性、综合性的特点，与个人的价值观追求、个人与社会的需要、心理素质的锻炼与提升、职业技能经验的学习与成长等有关。具体而言，学生践行社会志愿服务，是希望展现实践能力，感受劳动精神；在大灾大难面前涵育公共服务意识和奉献精神；是希望通过到社区、福利院及其他社会场所进行志愿服务，以得到知识的更新、技能的提升和美德的修习。

《志愿服务条例》中规定，高等学校、中等职业学校可以将学生参与志愿服务活动纳入实践学分管理，所在省区的志愿服务网可以记录时长。与此同时，《深化学校共青团改革的若干措施》明确参与“三下乡”、志愿服务、社区报到等社会实践表现，可以作为“第二课堂成绩单”记入学生的成长档案，留下其成长痕迹。

社会志愿服务是能给人们带来幸福感的劳动。在现实世界中，不同的幸福观会有不同的幸福追求。大学生要能把握自己的优势，诚实劳动，以自己的技能专长造福他人，获得他人尊重。从事社会志愿服务，可以实现个体幸福与社会幸福的和谐统一。

3) 创新创业

自2014年“大众创业，万众创新”的理念提出后，创新创业就与我们的学习生活息息相关。创新创业是面向全体学生，融合每个专业、每个课程所需要的必备技能的一门课程，提高学生的创新创业能力有助于提高学生适应社会的能力。

创新创业是基于某一点或者几点的创新进行的创业活动，主要包括技术创新、服务创新、文化创新、品牌创新等。创新是创新创业的特质，创业是创新创业的目标。

(1) 新时代的创新创业技能。新时代的创新创业技能主要有两种：数字化技能和绿色技能。数字化技能是采用现代化数字、数据信息进行的创新创业技能。绿色技能是实现人与自然和谐发展、实现可持续发展的技能。

(2) 创新创业学习的意义。

① 提高创新意识。创新精神和创业意识是当前大学生必须具备的重要的个人素质，劳动教育的价值引导有助于大学生树立正确的创新创业意识。大学生具备实现自我价值的、强烈的创新创业意识，更能促进他们通过劳动实现人生价值，激发和提升其劳动创造力和创新创业能力，从而创造出劳动价值，实现个人价值。

② 促进理论与实践协调发展。劳动教育的内容具有实践性特点，而创新创业教育从根本上说是劳动实践。在创新创业实践过程中，课内教学实践、课外活动实践、校外实习实践、向榜样学习等多种形式，可以培养学生的创新精神、创业意识和创

新创业能力，增强学生掌握数字化技能意识、绿色发展理念与技能意识，提升其劳动能力。

③ 随着新的数字化技术(信息通信技术、人工智能、机器人技术等)的应用，人们的生活、工作和学习方式被大大改变。大学生是我国创新创业发展的重要力量，为了适应将来工作中所需要的数字化技能，大学生更应加强数字化技能的学习，以提高自己将来所需要的技能组合。

④ 党的十九大报告指出，“加快建设制造强国，加快发展先进制造业，推动互联网、大数据、人工智能和实体经济深度融合，在中高端消费、创新引领、绿色低碳、共享经济、现代供应链、人力资本服务等领域培育新增长点、形成新动能”。因此，提升高校创新创业发展、提高创新创业人才培养能力，打造“1＋X”基础上的双创教育是现在职业院校所面临的紧急任务。

【拓展案例】

全国劳模、上海工匠——谢邦鹏

2008 年，面对知名科研院所、外资企业抛来的橄榄枝，“三清博士”(本科、硕士、博士均在清华大学就读)谢邦鹏选择了到上海当一名电力工人。13 年来，从发明创造到管理变革，从继保班长到能源管家，挑战在变，角色也在变，但谢邦鹏扎根岗位的创新精神不变。

“十三年的一线工作，我始终坚信，虽然我的工作岗位很平凡，但只要在平凡中不断超越，在实践中不断创新，就能让自己的人生更有价值，也能为自己所在的行业创造价值。”谢邦鹏说。

目前，谢邦鹏带领团队积极探索数智化转型在“双碳”领域的落地实践，以张江科学城、临港新片区等国家重要战略承载地为立足点，打造智慧能源“双碳”云平台，主导研究“智慧用能”用户解决方案。

“行胜于言，在以后的工作里，我将继续带领团队不忘初心、牢记使命，踏踏实实做好每一天为千家万户供电的工作，并持续弘扬劳模精神、劳动精神、工匠精神，坚持‘精益求精、开拓创新’，以奋斗者、拼搏者、创业者的姿态，全力推进‘能源管家’服务模式的创新实践，奋力擦亮‘世界看中国电力的窗口’，为浦东更好地落实中央赋予的战略定位和特殊使命贡献力量，为在社会主义新征程上创造新辉煌、铸就新伟业而奋斗！”谢邦鹏说，一代人有一代人的使命，能源创新可以让很多天马行空的东西变得可以触摸，“我愿做这个时代的追梦人。”

三、学习劳动素养

劳动是认识和了解社会的窗口，是健康人格形成的沃土，是未来良好发展的催化剂。劳动教育是素质教育必不可少的一环，有利于培育劳动品质，对人的全面发展具有极其重要的意义。本专题对劳动品质进行阐释，重点阐释劳动法律素养、劳动安全素养、劳动品质素养，力求提升学生依法劳动、安全劳动的意识，培育学生吃苦耐劳、诚实守信、勤俭节约的劳动品质。

1. 劳动法律素养

随着依法治国的观念不断强化，我国劳动用工制度的深刻变革，劳动法律制度的不断完善，对于进一步明确劳动合同双方当事人的权利和义务，保护劳动者的合法权益，构建和发展和谐稳定的劳动关系具有重要意义。作为劳动者，准确理解劳动相关法律规定，有利于依法劳动，有利于促进依法维护自身权利。

1) *劳动法律法规*

宪法规定，中华人民共和国的公民有劳动的权利和义务，劳动是一切有劳动能力的公民的光荣职责。《中华人民共和国劳动法》(以下简称《劳动法》)规定：劳动者享有平等就业和选择职业的权利、取得劳动报酬的权利、休息休假的权利、获得劳动安全卫生保护的权利、接受职业技能培训的权利、享受社会保险和福利的权利、提请劳动争议处理的权利以及法律规定的其他劳动权利。此外，《劳动法》还规定：劳动者应当完成劳动任务，提高职业技能，执行劳动安全卫生规程，遵守劳动纪律和职业道德。2020 年 5 月 28 日，十三届全国人民代表大会第三次会议通过了《中华人民共和国民法典》(以下简称《民法典》)，这是中华人民共和国第一部以法典命名的法律，被称为“社会生活的百科全书”。《民法典》是民事权利的保障书，其中保障了劳动合同相关权益。

县级以上各级人民政府劳动行政部门依法对用人单位遵守劳动法律、法规的情况进行监督检查，对违反劳动法律、法规的行为有权制止，并责令改正。任何组织和个人对于违反劳动法律、法规的行为有权检举和控告。用人单位或者劳动者违反《劳动法》规定的，应当依法承担法律责任。

2) *劳动合同*

劳动合同是指劳动者与用人单位之间确立劳动关系、明确双方权利和义务的协议。

订立和变更劳动合同，应当遵循合法、公平、平等自愿、协商一致、诚实信用的原则，不得违反法律、行政法规的规定。依法订立的劳动合同具有约束力，用人单位与劳动者应当履行劳动合同约定的义务。

一般而言，劳动合同应当具备以下条款：

(1) 用人单位的名称、住所和法定代表人或者主要负责人；

(2) 劳动者的姓名、住址和居民身份证或者其他有效身份证件号码；

(3) 劳动合同期限；

(4) 工作内容和工作地点；

(5) 工作时间和休息休假；

(6) 劳动报酬；

(7) 社会保险；

(8) 劳动保护、劳动条件和职业危害防护；

(9) 法律、法规规定应当纳入劳动合同的其他事项。劳动合同中，除法定的必备条款外，用人单位与劳动者可以约定试用期、培训、保守秘密、补充保险和福利待遇等其他事项。

3) *劳动纠纷处理*

我国境内的用人单位与劳动者发生的下列劳动纠纷，任何一方均可以向劳动人事争议仲裁委员会申请劳动仲裁：

(1) 因确认劳动关系发生的争议；

(2) 因订立、履行、变更、解除和终止劳动合同发生的争议；

(3) 因除名、辞退和辞职、离职发生的争议；

(4) 因工作时间、休息休假、社会保险、福利、培训以及劳动保护发生的争议；

(5) 因劳动报酬、工伤医疗费、经济补偿或者赔偿金等发生的争议；

(6) 法律、法规规定的其他劳动争议。

劳动者与用人单位发生劳动争议，可以先通过协商解决或者向调解组织申请调解，当事人不愿协商、调解或者协商调解后不履行调解协议的，可自知道或者应当知道自己的权利被侵犯之日起一年内依法向有管辖权的劳动争议仲裁委员会申请仲裁，当事人对仲裁裁决不服的，可以在收到裁决书之日起 15 日内依法向人民法院提起诉讼。

4) *涉外劳务安全提示*

涉外劳务输出是指劳务公司与劳动者签订劳动合同，然后派遣劳动者到外国进行工作。那么，涉外劳务输出注意事项是什么呢？劳务输出的第一步是签订劳务输出合同。劳务输出合同是明确雇主和劳务人员之间的责任和义务及其法律关系的重要文件。雇主通过招聘或招募方式雇用的劳务人员也必须签订聘用书，以确定双方之间的责任和义务。劳务输出合同的形式与一般经济合同的形式基本相同，即由序文、合同条款和结尾三部分组成。序文中写明签约双方的名称和法定地址。合同中一般将输入劳务方称为甲方，输出劳务方称为乙方。

合同条款规定双方的责任与义务。合同的结尾一般写明签订合同的地点及日期，如果是用两种以上文字写成，则还需说明每种文本的法律效力。一旦双方签订了劳务合同，任何一方不得无故终止合同。

在当前情况下，对涉外劳务合同中细节的处理可以尽可能地防范、减少和解决涉外劳务纠纷的发生。而这种具体的细节处理主要体现在涉外合同的法律文书之中。在实践中，涉外劳务合同应特别注意劳务人员基本情况，雇主的义务和责任，劳务人员的义务和责任，劳务人员从事的工种和工作时间，工资待遇、津贴、补助，劳动保护、人身保险，工作、疾病或死亡处理规定，劳务人员休假的安排，对各种原因导致中断合同的处理方法，违约赔偿，纠纷的解决等内容。

【拓展案例】

女子试用期过后请假被辞退起风波

2021 年 3 月 10 日，李女士被广州一家公司的吉林省办事处聘用为设计人员，公司表示两个月试用期后就可以转正，签订正式合同。李女士说，6 月中旬，自己生病住院，请了病假，公司批准了。等 6 月 30 日，她出院回去上班时，公司主管找她谈话，表示由于她请假，导致一个项目合作方不满，所以公司要辞退她。李女士认为公司的做法不妥，便要求公司给予自己补偿。

李女士要求的补偿，除了一些加班费和补助外，更主要的是，没签合同的双倍工资补偿。按照劳动法规定，工作满一月后，未签劳动合同的，用人单位要支付双倍工资。李女士说，她 5 月 10 日通过了试用期，与公司签订了合同，但等到六月自己住院期间，发放五月份工资时，才知道给自己发放的还是试用期的工资，合同还没生效。所以李女士要求赔偿 4 月 11 号至 6 月 30 日期间的双倍工资 9841 元，再加上加班费、各种补助，共 16258 元。李女士说，当这份赔偿明细被交到上级领导王经理那后，7 月 2 日，王经理答复她，没要辞退她，可以继续上班，说是公司主管传达错了意思，辞退她只是一个误会。虽然李女士递交了辞职申请，但公司并未批准。而李女士认为，公司是不想赔偿她，才让她回去上班的，可事已至此，她已经不可能再回去了。

而关于李女士和公司的合同是否生效，刘主管表示，合同已经生效了，具体时间他不清楚。可以看合同，上面有记载，但合同在另一个办公地点。刘主管表示，公司一直没有辞退李女士的意思，只是希望她养好身体再来上班，因为已经签了合同，生效日期是5月中旬，所以公司不同意李女士双倍工资的索赔，至于加班，公司已经安排了调休。

而李女士说，公司并没给她调休。李女士表示，自己已经决定不干了，但对于自己的利益，会通过诉讼或仲裁来维护。不管是一场误会还是真辞退李女士，相关律师表示，按照劳动法规定，用人单位自用工之日起一个月内就应当与劳动者签订劳动合同，按照公司说法，五月份签订合同的话，李女士不管是否辞职，都有权要求公司支付4月份的双倍工资。关于加班补偿，双方都要举证。

2. 劳动安全素养

1) 劳动安全与责任

在劳动过程中，安全与我们息息相关。每个人的心里都有安全价值观，它反映为人在劳动过程中的自我防护意识、自我行为约束能力、观察预判能力和自我安全技能提升观念。因此，树立正确的安全价值观，可以有效减少事故发生和人身伤害，降低经济财产损失。

(1) 安全意识是安全价值观的基础。安全意识通常体现在人的自我防护方面，安全意识的强弱取决于人们自身责任心的强弱、安全教育程度、劳动经验积累等，经历过事故的人往往具有较高的安全意识。

(2) 安全行为是安全价值观的体现。行为是意识的外在表现，一个人有什么样的安全意识，就会产生什么样的安全行为。在劳动过程中，可以表现为从业人员对生产安全权利和义务的执行情况，如安全生产的知情权、检举权、拒绝违章指挥和强令冒险作业、紧急情况下停止作业和紧急撤离、遵章守纪、正确佩戴和使用劳动防护用品、接受安全教育等。

(3) 安全技能是安全价值观的保障。安全技能是预判事故风险、预防事故发生和正确应对事故的能力。实践证明，安全技能直接关系到劳动者的安全状况。提高安全技能的有效途径是接受安全培训和教育，如电工一定要通过技能培训合格取得操作证方能上岗作业。

(4) 出现劳动安全事故依法负责。在劳动过程中，不管是企业、企业负责人、管理人员还是从业人员，都有相应的安全职责和义务。一旦违反了法定义务或契约义务，或不当行使法律权力，造成不利后果，就需要承担相应责任。《安全生产法》《劳动法》《民法典》《行政处罚法》《刑法》等均有与劳动安全相关的法律责任界定。劳动安全法律责任分为民事责任、行政责任、刑事责任。

民事责任是民事主体违反民事法律规范所应当承担的法律责任。行政责任是个人或者单位违反行政管理方面的法律规定所应当承担的法律责任，包括行政处罚和行政处分。根据《行政处罚法》的规定，行政处罚的种类包括：警告；罚款；没收违法所得、没收非法财物；责令停产、停业；暂扣或吊销许可证、暂扣或吊销营业执照；行政拘留；法律、行政法规规定的其他行政处罚。行政处分的种类有：警告；记过；记大过；降职；留用察看；开除等。刑事责任是违反刑事法律规定的个人或者单位所应当承担的法律责任，与劳动安全相关的刑事责任有：重大责任事故罪；强令违章冒险作业罪；重大劳动安全事故罪；不报、谎报安全事故罪；危险物品肇事罪；工程重大安全事故罪；消防责任事故罪；教育设施重大安全事故罪；交通肇事罪等。

2) *劳动风险及防控*

劳动风险无处不在，上班路途中过往的车辆；工作过程中运转的机械，昏暗的工作环境，湿滑的地面，打盹的管理人员；下班后遛弯时遇到路边摇摇欲坠的广告牌……这些都有可能造成不可挽回的人身伤害。劳动过程中存在的这些风险可以分为人的不安全行为、物的不安全状态、环境不良、管理缺失四个方面。

(1) 人的不安全行为，指人由于心理或生理因素导致行为、操作等不符合企业规章制度或安全操作规程的要求，可能导致未遂事件或事故的发生。例如，违章指挥，违章作业，不正确佩戴安全防护用品，擅自脱岗等行为。

(2) 物的不安全状态，指由物理性、化学性或生物性造成的设备、设施、工具或物品的缺陷，如防护设施缺失、带电部位裸露、机械性或电磁性噪声、飞溅物或坠落物、高温物质或有毒易爆物质等。

(3) 环境不良，指由于空间、湿度、照明、气候条件等不利于作业，有可能造成意外发生。例如，作业场所狭小杂乱、空气流通不畅、照明不足、地面湿滑、大风或雨雪天气等。

(4) 管理缺失，指安全组织机构不健全、安全制度不完善、安全经费投入不足、安全责任制未落实等。例如，未指定安全操作规程，未对员工进行三级培训，未按规定发放劳动防护用品等。

根据事故因果连锁理论，要想避免事故的发生，有效保护人身财产安全，应从人的不安全行为和物的不安全状态着手进行管理。而人的不安全行为是引发事故的主要原因，这就要求我们在劳动过程中做到“四不伤害”，即“不伤害自己”“不伤害他人”“不被他人伤害”和“保护他人不受伤害”。

3) 劳动安全应急处理

劳动安全事故即生产安全事故，是指生产经营单位在生产经营活动(包括与生产经营有关的活动)中突然发生的，伤害人身安全和健康，或者损坏设备设施，或者造成经济损失的，导致原生产经营活动(包括与生产经营活动有关的活动)暂时中止或永远终止的意外事件。劳动过程中常见的事故有火灾事故、触电事故、物体打击、车辆伤害、机械伤害、中毒和窒息事故。

根据《生产安全事故报告和调查处理条例》有关规定，事故发生后，事故现场有关人员应当立即向本单位负责人报告；单位负责人接到报告后，应当于 1 小时内向事故发生地县级以上人民政府安全生产监督管理部门和负有安全生产监督管理职责的有关部门报告。情况紧急时，事故现场有关人员可以直接向事故发生地县级以上人民政府安全生产监督管理部门和负有安全生产监督管理职责的有关部门报告。

从业人员应积极参加单位组织的应急培训和应急预案演练，熟练掌握火灾、触电、中毒和窒息等多发事故的应对方法，以便能在事故发生时有效实施救援或自我保护。

4) 劳动保险

劳动保险是国家为劳动者提供的一种社会保障制度，是劳动者因为年老、失业、患病、工伤、生育等各种原因不能继续从事劳动或暂时中断劳动时，从国家和社会获得物质帮助的一种方法和途径。

我国由组织为员工进行的保险主要包括：养老保险、医疗保险、失业保险、工伤保险、生育保险五类，其中，工伤保险、生育保险由用人单位单独缴纳。

劳动保险可以有效保障无收入、低收入以及遭受各种意外灾害的劳动者有生活来源，满足其基本的生存需求，帮助他们消除和抵御各种市场风险，避免因生活缺乏基本保障而引发一系列的矛盾，从而维护社会的稳定。

在实际生活中，作为劳动者要对以下几种情形提高警惕，并依法实施相关权益保护行为。

(1) 不缴社保。有些公司利用劳动合同、发放社保补助现金等形式，不给员工缴纳社保，这些都是不可取的。只有按时足额缴纳社保费用，才能顺利享受社保待遇，否则与劳动者切身利益相关的养老、医疗等待遇都将不能享受。

(2) 低缴社保。社保是根据职工上年度的月平均工资申报新的基数。有些单位为了节省用工成本，以现金方式发放工资、不提供工资单等必要证据，按最低工资或者低于员工实际工资的数字为基数为员工缴纳社保费。如果社保缴费打了折扣，养老保险、生育保险等待遇也会打折扣。

(3) 未及时缴纳社保费用。《中华人民共和国社会保险法》(以下简称《社会保险法》)第五十八条规定：用人单位应当自用工之日起三十日内为其职工向社会保险经办机构申请办理社会保险登记。未办理社会保险登记的，由社会保险经办机构核定其应当缴纳的社会保险费。以养老保险为例，《社会保险法》规定，参加基本养老保险的个人，达到法定退休年龄时累计缴费满十五年的，按月领取基本养老金。以失业保险为例，失业人员需符合三个条件，方可从失业保险基金中领取失业保险金。其中有一条是：失业前用人单位和本人已经缴纳失业保险费满一年的。一些单位不及时为员工缴纳社保，将影响员工相关待遇的享受。还要注意的是，员工在试用期也有权享受各项社会保险。

5) 劳动卫生

劳动卫生即职业卫生，是为了预防和保护劳动者免受工作场所中的一些危险有害因素导致的健康影响和危害，而进行的对工作环境识别、评估、预测和控制的一门科学。随着社会进步和科技发展，劳动者在职业活动中所受到的职业危害呈现出分布行业越来越广、接触人数越来越多、危害流动越来越大、隐匿迟发性越来越强并不断持续扩大的特点。

因此，做好劳动卫生工作，可以有效保障劳动者身体健康、企业经济效益和社会稳定发展。具体来讲，做好劳动卫生工作应注意以下几点：

(1) 充分行使安全权利。在签订劳动合同时，劳动者有权获知工作过程中可能产生的职业危害及后果、防护措施和待遇。在劳动过程中，劳动者有权建议单位在醒目位置设置公告栏，公布本单位的职业卫生管理制度和操作规程，工作场所存在的职业病危害因素及岗位、健康危害、接触限值、应急救援措施，以及工作场所职业病危害因素检测结果、检测日期、检测机构名称等。

(2) 积极参与安全培训。劳动者上岗前 10 日内、转岗或离岗后 6 个月重新从事接触职业病危害因素的，应接受用人单位组织的不少于 12 学时的职业卫生培训，并经书面和实际操作考试合格后方可上岗作业。在岗期间的劳动者，应接受用人单位每年不少于 8 学时的职业卫生培训。接触有职业病危害因素的新技术、新设备、新工艺的劳动者，应在其接触前 1 个月，接受不少于 4 学时的职业卫生培训。

(3) 严格遵守规章制度。劳动者应遵守法律法规和企业各项规章制度，遵守岗位操作规程，正确佩戴、使用和维护个人防护用品，正确使用和维护职业卫生防护设备和设施。

(4) 按时接受健康检查。劳动者应接受岗前、岗中、岗后健康检查，配合企业维护好劳动者个人职业健康监护档案。

【拓展案例】

因操作不当，失去生命

一、事故经过

2019 年 6 月 6 日凌晨 5 时 29 分，某冶炼厂熔铸工序 307 班锌锭码垛作业线机械臂主操手(小组长)金某在自动码锭机组未停机情况下，从未关闭的隔离栏安全门进入自动码锭机作业区域，在机械臂作业半径内进行场地卫生清扫。

5 时 30 分，金某行走至码锭机取锭位置与机械臂区间时，因顶锭装置接收到水冷链条传输过来的锌锭，信号传输至机械臂，机械臂自动旋转取锭，瞬间将金某推倒在顶锭装置上，锌锭抓取夹具挤压在金某左部胸腔。锌锭打包工张某立即启动急停开关，并呼叫附近人员一起实施救援，副厂长王某听到呼叫声，立即赶到现场参与救援。王某、张某等人手动控制将顶锭装置降落复位，并将金某身下压覆的锌锭取出，增大活动空间，但仍无法将其救出，后使用撬棍抬升机械臂等方式，均未能将金某救出。

熔铸工序 307 班班长杨某赶到现场后，组织人员拆卸机械臂地脚螺栓，用电动单梁吊吊起机械臂，于 5 时 48 分将金某救出，6 时 05 分 120 救护人员赶到现场实施抢救，后送往某县第二人民医院(某镇卫生院)，但最终金某仍因抢救无效而死亡。

二、事故直接原因初步分析

金某违反某有限公司《机械臂安全环保技术操作规范》Q/YCQXJ3060.新增—2019 中 4.3.5“严禁在机械臂作业时进入作业区域空间”，以及 5.3.2.3“机械臂断电后，操作人员方可进入作业半径内”的规定，违章进入自动码锭机机械臂作业半径区域进行清扫作业。

三、事故暴露出的问题

(1) 违反“十条禁令”的行为未能得到有效遏制和杜绝，金某违反第八条“严禁违章穿越或进入正在运转的设备设施”，导致事故发生。

(2) 对《机械臂安全环保技术操作规范》《机械臂技术规范》教育培训不到位，未组织有针对性的复岗培训考试，培训质量不高，员工安全风险防范意识不强。

(3) 安全防护设施不完善，隔离栏安全门与机械臂未有效连锁。

(4) 现场人员未能清晰掌握机械臂手臂发生人员困住的解救措施，应急处置能力不足。

3. 劳动品质素养

吃苦耐劳是中华民族自古以来的优良传统。从最初的大禹治水到如今的中国梦，中华民族历经五千年文明的发展历史，吃苦耐劳思想不断发展丰富。

《周易》中指出：“天行健，君子以自强不息。”战争年代，中国共产党正是依靠吃苦耐劳的坚强意志，用小米加步枪推翻了三座大山，建立了中华人民共和国。毛泽东非常重视对自身意志力的培养，他主张年轻人应到大风大浪中锻炼自己的意志力。周恩来同志一生坚持深入人民群众、与群众共患难的工作原则，体现了他吃苦耐劳、艰苦朴素、亲民解民的高尚品质。

随着社会经济的进步和社会文明的发展，吃苦耐劳品质在当今社会中越来越凸显其时代价值。每一位学生都是建设祖国美好明天的中流砥柱。吃苦耐劳品质不仅是素养问题，也关乎人生的成败，民族振兴和国家强盛。这既是时代对每一位学生提出的客观要求，又是自身全面健康发展的切实需要，是当代学生成才的必由之路和基本条件。我们不应该轻视吃苦耐劳、艰苦奋斗的精神，更不能丢掉这种传统。每一位学生都应把它继承下来，世代相传。只有这样，我们的国家才能健康迅速地向前发展，才能在激烈的竞争中立于不败之地，我们的民族才能永久屹立于世界民族之林。

1) 热爱劳动

热爱劳动是非常可贵的个性品质，是创造社会财富、社会发展进步的内生动力。

宝剑锋从磨砺出，梅花香自苦寒来。只有热爱劳动，具有勤劳勇敢、艰苦奋斗、坚强意志、聪明才智的优良品质，才能更好地历练、成长与锻造；只有热爱劳动、艰苦奋斗，我们的民族、社会才能不断成长前进，才能迈向更好的未来。

2) 终身劳动

从某种意义上说，人类社会的历史就是一部人类劳动不断发展与创新的历史，劳动创新是社会发展的重要动力。千百年来，我们的远祖从穴居野外的蛮荒时代进化到文明社会，完全是依靠辛勤的劳动。在物质领域，从穴居野处到高楼大厦，从茹毛饮血到营养快餐，从木棍石斧到机器电力，从刻木为舟到万吨巨轮，从结绳记事到计算机，不知道经历了多少亿万次的革新和创新；在精神领域，从象形文字所记录的历史片段，到自然科学和社会科学、人文科学宏伟丰富的知识，也都是脑力劳动者在接受前人文化成果的基础上，一代又一代地积累起来的。

有劳动就有希望，有希望就有追求，有追求就有理想，有理想就有梦想，有梦想就有未来。正是一代又一代中国人的终身劳动孕育了伟大的中国梦，是劳动让我们插上梦想的翅膀。伟大而光荣的劳动孕育着伟大而光荣的梦想。空谈误国，实干兴邦，在中华民族的圆梦征程上，需要我们每一个中华儿女为之不懈努力奋斗。

作为青年学生，在成长过程中，要树立热爱劳动、终身劳动的良好劳动品质，积极参加社会实践和劳动实践，投身祖国建设的大潮中，肩负起青春的责任。

3) 人生在勤，勤则不匮

吃苦耐劳品质首先要求我们铭记人生在勤，勤则不匮。在砥砺奋进中，一代代中华儿女推动着历史的车轮滚滚向前，创造出灿烂辉煌的中华文明，续写着中华民族不朽的奇迹。

(1) 勤可立志。人生须立志，志当存高远。青年立志做大事，做大事非勤奋不可。古有司马迁发愤著书，文天祥舍生取义，今有高风林“发动机焊接第一人”。只有勤奋，高远的志向才能立得住，存得远；只有勤奋，高远的志向才能逐步得以实现。勤奋是奋斗途中必备的阶梯，是不竭的动力。

(2) 勤可补拙。只有依靠顽强坚持的毅力，长期不懈的努力，才能取得一些成绩。否则，即使天赋过人，再好的天赋也会白白浪费。京剧表演艺术家梅兰芳通过勤学苦练，练就了一双熠熠生辉、脉脉含情的眼睛，弥补了天生眼睛呆滞的缺陷。贝多芬在双耳完全失聪后，仍然完成了举世瞩目的《第九交响曲》。只有相信“一分辛苦一分才”，才能克服缺陷，走在前面。

(3) 勤可为功。自古以来，勤奋就是个人成长、社会进步的推进器。不论是古代的万里长城、四大发明，还是如今的高铁、C919 大飞机、航天工程，没有无数人的勤奋努力，都无法实现这样巨大的成就。勤可为功，小处看是个人的成功，大处看关乎一个国家、民族的未来。勤劳已成为实现“中国梦”的不竭动力。

4) *以辛勤劳动为荣，以好逸恶劳为耻*

吃苦耐劳还需要做到以辛勤劳动为荣，以好逸恶劳为耻。辛勤劳动是奋斗的底色，是创造价值的姿态，是世界存在的永恒主题。

辛勤劳动作为一种传统美德，在任何时代都不会过时。没有辛勤劳动，一切社会物质财富和精神财富都无从谈起；没有辛勤劳动，人类的生存与发展必然失去最基本的保障。没有辛勤劳动，逸与乐就没有基础。只图安逸不事劳动，甚至厌恶、轻视、蔑视劳动，靠占有别人的劳动成果过寄生生活的人，是应该坚决反对的。社会犹如一部大机器，每一个劳动者的每一份工作作为这部大机器的一部分，都是必不可少的。不论是体力劳动还是脑力劳动，不论是简单劳动还是复杂劳动，都是光荣的，都应当得到认可和尊重。爱岗敬业、争创一流，艰苦奋斗、勇于创新，淡泊名利、甘于奉献的伟大劳动精神，永远是社会主义核心价值观和道德观的重要内容。

【拓展案例】

吃苦耐劳、时代楷模——黄文秀

黄文秀1989年4月18日出生于广西百色市田阳县，2011年6月加入中国共产党。

2016年7月从北京师范大学毕业后，怀着回哺家乡的初心，黄文秀回到百色革命老区，以广西定向选调生的身份，被组织安排到中共百色市委宣传部工作。2018年3月，她积极响应组织号召，主动报名前往乐业县新化镇百坭村担任第一书记。

“很多人从农村走出去就不想再回来了，但总是要有人回来的，我就是要回来的人。”

一如当年离开家乡奔波千里求学，毕业后的她，再次义无反顾回归乡里，并来到这个位于大山深处、离百色市区164公里的村子，以一个女子的柔弱身躯肩负起百坭村100余户贫困人口的脱贫重任。

黄文秀到村后，第一件事便是挨家挨户走访了解情况。百坭村建档立卡贫困户分散居住在几个不同的山头，要走访这些贫困户，必须翻越各个山头。但相对于奔波往返的辛苦，最让这个女孩觉得为难的，是村民的不理解、不信任、不配合，“你这么年轻，来村就是镀镀金、走走过场，跟你聊了也没用” “别在这儿耽搁功夫了，赶紧回城里享福吧”……

不认输的黄文秀找到村里老书记请教，主动到贫困户家里帮忙，到田间地头与他们边干活边聊天，还学了村子里常用的壮语和桂柳话，使村里人慢慢接纳了她。经过两个月的摸底，她基本摸清了村里的情况：百坭村共有472户2068人，2017年未脱贫的为154户691人，因学致贫和因残、因病致贫占比最高。

她结合百坭村冬暖夏凉、雨水丰沛，适合种植沙糖橘、杉木、八角等作物的特点，邀请技术专家到现场指导、帮助村民筹集资金、帮助贫困户申请无息贷款，在当地建立电商服务站，将当地的砂糖橘等土特产远销全国各地，带动了村民收入的提高和村集体经济的快速发展。

百坭村五个屯都在山上，每逢雨天，之前的砂石路就会泥泞不堪，时不时地滑坡，增加了村民出行的风险，而且，全村的产业都集中在这5个屯的范围内。于是，黄文秀在翻山越岭一遍遍走访贫困户的同时，还画下了详细的路线规划图，使村里的道路一步步得到修缮硬化。

针对过去村“两委”干部为群众办事不主动、群众办事找不到人的问题，她积极回应村民的需求和意见，抓严抓实干部值班坐班制度，白天安排专人值班，晚上带领村干部到群众家里走访；她规范村党支部党内政治生活制度，加强基层党组织建设，发挥党建促脱贫、党建引领文明乡风的作用。

驻村一年多，黄文秀针对每个贫困户的情况，多次组织召开扶贫研判会，通过异地搬迁脱贫、教育脱贫、产业脱贫等方式，带领88户实现脱贫，贫困发生率从23%降至2.7%，村集体经济收入达6.4万元，获得了2018年度“乡风文明”红旗村荣誉称号。

她积极帮助考上大学的贫困生争取补助，让村里苦读的寒门学子获得读大学机会；为百坭村申请通村的路灯项目，让村民可以安心走夜路；她生活简朴，却在村里贫困户有需要时慷慨相助；她挂念父母，向往爱情，却几乎将所有的精力投入到百坭村脱贫的琐碎事务中……

在她居住过的10平方米左右的驻村宿舍中，简易书架上摆着两本驻村日记，一言一语中记录着她扶贫的心路历程和点点足迹，“我是我们村扶贫攻坚的第一负责人，我还不够勇敢”“我们村产业园的牌子一直在努力中，5个致富带头人也在培养中，每天都很辛苦，但心里很快乐”“发现我的方言进步了，可以和贫困户完整用桂柳话交流了”……

在和村民黄仕京聊天时，她谈到回到这边远山村的原因，“百色是全国扶贫攻坚的主战场之一，作为自己的家乡，面对如此情况，怎么还有理由不回来呢？”“我们党提出要教育扶持一批人脱贫，并且扶贫要扶志和扶智，这样一个切实为群众谋发展、谋福利的党，怎么能不响应它的号召呢？”

如今，“不获全胜、决不收兵”的铿锵誓言犹在耳边，只是功业未成，斯人已逝……

2019 年 6 月 17 日凌晨，利用周末回家看望患癌父亲的黄文秀，因为挂念风雨中百坭村乡亲们的安危，在从百色返回乐业途中遭遇山洪不幸遇难，献出了年仅 30 岁的宝贵生命。

她说希望“让扶过贫的人像战争年代打过仗的人一样自豪”，只是党和政府接连送来的荣誉，她已无法看到。

而为打赢脱贫攻坚这场决战，在中国大地上，仍有无数像黄文秀一样的第一书记和帮扶干部在接续奋斗。他们中有很多人，告别亲人，放下爱情，舍弃本可一帆风顺的前程，走到最贫困的地区，跋山涉水，啃硬骨头，在清贫中践行青春的誓言，在沉默中孕育爆发的力量，用满腔的热血和不退缩的韧劲为苦瘠之地的百姓拼出充满希望的路。

4. 诚实守信

诚实守信一直是中华民族引以为豪的品格。“言必信，行必果”“以诚为本，以信为天”，人们讲求诚信、推崇诚信，诚信之风早已融入我们中华民族文化的血液，成为中华传统文化基因中不可或缺的要素。然而，近些年来，“拜金主义”在滋长，“利益”取代了美德，诚信让位于欺诈的事例常有发生。假食品、假新闻、假结婚、假文凭、假招聘等社会现象频出，预示着诚信缺失的危机，诚实守信的基本道德规范被物质化、庸俗化、功利化。

诚信的基本含义是指诚实无欺，讲求信用。《礼记·祭统》中有“是故贤者之祭也，致其诚信与其忠敬”之说。在普遍意义上，“诚”即诚实诚恳，指人所具有真诚的内在道德品质；“信”即信用、信任，指人的内诚的外部显化。“诚”更多地指“内诚于心”，“信”则侧重于“外信于人”。“诚”与“信”共同构成了一个内外兼备、内涵丰富的词语。

1) 诚者不自欺

孔子曰：“人之生也直，罔之生也幸而免。”意思是，如果一个人以“直”的方式为人处世，那么他是幸运的；而以“罔”的方式待人接物，哪怕他过得不错，充其量也只是幸免于祸害而已。

什么是“直”，什么是“罔”呢？刘宝楠在《论语正义》里说：“直者，诚也。诚者，内不自以欺，外不以欺人。”这句话就是说一个人这辈子要本着一种对外不骗人，对内不骗自己的态度活着。

如果一个人企图用某种自欺欺人的方式待人接物，也许短期内过得还不错，但长期而言总会露出老底。

诚信是做人必须具备的道德素质和品格，也是一名合格劳动者应该具备的基本品格。诚信不仅是一种品行，更是一种责任；不仅是一种道义，更是一种准则；不仅是一种声誉，更是一种资源。诚信劳动，就能赢得他人的尊重，获得他人的帮助；诚信经营，才能获得客户的信赖，赢得企业的成功。

2) 职业承诺：于己无愧，于人无损，于国有益

孔子曰："人而无信，不知其可也。"民间有言："一言既出，驷马难追"，都极言诚信的重要。

新东方学校校长俞敏洪曾说："无论处在什么样的社会，一个人想要获得做人做事的成功，只有依靠'诚信'二字。就算有时候被欺骗了，也不能因此丢掉诚信，否则就会失去自己成功和幸福的根基。"

诚信是做人的根本，是职场的通行证。国务院前总理朱镕基要求"严"字当头，很少题字，但他却对中华人民共和国成立后的三个国家会计学院"网开一面"，亲笔题写了校训："不做假账"。言而无信，行之不远。现实生活中的大量事实证明，制假售假、坑蒙拐骗，可以得一时之利，但必定以身败名裂告终。世界上没有拆不穿的假象，没有识不破的骗局。在生活中，人们愿意和诚信的人打交道、交朋友。诚信的人看似暂时失去了某些利益，却赢得了信誉。秉持诚信可以形成一种巨大的品牌效应，在成功的路上走得更远。

企业品牌源于诚信。讲诚信经营的企业，在消费者中会建立良好的口碑，消费者的满意度提高了，经营者的广告宣传费用也就减少了。一个信誉好的企业，可以顺利申请到银行贷款，也可以在资本市场上以较低的成本融资。诚信是企业的无形资产，可以为企业增值，它和货币资本、劳动力资本一样是企业发展不可或缺的要素。

国家的发展正是由无数个人和企业的发展成就的。个人和企业的诚信集中体现了国家的品牌，塑造了中国在国际上的形象。"中国制造"曾被国外认为是价格便宜、质量差的低端产品的代表。那正是因为一段时间内，中国的企业只追求短期的利益，而不重视质量、技术，忽视诚信等长效机制的发展。如今，在科技的引领下，中国的发展必然要走向一条转型升级的路径，由低端向中高端发展，由科技含量低到科技含量高的转型升级。重视质量，坚守诚信，才能重新树立大国形象。

【拓展案例】

求职中的不诚实守信行为

案例一：小曾，独生子女，父母希望其毕业后回家乡工作。某日，小曾看到家乡一公立学校要招一名中学教师，但其中有一项招聘条件是“大学期间无挂科、补考情况”。小曾在大一第一学期补考过一科，成绩单上清清楚楚写着分数，但是小曾去打印店时改了成绩，重新制作了一份简历投递给该学校。之后，小曾轻松通过了试讲，学校又对小曾进行了审查，发现她的成绩与事实不符，结果是“不予录用”。小曾在简历中弄虚作假，错失了这次就业机会。

案例二：小江，大四学生。在某日的招聘会上，小江向一家国有企业投了简历。小江成功通过了第一轮面试，但该企业要求小江在第二次面试中将英语四级和计算机二级证书交来，但小江并没有考过这些证书，只是为了赢得面试，随口那么一说。最后，小江很无奈，放弃了第二次面试。

案例三：小梁，面对大四，他很是迷茫，不知何去何从。某日，小梁看到一所私立学校在招聘，就跟着同学去投了简历，经过说课和讲课环节，小梁竟被录用了。为了有一个保底的“饭碗”，小梁没有考虑太多，草率地签了协议。之后，在另一次招聘会上，小梁看到一家大型国有企业在招聘，该企业离家较近，且待遇更好，于是就去面试，结果被录用了。小梁在没有和学校解除协议的情况下，又和该企业签了约。

当下部分大学生诚信度低，轻视个人信誉，在前途和诚信面临抉择时，选择了前途，但这种行为往往会带来诸多不利影响。上述三个案例中，小曾、小江、小梁想要找到一份理想的工作没有错，但他们在就业中的诚信缺失，不仅影响了个人的职业生涯，极大地损害了毕业生和高校的声誉，也打乱了用人单位的招聘计划，扰乱了人才市场的正常秩序。

5. 勤俭节约

勤俭节约是中华民族的传统美德，历来为人们所提倡。孔子在两千多年前就提倡“节俭持国”的思想。明末教育家朱柏芦在《朱子治家格言》中总结出“一粥一饭，当思来处不易；半丝半缕，恒念物力维艰”的警句。勤俭也是当代社会的内在诉求，现代文明强调珍视有限资源，提倡崇俭抑奢的价值观。铺张浪费背离优良传统文化、败坏党风、政风和社会风气。从个人、家庭到国家，勤俭节约永远不会过时并且应当持之以恒。

正确认识什么是勤俭节约才有助于我们继承和发扬这一传统美德。节俭不是吝啬，节俭是当用则用，当省则省；换句话说，就是省用得当。把钱用对用好，才是真正的节俭。厉行节约、持之以恒，将有限的资源用于个人、家庭的成长上，才能更好地促进个人、家庭和国家的长远发展。此外，勤俭节约还体现尊重他人劳动、珍惜他人劳动成果、养成良好的消费习惯、抵制奢侈浪费等方面。

1) 尊重他人劳动

劳动伟大而且神圣。从某种意义上来讲，劳动人民是用辛勤的双手和丰富的智慧，去创造美好的世界。因此，任何人的劳动都理应受到称赞，任何人的劳动也都应该受到尊重。工人做工是劳动，农民务农是劳动，教师教书育人也是劳动。任何一种劳动，都能创造财富，对人类都有贡献，所以劳动应不分高低贵贱。

有耕耘就有收获，有劳动就有成果。任何一种劳动都应受到尊重，劳动果实也应该倍加珍惜。

如果没有劳动者的辛勤劳动，我们又怎么能如此安逸地生活在文明城市、卫生城市、园林城市中？我们总是抱怨公交车晚点、交通拥堵、看病时间漫长，但有没有想过最后一班公交车的司机、烈日下的交警、夜间值守的医生，也有人在等他们回家。幸福是奋斗来的，每一个忙碌的身影都应该被感激，每一份劳动成果都应该被珍惜。

我们都是劳动者，尊重劳动者，就是尊重我们自己。珍惜劳动成果，应从未成年人做起。新颁布的《未成年人保护法》中强调：学校、幼儿园应当开展勤俭节约、反对浪费、珍惜粮食、文明饮食等宣传教育活动，帮助未成年人树立浪费可耻、节约为荣的意识，养成文明健康、绿色环保的生活习惯。在个人层面，每个人应养成良好的消费习惯；在国家层面，应不断推进技术革新升级。这些都是尊重劳动者，珍惜劳动成果的重要举措。

2) 养成良好的消费习惯

消费在我们的生活中无处不在，也发挥着很大的作用。养成良好的消费习惯，进行适度消费，不仅能够满足自己的日常消费需求，也可以使自己避免迷失在消费时代里，陷入盲目攀比、不理智消费的深渊，这也是珍惜他人劳动成果的重要体现。

养成良好的消费习惯可从以下几个方面做起。

(1) 养成记账的习惯。记账是建立良好消费习惯的必要的一步。通过记账可以学会管理预算，还能对自己的可支配资产形成一个全面的了解，进而为之后的理财打下基础。

(2) 勿以钱少而不积。小钱虽然单个的作用不大，但是多笔的累计，最后是一个庞大的数量。要建立正确的金钱观，不因价格低廉就随便购买，让每花出去的一分钱都有其必要的价值。

(3) 确定当前合理的消费水平。理想的消费决策，应该是基于现在和未来的，只有这样才能保证我们的消费观是健康、可持续的。过度保守的消费决策会使我们失去人生的许多乐趣，而过度激进的消费决策会将生活推入无底深渊。学会消费的“三分法”(即必需开销的部分、存储资金部分、预留流动资金部分)，让消费和积累更加科学有效。

3) 抵制奢侈浪费

奢侈浪费的现象在生活中处处可见：水龙头哗哗地流着，却没有人理；炎热的中午，没有人的办公室里，空调却一直开着……有人说，在建成小康社会的今天，人们的生活水平大大提高，消费理念也应日益更新；节约的道德观念陈旧了，节约的道德要求过时了。在这种错误思想的影响下，勤俭节约几乎成了小农经济思想的代名词。有的人经常攀比，炫耀自己，说起名牌来如数家珍。奢侈被认为有派头，节约反被认为无能。享受生活、炫耀消费成为部分社会群体的时尚生活理念。

众所周知，我国已成为世界煤炭、钢铁和铜的第一消费大国，石油和电力的第二消费大国。另外，由于土地、森林、水、矿产等资源的过度开发，我国的环境破坏已经极其严重，不仅加剧了水土流失、土地荒漠化、江河污染，也导致自然灾害频繁发生。

在全球一体化背景下，我国资源压力问题凸显。我国 669 个城市中有 400 个供水不足，110 个严重缺水。在 32 个百万人口以上的特大城市中，有 30 个长期受缺水困扰。全国城市日缺水量达 1600 余万立方米。因缺水，工业经济年损失估计高达 2300 多亿元。

但现实中，对资源的浪费还没有引起人们足够的认识。一项调查显示：大学食堂一周被倒掉的饭相当于一亩地的产量；学校一年浪费的电量足够一个普通家庭用 58 年。面对这样的现实，每个人都需要扪心自问：我们凭什么浪费？我们有什么资格浪费？奢侈浪费就是对别人劳动的不尊重，对社会的不负责任。

因此，抵制奢侈浪费现象，在平时的工作和生活中，我们应该坚持：

(1) 光盘行动，粮食来之不易，千万不要随意浪费；

(2) 节约用电，平时在家里尽量少开一盏灯，离开以后就要及时把灯关掉；

(3) 在平时的生活中要学会量入为出，不要盲目攀比。

【拓展案例】

勤俭是我们的传家宝，什么时候都不能丢

勤俭节约是中华民族的传统美德，是中国人民世代相传的宝贵精神财富。继承和发扬这一光荣传统，需要每个中华儿女从我做起，持之以恒地坚持下去。“善禁者，先禁其身而后人。”厉行节约，反对浪费不是某一个人的事，也不是某个群体的事，我们每一个人都有节约的义务，都有节约的责任。

勤俭节约是一种素养，也是一种美德。在物质艰苦的年代，勤俭节约能尽可能满足人们的需要，激励人们努力创造更好的生活；而在物质丰富的年代，人们却在浪费更多的同类资源，满足自己享受消费的欲望。小到一个人、一个家庭，大到一个国家、一个单位，甚至整个人类，都离不开资源，离不开勤俭节约。

勤俭节约，从自己做起，让我们每个人都积极倡导和参加勤俭节约行动，把所谓的“小气”转换成一种文明，让大家都养成良好的勤俭节约习惯。在生活中尽量使用低碳消费，上班选择步行或骑自行车，减少排污；餐馆选择适量点餐制，减少饭菜浪费。生活中要从点滴抓起，不用一次性餐具，不用一次性塑料袋，养成随手关灯、关电等好习惯，把节约落实到行动上。

模块四 劳动安全

安全是人类生存与发展的最基本要求，是生命与健康的基本保障。安全生产是保护劳动者安全健康、保证国民经济持续发展的基本条件。伴随着经济发展而频繁发生的安全生产事故，不仅造成了国家财产和公民生命的巨大损失，严重制约了我国经济的平稳发展，而且还与我国当前构建和谐社会的目标相悖。如果社会的经济发展是以生命为代价的，那么其显然和“以人为本”的科学发展观背道而驰，所谓的可持续发展也就失去了原来的意义。

劳动安全是指在生产劳动过程中，防止中毒、车祸、触电、塌陷、爆炸、火灾、坠落、机械外伤等危及劳动者人身安全的事故发生。

一、劳动安全意识

劳动安全意识，是指生产过程中在脑海里时刻要有安全的意识，以确保人身安全、设备和产品安全，以及交通运输安全等。换言之，劳动安全意识是以“预防为主、预防为上”，坚持以人为本。

1. 安全意识的影响因素

安全意识受到很多因素的影响，主要受到社会历史条件、经济条件和文化传统的影响。

1) 社会历史条件对安全意识的影响

在不同的社会历史条件下，安全问题的表现形式和安全实践的内容也不相同。除此之外，智力因素是安全意识的重要部分，而安全知识是智力因素的重要组成部分，所以安全知识是安全意识中必备的东西。安全知识与人的经历、所接受的教育培训有关，它是人类在生活和生产工作中不断学习、总结、积累所得到的。所以，安全知识会随着社会的进步及人们阅历的增加而不断得到积累和沉淀，从而使人们的安全认识水平不断得到提高，进而促进了人们安全意识的提高。

2) 经济条件对安全意识的影响

经济条件是人们生活的物质基础。一直以来，物质财富是人们所追求的主要目标，也是一个国家、一个民族富强和繁荣的象征。安全意识水平在一定程度上是由经济水平所决定的，人们的安全意识水平很难超过他们所处的社会经济条件。在很大程度上，人们所追求的安全、舒适会受到经济条件的限制。只有在温饱等基本问题解决后，人们才有心思顾得上安全问题。许多人为了挣钱养家，甚至只是为了填饱自己的肚子，一点也不介意从事危险工作。但是，当经济水平达到一定程度时人们对安全的需求也会相应地提高，对于一些高危险性的工作可能就会有更很慎重的考量和安全防范措施。目前，虽然我国人民的生活水平有了很大的提高，但是从总体上看我国的经济实力还不够雄厚，一部分人的生活水平还比较落后，所以人们的安全意识还受到一定的限制。其中，有一部分人忽视安全，过分追求经济利益，将经济利益放在首位就是最好的表现。

3) 文化传统对安全意识的影响

传统文化体现在人们的审美情趣、生活方式、心理特征、风俗习惯、价值观念等方面，它是一个民族由历史上形成、演变并流传至今并影响现在的文化，它内化、积淀、渗透到每一个社会成员的内心深处。儒家的整体思想在中国已经深深地扎根了好几千年，对中国人的影响很大，所以中国的人际关系的价值取向一直以儒家思想为基础发展，是中国人的人格的主要特征。儒家思想对中国的影响有两面性，既有积极的一面也有消极的一面。

2. 提升劳动安全意识

人先有安全的意识，才会有安全的行为；有了安全的行为，才能保证最终安全。对生产和施工企业来讲，员工是否具有强烈的安全意识显得尤为重要。提高员工的安全意识历来就是安全管理的首要内容。

(1) 以安全为基本需求，提高安全意识。现实中，安全意识因人的知识水平、实际经验、社会地位等方面的不同而不同。按照马斯洛的需求层次理论，人的需求从低向高依次分为生理、安全、社交、尊重、自我实现 5 个层次。其中安全是人最基本的需求，是通往高层次需求的基础。因此提升自我安全意识就显得格外重要。

(2) 学习安全规程和技术，增强安全意识。学习安全规程和技术是提高安全知识水平最直接、最有效的方法。企业员工要了解、熟悉安全生产和安全施工的管理规章、制度、技术要求，要认真地定期开展规程学习和完善定期考核制度，才能实现安全意识由量到质的飞跃。

只有通过学习，积累、提升安全知识，人的安全积极能动性才会被释放、激发。安全意识的形成不仅能使员工适应安全生产的需要，还能反映安全生产的本质特征和规律，能超前反映安全生产的未来发展趋势。

(3) 认真开展安全活动，强化安全意识。安全活动是一项在长期安全生产实践中得出的预防事故的有效措施，是企业班组安全管理的重要内容。安全活动为员工提高安全意识提供了安全信息、安全技术和管理措施的交流场所。安全活动中，通过语言及思想的交流、推理和判断把员工安全意识的感性认识最终转变为提高安全意识的推动力。安全活动需要认真对待，不能流于形式，要定期开展，形成制度，使员工的安全意识通过安全活动不断得到巩固、强化。安全活动要结合实际并有针对性。要对特定事故进行剖析，开启每一个员工对类似事故的预见性和反思性，让安全意识的深度、广度得到发展，充分调动起安全意识的积极能动性。

(4) 班前会必不可少，培养安全潜意识。班前会作为安全管理中的一项有效措施，对提高安全意识来讲，作用不可取代。生产作业前开好班前会，对工作内容、注意事项、分工，做详细、合理、科学严谨的安排，这样就能避免安全风险。通过班前会，逐步培养员工安全生产的潜意识，从而为员工的安全保驾护航。

(5) 规范习惯性违章，消除安全经验意识。日常生产中，为什么习惯性违章屡禁不止，很大程度上是受到了人的经验意识左右。这种经验意识，来自于人的生活经验、日常常识和朴素的感性知识。要消除安全管理中经验意识的影响，就必须对习惯性违章进行严格考核。通过严格考核逐渐形成良好的安全氛围。

(6) 严肃奖励和惩罚，让安全成为习惯。员工真正从内心深处接受安全管理，需要经历三个阶段：服从、同化、内化。一项新的安全管理制度，刚开始能被遵守，只是因为员工单纯地想获得奖励或害怕被惩罚，所以才会表面服从。随着班组会议的持续推进，员工就会在和其他人交流中，逐渐认同其他人的安全思想和做法，最后这种安全制度就会内化为自身的安全意识，使安全成为一种习惯。

二、安全生产责任

1. 安全生产责任的归责原则

1) 过错责任原则

过错责任原则也叫过失责任原则，它是以行为人主观上的过错为承担民事责任的基本条件的认定责任的准则。按过错责任原则，行为人仅在有过错的情况下，才承担民事责任。没有过错，就不承担民事责任。《中华人民共和国民法典》(简称《民法典》)第 1165 条规定“行为人因过错侵害他人民事权益造成损害的，应当承担侵权责任。依照法律规定，推定行为人有过错，其不能证明自己没有过错的，应当承担侵权责任。”可见，在法律没有特别规定的情况下，都适用过错责任原则。

过错责任原则包含以下含义：

第一，它以行为人的过错作为责任的构成要件，行为人具有故意或者过失才可能承担侵权责任。

第二，它以行为人的过错程度作为确定责任形式、责任范围的依据。

在过错责任原则中，不仅要考虑行为人的过错，往往也会考虑受害人的过错或者第三人的过错。如果受害人或者第三人对损害的发生也存在过错的话，则要根据过错程度来分担损失，因此可能减轻甚至抵消行为人承担的责任。在共同侵权的场合，共同侵权人的过错程度甚至可能成为其内部分损失的依据。在最高人民法院《人身赔偿损失解释》中，采纳了根据过错程度和原因力大小在共同侵权人内部分担损失为原则，平均分担为例外的主张。《民法典》第 1165 条将过错责任原则规定为侵权法的归责原则。这一原则的确立，为民事主体的行为确立了标准。它要求行为人善尽对他人的谨慎和注意，尽量避免损害后果，也要求每个人充分尊重他人的权益，从而为行为人确立了自由行为的范围，体现了对人的尊重。它也有利于预防损害的发生，通过赋予过错行为以侵权责任，教育行为人行为时应当谨慎、小心，尽到注意义务，努力避免损害的发生。它充分协调和平衡了“个人自由”和“社会安全”两种利益的关系。

2) 过错推定原则

过错推定原则是对过错原则的局限性进行弥补的产物，是过错责任原则的进一步发展和特殊表现形式。其基本内涵是，行为人致人损害时，如果不能证明行为人主观上不存在过错，就要推定其有过错。学理上根据免责根据的不同，通常将过错推定责任划分为一般过错推定和特殊过错推定。一般过错推定是指在法律有规定违法行为应当承担责任的情形下，如果加害人有相关证据表明该行为非由自身过错引起，则可以免除责任；特殊过错推定原则是指在特殊的侵害行为中，法律规定加害人要推翻对其过错的推定，这种情况下必须由其证明有法定的抗辩事由或其他介入力(比如意外事件、不可抗力、受害人同意、第三人过错)的存在，以表明自己是无过错的，才能被免除责任。我国民法中规定了相当部分过错推定的情形，如：道路或公共场所施工，因疏忽致人损害的责任；高空坠物致人损害；高度危险品致人损害；无民事行为能力人在教育机构受侵害时，教育机构的责任；特定情形下医疗机构的责任等。

3) 无过错责任原则

无过错责任原则，通常也叫无过失责任原则，指的是在推定行为人是否承担责任及责任分配时，不考虑其主观过错，而是以现实发生的损害结果作为其承担责任的依据。通常，无过错责任原则情形下，只需证明相关的因果联系，即由法律加重责任。我国除了已经在民法中确立了无过错责任外，在安全生产领域也凸显了这一归责原则。《中华人民共和国安全生产法》第52条规定："生产经营单位与从业人员订立的劳动合同，应当载明有关保障从业人员劳动安全、防止职业危害的事项，以及依法为从业人员办理工伤保险的事项。生产经营单位不得以任何形式与从业人员订立协议，免除或者减轻其对从业人员因生产安全事故伤亡依法应承担的责任。"对于企业违反强制性法律规范，忽视雇员劳动条件保护的情形适用无过错责任，可以最大限度地让受害雇员在寻求法律救济时处于有利地位。无过错责任原则在工伤社会保险立法中得以贯彻，有助于受害者尽快获得补偿，保障基本生活需要，也使得工伤赔付的程序简单化。

4) 责任法定原则

责任法定原则是指法律责任应当由安全生产行政法律预先规定，当出现违法行为或法定事由的时候，按照法律所规定的责任性质、责任范围、责任方式追究行为人的责任。由于安全生产法律责任的主要承担方式是行政处罚和刑事处罚，现有的安全生产法律规范中，绝大部分有关法律责任的规定都是以行政处罚或刑事处罚作为主要内容的。行政责任和刑事责任相较民事赔偿责任而言，为体现震慑的目的，具有力度严厉、方式多样、效果长久等特点，因此对这两种责任的适用应该严格遵守责任法定原则，即安全生产行政处罚只能由安全生产监督管理部门等特定的国家机关或授权组织归结、确认；责任追究要有明确的法律依据；追究责任依据法定程序；责任追究遵从追溯时效性。

安全生产行为严重违法造成巨大损失，构成犯罪的，应当适用罪刑法定原则处理。首先，认定某一生产行为是否构成犯罪，务必严格校对法定的构成要件，不符合法律规定的条件和要求的，不能随意推定为有罪。同时，对于安全生产犯罪的量刑，必须依法确定具体的刑罚及严厉程度，轻罪轻判，重罪重判。其次，还应当遵循刑法时效原则，即认定某一安全生产行为是否构成犯罪，必须以行为时的刑事法律规定为准，不能溯及既往。再次，对于涉及安全生产犯罪的刑法规定，司法机关所作的司法解释应当遵循法律原则的界限，不能作脱离原文含义的解释，不能取代或创制原有法律规定。

2. 安全生产法律责任的构成要素

安全生产法律责任的构成要素是指在认定安全生产法律责任时，所必须充分考量的各方面因素，表明了国家强制力和社会制度对其所做的道德负面评价和实体处罚，因此，科学、合理地考查构成安全生产法律责任的各个方面，有利于保障行为人的行为自由，有利于保护责任主体的利益，实现法律的功能，维护社会秩序，推动社会进步。

1) 主体要素

安全生产法律责任主体是指因违反安全生产法律规范而应当承担法律责任的人，既有自然人，也有法人和其他社会组织，具体来说，主要有下列四类：

(1) 政府机关及其负责人。我国安全生产法明确规定，各级地方人民政府及相关安全监管职能机构是辖区内安全生产工作的实施主体，也是安全生产事故的责任承担主体。负有监管职责的政府机关和相关负责人，如果在履行职责过程中徇私舞弊或者违法失职，导致重大或特大事故发生的，应当由司法机关和执法机关追究其相关责任。

(2) 生产经营单位及其负责人员。企业等生产经营单位是实施社会生产的主力军，实践中最直接的安全生产责任承担主体也是企业及其主要负责人员。《中华人民共和国安全生产法》(简称《安全生产法》)在第二章中规定了生产经营单位的安全生产义务，生产经营单位的经营行为必须符合国家的强制规定和安全保障标准，否则将依法追究责任。《安全生产法》第 21 条规定，生产经营单位的主要负责人对本单位安全生产负有建立健全并落实本单位全员安全生产责任制，加强安全生产标准化建设；组织制定并实施本单位安全生产规章制度和操作规程；组织制定并实施本单位的生产安全事故应急救援预案；及时、如实报告生产事故等共七项职责。除了企业外，大量的协会、个体工商户、合伙等其他形式的商业主体和组织及其负责人也属于安全生产经营单位的范围，承担与企业一致的义务。

(3) 生产经营单位的从业人员。从业人员直接参加社会生产活动，处在生产风险的最前线，也通常是安全生产事故的直接受害者。实践中，生产经营单位的从业人员的素质高低、受培训程度的多少与事故发生率息息相关，因此法律明确规定生产经营单位应当组织员工培训，提高安全生产意识和雇员素质。从业人员违法违章作业导致生产事故发生的，应当依法承担相应的法律责任。

(4) 中介服务机构及其从业人员。由于社会生产的专业性逐步增强，大量中介服务机构快速发展起来，并逐渐发挥着不可或缺的重要作用。我国《安全生产法》也明确规定了提供技术服务的中介机构，在法律法规和行业准则的范围内从事经营活动，受法律保护。虽然法律明确规定了具体中介机构及其工作人员所应具备的资质和条件，但实践中中介机构作为营利性机构，仍存在大量不规范经营的情况，对安全生产工作的开展造成了一定的负面影响。因此，如果承担安全评价、检测、论证、检验事项的中介机构在提供服务过程中弄虚作假或严重违法出具相应报告的，应当依法追究责任。

2) 主观要素

安全生产法律责任的主观要素是指行为人在实施违反安全生产法律规范行为时的主观心理状态，通常区分为故意和过失。安全生产法律责任制度中对安全生产责任人的主观要素的分析，只存在于过错责任原则的少数情形。大多数情况下，安全生产法律责任是法定责任。《安全生产法》第 4 条规定："生产经营单位必须遵守本法和其他有关安全生产的法律、法规，加强安全生产管理，建立健全全员安全生产责任制和安全生产规章制度……改善安全生产条件……提高安全生产水平，确保安全生产。"责任主体在安全生产法律规范的范围内是否承担责任，其主观要素是考察的重要内容。追究安全生产责任的民事赔偿和侵害责任，目前主要通过侵权责任法来追究责任。过错在归结安全生产民事责任时，通常是主观过错和客观过错的融合。一方面行为人的过错是主观上应受非难的错误行为，包括故意和过失；另一方面行为人外化的行为违反了某种行为标准，此种标准可能是法律确定的行为人应当作为或不作为的义务，也可能是对所有物或管理工作应尽的注意义务。过错在一定程度上进一步确认了行为的违法性，这也是未将损害行为的违法性作为安全生产民事构成要件的原因。在安全生产中，过错是过错责任、严格责任为归责原则的侵权行为构成要件之一，但过错在二者中的内涵有所不同。过错责任注重主观过错，行为人即使有侵害行为的出现，但是如果不能证明其在主观上有放任损害发生的故意或是有轻信损害可以避免的过失，就不能认定其行为要承担民事责任。而严格责任注重客观过错，以行为是否违反了某行为规范作为承担责任的依据，即不追究行为人是否主观有过错，只要违反安全生产相关法律规定义务或是没有尽到注意的义务，就要承担民事责任。

在追究安全生产法律关系中责任主体的行政责任时，须遵守责任法定原则。按照我国目前安全生产法律规范的规定，对于安全生产行政责任的处罚，核心是行为的违法性，即只考虑行为人的行为是否违反法律的强制性规定，而不考虑其主观因素。在追究安全生产刑事责任时，对于责任人的主观因素的考察至为关键。其主观过错是故意还是过失以及过错的程度影响着对其定罪量刑的结果。对于主观故意造成安全生产事故的，极少有认定为安全生产犯罪的情形，且通常该故意也不是对于安全生产事故后果的积极追求，而是对安全生产义务的故意违背。

3) 客观要素

法律责任的客观要素指应当承担法律责任的行为的外在表现形式，具体包括行动、结果和因果关系。客观要素作为法律责任的显性要素，可以被我们感知或推理所得，而法律责任对于行为的控制，也主要从其客观要素出发。

(1) 违法行为。违法行为是连接法律责任主观因素与客观因素的桥梁，是法律责任的重要内容。安全生产法律责任构成中的违法行为是指行为人实施了违反安全生产法律规范的行为。该行为不仅在形式上违背了法律的强制规定，而且实际上造成了严重的危害后果，对国家或人民群众的利益造成了现实的威胁，具有道德上的非难性和法律上的可追责性。

安全生产违法行为既有作为也有不作为。作为是指触犯了法律禁止性规范、实施了法律规定的违法行为；不作为是指本身负有法律规定的义务而不履行或疏于履行。安全生产违法行为模式多样，但本质上都属于危害社会和他人财产或人身安全的行为，并直接酿成了生产事故。根据我国《安全生产法》的规定，违法行为按照实施主体的不同可分为：生产经营单位的安全生产经营违法行为、从业人员的安全生产违法行为、安全生产中介机构的违法行为、政府及其监管部门的法律责任。按照违法行为的严重程度、危害结果、违反法律性质的不同，可以将违法行为分为一般生产违法行为和安全生产犯罪行为。

(2) 损害结果。损害结果是承担安全生产民事责任的依据，只有受到损害的情况下，才能请求民事法律补救。安全生产民事责任中，侵权所造成的损害事实不仅包括财产损失，更多的是人员生命健康损害。安全生产中的损害结果不包括潜在的、隐性的损害，只以实际已造成的损害为依据。无论采用何种归责原则，都要以损害事实为责任构成要件，这是由侵权责任主要采取损害赔偿的形式决定的。而在安全生产行政法律关系中，损害结果并不以实际损害的发生为条件，如果责任主体实施了违反安全生产法律规范的不当行为，造成了安全隐患，也应当依法给予处罚。在安全生产刑事法律责任中，损害结果是安全生产犯罪行为区别于安全生产行政违法行为的显著标志。例如，《刑法》第 134 条规定，“在生产、作业中违反有关安全管理的规定，因而发生重大伤亡事故或者造成其他严重后果的，处三年以下有期徒刑或者拘役；情节特别恶劣的，处三年以上七年以下有期徒刑。”同样是违反安全管理规定行为，但是否“发生重大伤亡事故或者造成其他严重后果”决定了行为的性质从行政违法变成了犯罪。而“情节特别恶劣”使有期徒刑由“三年以下”变成“三年以上七年以下”。

(3) 因果关系。安全生产几乎涵盖了人类已涉足的所有领域，因此，安全生产事业在发展中存在着多维性的因果关系。“因”对事物发生产生作用，有的甚至是事物发展的根本条件。有些“因”能促进安全生产事业的发展，我们要充分发挥它的作用；有些“因”是导致事故的条件，我们应该对它予以控制、消除或转化。安全生产中比较突出的因果关系有三个：

① 因：安全意识薄弱。果：违法违章现象频现。

典型表现：先发展，后规范。

解决办法：增强全民安全意识。

“重生产、轻安全”是安全生产工作的最大思想障碍。它是几千年来“重物轻人”文化观念在安全生产上的延续，也是片面价值观在安全生产上的表现。不同层次人员的“重生产、轻安全”思想有不同的表现形式：在一线工人身上往往表现为违章作业；在一些企业负责人身上则表现为随意削减安全投入，安全评价不过关的工程仓促上马，违章指挥等。对此，我们应该借鉴发达国家的有效做法，增强全民安全意识，提高安全防范能力。学习安全知识、增强安全意识，对于减少三违有不可估量的作用。

企业负责人的安全意识直接关系到企业生产经营活动全过程的安全，要以安全生产责任制为抓手，促进企业负责人安全意识的确立；要从企业负责人对安全事故承担的法律责任和道义入手，引导企业负责人全面深刻地认识安全生产工作；要把对企业负责人进行安全生产宣传教育列入理论教育体系之内；把建设安全生产宣传教育基地作为搞好安全生产的必备条件去投入。

政府领导机关和工作人员的安全意识决定着一个地区安全生产工作的进展。要把安全意识体现在安全生产规划上，体现在政府对安全的投入上，体现在对安全生产实行科学的监管上。

② 因：管理走形式。果：工作被动。

典型表现：同样问题重复出现。

解决办法：实行过程控制。

安全生产工作常是三分主动、七分被动。究其原因，一是表面化、形式化的管理多，制度化管理少；二是被动型管理多，防范型管理少；三是治表的做法多，固本的做法太少，对深层次问题的研究更少；四是层层压担子多，双基工作抓得少。

把表面化、形式化的管理转移到过程控制中来，化被动管理为主动管理和预防控制，才能确保安全生产工作沿着正确的方向发展。过程控制不是就事论事的表面化管理，而是对与之有关联的事物进行全面协调的过程，是针对过程控制所要达到的目标进行严、细、实具体工作的过程。结合企业和员工实际情况，有重点地安排教学计划。

过程是产生结果的条件，没有过程就没有结果，过程控制是确保工作有序的有效方法。没有安全生产的过程控制，就不会有安全生产形势的稳定。因此，要确立重过程理念，把过程控制渗透到每一个工作环节。

③ 因：工作不实，急于求成。果：事与愿违，欲速不达。

典型表现：执行力度逐级递减。

解决方法：夯实基础，稳步前进。

【拓展案例】

违规操作引发安全事故

2018 年 12 月 17 日 11 时许，河南省某公司南厂区的一栋闲置厂房，在违规气割作业过程中引发火灾，造成 11 人死亡、1 人受伤，建筑物过火面积为 3630 ㎡，直接经济损失达 1467 万元。

事故调查组按照“科学严谨、依法依规、实事求是、注重实效”的原则，通过现场勘察、检验测试、技术鉴定、调查取证、综合分析，查明了事故发生的经过、原因、应急处置、人员伤亡和直接经济损失情况，认定了事故性质和责任，提出了对有关责任人员及责任单位的处理建议和事故防范措施建议，形成了事故调查报告。

该起事故的直接原因为：气焊切割作业人员张某在不具备特种作业资质、未履行动火审批手续、未落实现场监护措施、未配备有效灭火器材的情况下，违规进行气焊切割作业，在切割金属管道时，引燃墙面保温材料并发生火势的蔓延和扩大，燃烧产生的高温有毒烟气导致 11 名人员死亡。

导致火灾蔓延扩大并造成人员伤亡的原因：事故建筑墙体、顶板大量使用聚苯乙烯、聚氨酯等易燃可燃建筑保温材料。此类材料热解快、燃点低，被气焊作业引燃后，蔓延速度极快，同时产生大量高温、有毒烟气(一氧化碳、氰化氢等)，导致被困人员死亡。

防范措施：

严格落实企业主体责任，加强重点单位安全生产和消防安全管理：各类企业各单位要深刻吸取事故教训，认真落实《安全生产法》和《消防法》规定的生产安全和消防安全主体责任，加强动火等特种作业管理，严格作业审批和现场管理；加强对承包、租赁和外来施工行为的管理，避免安全监管盲区；开展安全教育培训，严格考核标准，提高员工安全生产知识技能；建立风险分级管控与隐患排查治理双重预防体系，全面管控风险、及时治理隐患；加强消防安全知识培训，建立健全消防机构和消防安全制度，严格执行消防安全操作规程和消防安全管理制度。

三、安全生产应急预案

1. 安全生产应急预案的概述

1) 安全生产应急预案的概念

应急预案是在自然灾害或事故灾难等突发事件发生前，依据风险评估的结果预测潜在的危险，在危险实际发生前针对危险源编制危机实际发生的应对计划，为控制事故灾难进一步恶化、降低事故损失、保障生命财产安全提供行动指南。

安全生产应急预案是在风险评估的基础上，针对劳动生产专用设备、施工现场设施、工作场所及周边环境，结合安全生产技术，对应急资源进行整合，旨在事故灾难发生后及时控制突发事件，防止其进一步恶化，最大限度降低事故灾难造成的各类损失。

安全生产应急预案是安全防护工作的重要保障，必须以综合防灾、减灾及总体预案为指导，必须有统一的应急组织管理指挥系统及完善的应急工程救援保障系统，必须做好应急物资储备及登记制度。综合协调、统一领导，各层级应急预案共同作用，为应对安全生产事故灾难提供理论支持与实践指导。

2) 安全生产应急预案的作用

安全生产应急预案是安全生产事故预防系统的重要组成部分，同时也是规范安全生产工作中的事故预防(事前)、应急预案(事中)和事故调查处置(事后)三个主要阶段中的核心环节，承上启下，对于控制事故发展、减少损失，对于保障群众生命财产安全具有重要意义。《国家安全生产事故灾难应急预案》在总则中规定了预案的编制目的——“规范安全生产事故灾难的应急管理和应急响应程序，及时有效地实施应急救援工作，最大程度地减少人员伤亡、财产损失，维护人民群众的生命安全和社会稳定。”

安全生产事故应急预案的主要作用包括：

(1) 立即采取措施组织营救受害者，制定疏散计划疏散其他被困人员，采取多种措施保证危险地区内各类人员的生命安全。

(2) 快速控制事故灾害的进一步恶化，针对事故危害区域内危险性和危害程度的不同，迅速展开全面的事故风险分析、调查、监测。

(3) 做好现场清洁，消除危害后果，防止其他次生灾害的发生。

(4) 查明事故原因，编制损伤评估报告，总结经验，为下一步发展、修改应急预案提供现实依据。

2. 企事业单位安全生产应急预案

1) 企事业单位制定的安全生产应急预案

各类单位编制的应急预案是贯彻安全生产应急管理过程中最接地气，同时也是结合企业生产经营情况及周边环境制定的，在具体应对各项突发事件的各环节中最具实效性的应急预案。《生产经营单位生产安全事故应急预案编制导则》作为各类单位制定安全生产应急预案的指南，对于统一企业应急预案的编制标准、提高企业应急预案的编制质量具有现实指导意义。同时，统一的编制标准也有利于政府部门评审备案工作的有序开展，有利于同类企事业单位在预案编制及执行过程中的沟通协作。依据《生产经营单位安全生产事故应急预案编制导则》的规定，“生产经营单位的应急预案体系主要由综合应急预案、专项应急预案和现场处置方案构成。生产经营单位应根据本单位组织管理体系、生产规模、危险源的性质以及可能发生的事故类型确定应急预案体系，并可根据本单位的实际情况，确定是否编制专项应急预案。风险因素单一的小微型生产经营单位可只编写现场处置方案。”

2) 企事业单位安全生产应急预案的内容

企事业单位的安全生产应急预案应分为综合应急预案、专项应急预案、处置方案、附件，其具体内容如下。

(1) 综合应急预案：应急活动的基本原则、事故风险情景描述、应急部门架构及各部门职责、事故灾难信息传递及预报、应急响应的启动和结束、信息及时公布、后期处置计划、应急保障措施、应急预案管理及实施。

(2) 专项应急预案：事故风险评价制度、应急指挥领导及权责、应急处置程序、应急处置措施。

(3) 处置方案：事故风险分析、应急处置、注意事项。

(4) 附件：应急管理机构及工作人员联系方式、应急物资储备、各类格式化文本、关键的线路标识和图纸、有关协议或备忘录。

3. 安全生产应急预案的性质

针对各级政府和政府部门制定的应急预案，从性质上讲属于政府和政府部门依据法律制定的，为具体实施《中华人民共和国突发事件应对法》《中华人民共和国安全生产法》和其他安全生产法律法规的行政规范性文件，即属于除行政法规和行政规章之外的其他行政规范性文件。《中华人民共和国宪法》(简称《宪法》)第89条规定，“国务院有权根据宪法和法律，规定行政措施，制定行政法规，发布决定和命令”。第107条规定，“县级以上地方各级人民政府依照法律规定的权限，管理本行政区域内的经济、教育、科学、文化、卫生、体育事业、城乡建设事业和财政、民政、公安、民族事务、司法行政、监察、计划生育等行政工作，发布决定和命令，任免、培训、考核和奖惩行政工作人员。”政府和政府部门制定的安全生产应急预案即属于政府依据《宪法》的授权，针对安全生产突发事件而制定的在某一领域或者某一地区适用的行政规范性文件。

4. 安全生产应急预案的演练与启动

1) 安全生产应急预案的演练

国家安全生产监督总局2011年发布了《生产安全事故应急演练指南》，该指南通过对应急演练的目的、原则、类型、内容、组织与实施、评估与总结、持续改进等方面的规定，为安全生产应急预案的演练提出了较为系统的要求。有效的应急演练确实有助于检验应急预案的可行性和有效性、锻炼应急队伍、磨合运行机制、促进宣传教育，为进一步完善预案，应对真正的突发状况奠定基础。应急演练面对的突发事件是人为预设的，事态的发展在应急计划中有所载明。现实中的突发事件是瞬息万变的，正是这样的突发性、不确定性才会导致应对的困难。

2) 安全生产应急预案的启动

生产经营单位作为安全生产的第一线，其内部应急预案的启动及与政策各层面应急预案的衔接至关重要。企业内部的应急力量及设备等可以应对一般的安全生产事故，当安全生产事故的影响范围已经超过企业所能掌控范围并可能造成更大范围的人员伤亡及财产损失时，企业应立刻将事故情况上报相关职能部门，政府部门应结合事故严重程度及不同层级预案启动的要求，适时启动相应预案并逐级上报。

【拓展案例】

汕尾某建筑施工事故

2020年10月8日10时50分，汕尾某迁建工程业务楼的天面构架模板发生坍塌事故，造成8人死亡，1人受伤，事故直接经济损失共约1163万元。

发生原因：

项目违规利用外脚手架作为模板支撑体系；天面构架混凝土施工工序不当，未按要求先浇筑结构柱，待其强度达到75%及以上后再浇筑屋面构架及挂板混凝土；当屋面构架及挂板进行混凝土浇筑时，上部荷载逐渐加大至立杆允许受力临界值时，立杆开始弯曲变形，导致支撑体系整体失稳，并引发斜向挂板端部断裂造成整个构架及挂板整体坍塌。

主要教训：

参建各方蛮做盲干。施工、监理、设计、审图等人员违法违规、罔顾实际、违反规程，对危险工程认知不足，当作一般工程对待，以致重大安全隐患一直存在而得不到整改。职责层层失守，各种漏洞、隐患叠加，最终酿成事故。

监管机制不完善，监管职责未有效落实。涉事项目采取边建边办理手续，相关监管部门没有提出异议，但实际工作中却以没办好正式手续为由，不纳入监管；建设单位没有办好手续就先行建设，对安全生产工作放任不管，对施工、监理工作没任何监督。

模块五 劳动品德

品德是个体言行中表现出来的某些稳固的特征，就其实质来说，是道德价值和社会规范在个体身上内化的产物，是个体社会行为的内部调节机制。品德本意是个中性词，在使用意境具体化后才有褒贬之分，除因文化或社会发展程度不同而导致的道德评判与社会行为规则差异外，大多数特定社会环境下，品德存在基本的认同规范，守规者被认为是品德高尚者，违规者则被认为是品德低劣者。依此推知，劳动品德就是个体对于劳动所表现出来的相对稳定的言行特征，遵从社会劳动规范会被认为具有良好劳动品德，否则便被认为劳动品德不佳。但在现实生活中，劳动过程中出现的精力损耗通常是人类生存和发展必需的，劳动精神也总是被作为一种美德加以弘扬。因而当“品德”与“劳动”相连构成“劳动品德”一词时，便已经被赋予了一种积极向上的寓意。作为高校劳动教育的重要内容之一，“劳动品德培养”便是在这一基础上组织实施的。

一、劳动品德的内涵

1. 辛勤劳动

良好的劳动品德不仅要求在思想上保持马克思主义劳动价值观，深刻理解新时代劳动教育的丰富内涵，而且要努力将先进的价值观念日常化、具体化、形象化和生活化。《意见》明确提出，要把劳动教育纳入人才培养全过程，紧密结合经济社会发展变化和学生生活实际，创新体制机制，注重教育实效，实现知行合一。每一位大学生都应当深入领悟“空谈误国，实干兴邦”的实践指导意义，设法使其内化为积极的精神追求和自觉行动。在工作中勇于担责，吃苦耐劳，爱岗敬业，争做新时代的合格劳动者，争创属于自己的美好生活。

1) 认真尽职，自觉履责

劳动既是打开个人幸福之门的钥匙，也是人类摆脱部分自然约束、不断进化、推动社会持续进步的根本动力，因而也是每个人应尽的社会职责。卢梭曾经说过：“劳动是社会中每个人不可避免的义务。”我国《宪法》也明确规定，中华人民共和国公民有劳动的权利和义务，劳动是一切有劳动能力的公民的光荣职责。每一个辛勤劳动的人首先应当是在自己的岗位上尽心尽力工作的人，兢兢业业完成职责之内基本任务的人。岗位无贵贱，尽职履责就是劳动价值的实现，也是劳动精神的体现。

2) 甘愿吃苦，主动付出

除了认真完成好本职工作，劳动品德之“辛”还在于能够吃苦和愿意吃苦；劳动品德之“勤”也在于自觉行动和主动付出。劳动是人体力和脑力的消耗，劳动的过程无疑是辛苦的，有时或许还是痛苦的，但没有当下这个吃苦的过程，生活就会一直苦下去，而且会越来越苦。正如歌里所唱：“不经历风雨，怎么见彩虹？”劳动是为追求美好生活所进行的付出，苦中带着甜；劳动是为实现人生价值所做出的努力，越主动越可贵。大灾大难面前奋不顾身的官兵战士，疫情肆虐之时主动请缨的白衣天使，重大任务降临时日夜奋战的科研尖兵，还有那些为帮助公司走出困境默默加班的普通职工，他们无怨无悔地吃苦受累，用辛勤付出让劳动精神更加光辉灿烂。

3) 爱岗敬业，积极奋斗

辛勤劳动是社会主义荣辱观的重要内容，是社会主义核心价值观的重要体现，是用“爱岗”和“敬业”支撑的充满激情的奋斗过程，是用深厚劳动情怀引领的充满爱意的付出行为。涓滴细流汇成河，每一个平凡岗位都是民族复兴大业不可或缺的组成部分。一个人若要立志成为爱国爱民、敬祖敬贤的伟人，首先应当做一名爱岗敬业、辛劳勤勉的普通劳动者，而一个真正日日吃苦而不觉苦的劳动者，内心里也一定装满了家国情怀。鲁迅先生说过，自古以来，那些埋头苦干的人、拼命硬干的人、为民请命的人、舍身求法的人，他们都是民族的脊梁。正是这种品高德重的“脊梁”，放大了劳动精神的感召力、凝聚力和引领力，是劳动精神的升华，是劳模精神和工匠精神的孕育，绽放着新时代的“劳动美”。

【拓展案例】

劳动创造财富

“老干妈”品牌从小摊到走向中国，走向世界，依靠的就是脚踏实地的劳动；义乌从拨浪鼓的鸡毛换糖到今天的义乌小商品世界，依靠的就是点滴劳动的积累。无数梦想财富的人们就是通过自己的勤奋劳动、诚实劳动、创造性劳动实现了小作坊到大企业的腾飞。

老干妈的故事，张世平的故事，就是劳动创造财富的故事。他们成功的秘密，就是辛勤的劳动。劳动就是财富的源泉，劳动就是财富的密码。劳动创造财富的故事就是社会、历史和国家发展的常态。没有实体经济的支撑，虚拟经济必然如沙滩高楼。只有扎实劳动，创造的财富才不会昙花一现，轰然倒下。

2. 诚实劳动

劳动创造财富，劳动者就是最大的财富，而这笔财富能否持续增值，关键在于每一位劳动者是否珍惜宝贵的信誉。加强劳动品德培育既要能够“坐而论道”，也要积极“起而践行”，更要做到“行而有信”。所谓诚实劳动就是要学会对“透支劳动信誉”的行为勇敢地说“不”，在日常的劳动实践中不欺瞒不作假，将“诚实守信、合法守规、科学守道”作为优秀劳动品德的行为准则和评价依据。

1) 诚实守信

孟子将“诚”与“信”相结合提出了道德修养论，千百年来，诚信已经成为中华民族众多仁人志士的立身之本，同时在当代社会人际关系、社会秩序和治国理政中发挥着不可替代的重要作用。进入新时代，诚信已经成为社会主义核心价值观在个体层面对公民行为准则的价值评价之一，是公民职业行为“敬业”准则的延展和落地。从普遍意义上讲，忠于职守首先要诚实劳动，要求人们在劳动创造过程中尊重客观事实，不作假、不欺骗、不投机、不耍滑；克己奉公的重点是信守承诺，要求人们遵守诺言、信守契约精神，以个体行为约束共同维护集体信誉形象；服务人民的前提是诚恳待人，为人处世实实在在、坦坦荡荡，不欺人亦不自欺。

2) 合法守规

信用关系是人与人合作发展的基本关系，信用关系的建立需要法律和道德的共同作用。法律是成文的道德，道德是内心的法律，两者具有一定功能上的互补性和替代性。信用或者说诚信能起到降低交易费用的作用，是社会活动的润滑剂。对于产品和服务的经营者来说，合法守规经营更是一道安全网，机会主义和短期行为或许可以蒙蔽一时，但不会带来基业长青。比如，遵守工作场所中职业健康相关法规，保护职工安全，消除安全隐患，就可以避免发生工作危害事件。对于劳动者而言，令人尊敬的劳动品德也来自于自我克制和自我控制，遵从内心追求真善美的呼唤。遵守国法行规同样是劳动品德的要求。比如不违背职业伦理，不把法律上对劳动者的一些特殊保护作为自身短期行为的“避风港”，不违反竞业限制与保密义务的经济法规则。

3) 科学守道

一切劳动行为都要尊重科学，遵守行规。偏离科学或行规的劳动往往是低效或无效劳动，违背科学的劳动创新甚至内含巨大的破坏力，只有符合科学规律的劳动才能更加有效地提升劳动的价值。马克思阐明，人的全面而自由的发展是未来新社会的根本标志。社会发展基本规律的具体形式是劳动方式与科学技术相互作用的规律。劳动效率和价值的提高也有其内在规律，卫生设施和服务的改善可提高劳动者的身体素质；接受学校教育、“干中学”和培训活动等可增加劳动者的理论素质和技能素质，使劳动者更好地运用现有的技术，更容易运用或开发新的方法；合理分配时间，避免过度劳动，也可以提高劳动效率。另外，现代生产方式下，人们的心理压力有所增加，焦虑、抑郁现象时有生，这提醒我们关注劳动者的心理健康，建立有效缓解劳动者心理疾病的机制。

【拓展案例】

诚实守信道德模范——沙万里

出生在繁峙县北城街村的沙万里，在家里排行老三，全家 7 口人。在他的童年和少年时代，一家人一年的生活来源是父亲 300 多个工分换来的 200 多元，日子过得紧巴巴的。16 岁那年，他辛苦操劳的父亲积劳成疾，沙万里因交不起 5 元钱的学杂费被迫辍学，挑起了养家糊口的重担。

1974 年，沙万里走出农村，先后以农民合同工和煤矿工人身份工作了 9 年。1983 年，他从煤矿辞职回到繁峙，一把瓦刀、两个灰兜子，东家垒锅台，西家垒照壁，做的全是些小营生。第二年，他承揽了县烟草公司的活，挣了 10 000 元。听说北城街要新建一所小学，他拿出 1000 元捐给了学校，这是沙万里第一次捐款。从此，沙万里捐资助学的脚步就再也没停歇过。

2002 年，他捐款 30 万修路，解决了实验小学出行难的问题。从 2003 年开始，沙万里启动县里的“一乡一校”工程，计划用 13 年时间垫资 260 万元，为全县 13 个乡每一个乡镇新建一所希望小学。时至今天希望小学已建成 9 所，并被县委、县政府以其名字命名为万里希望小学。

2014 年六月初，沙万里承接了县实验小学、第一职工幼儿园两所学校教学楼的改扩建任务，时间紧、任务重，保质保量、按时交付是首要考虑的问题。从工程机械进场的那一刻起，整整 3 个月，沙万里吃住在工地，完成了按常规需要 8 个月才能完成的施工任务。在他心里总装着“三不欠”：不欠党和人民的帮扶钱，不欠亲朋好友的感情钱，不欠受苦人的血汗钱。30 多年来，他不仅自己率先致了富，累计上交国家税金 1600 万元；而且帮助上万名农民工解决了就业问题，扶持上百名商户入驻自己的万里装饰城，带领 60 多名本村、本县乃至于四川籍农民工共同走上了富裕道路。

2011 年到 2014 年，沙万里每年资助 10 名初升高 590 分以上的优秀贫困生每人每学年 2000 元；2014 年，他无利息垫资 2400 余万元为实验小学新建一幢教学楼；2015 年，他又资助繁城中学 100 名贫困生每人 300 元助学金。在当前脱贫攻坚的关键时刻，沙万里再次主动向县委请缨，承诺结对帮扶一个 500 至 1000 人的贫困村，确保贫困村 2020 年前整体脱贫 。

2017 年，沙万里被评为繁峙县首届道德模范。在表彰大会上沙万里宣布把自己所得的 10 000 元奖金捐给统战部工商联用于慰问困难群众，为脱贫攻坚贡献自己的一份力量。二十多年来，沙万里为兴学助教、扶助贫困学生捐款 1200 万元；为扶贫济困救灾解难等社会公益事业捐资 683 万元，为发展繁峙县光彩事业垫资 1. 4 亿元，现场观众、领导都为沙万里报以雷鸣般的掌声。

2001 年、2004 年、2007 年、2010 年，沙万里四次被评为 “山西省特级劳模”，2005 年被评为“全国劳动模范”，2008 年、2009 年两次荣获“全国五一劳动奖章”，2014 年荣获“第五届山西省诚实守信道德模范”，2016 年 3 月被评为“中国好人”，2016 年 7 月 1 日荣获“全国优秀共产党员”称号。

3. 珍惜劳动成果

“谁知盘中餐，粒粒皆辛苦”的诗句颂唱千年而不衰，“克勤于邦，克俭于家”的警言流传数代而不忘，背后无不映射出“俭以养德”这一简单而深刻的劳动哲学。珍惜劳动成果就是尊重劳动的具体表现形式，尊重劳动人民的真挚情感流露，既有助于国家资源的节约和社会财富的积累，也有助于个人进取精神和高尚品德的培养。

1) 珍惜劳动成果是传统美德

珍惜劳动成果近似于勤俭的同义语，勤是俭的前提，俭是勤的延续，勤俭节约的背后也就是艰苦奋斗精神的展现。中国地域广阔，但资源并不算富足，勤俭的美德在中华文明漫长的演变史中从未陨落过。时至今日，生活条件好了，但我国资源紧张的程度比之前更加严重了，我国还处于并将长期处于社会主义初级阶段，还有很多人的生活并不富裕。主张珍惜劳动成果就是倡导艰苦奋斗，即便将来物质极大丰富了，作为一种精神层面的存在，勤俭节约永远不会落伍。

2) 珍惜劳动成果是尊重劳动的具体体现

一粥一饭，当思来之不易；半丝半缕，恒念物力维艰。任何生活用品都是劳动人民辛勤劳动的结晶，都来之不易，都值得尊重，尊重他人的劳动反过来也才会赢得尊重。“光盘行动”就是反映了一种“珍惜粮食，杜绝餐桌浪费，吃光盘中食物”的社会呼声，倡导厉行节约、反对浪费就要从最基本的节约粮食开始。“光盘行动”就是让我们牢记“锄禾日当午，汗滴禾下土”的劳动场景，尊重农业劳动者的辛苦。这种珍惜和尊重不应是一时冲动，而是应鼓励大众将珍惜劳动成果的良好习惯固化下来，把文明行为变成制度规范。

3) 珍惜劳动成果是培养高尚品德的有效方式

对于广大青少年来说，勤俭节约有助于激发奋发进取的精神，培养高尚的道德品质。通过劳动，不但能学会艰苦奋斗、吃苦耐劳、坚强不屈的精神，而且能够体会劳动成果的来之不易，学会艰苦朴素、勤俭节约，不断提升自己的职业素养和做人品行。勤劳致富，勤俭持家，是艰苦奋斗的本色。在消费主义悄然兴起的背景下，有部分青年人已经主动开启了一种极简生活模式，他们意识到“节流”对其生活的积极改变，极度自律，这些年轻人在“豆瓣抠门联合会”等主要阵地倡导的“反对铺张浪费和过度消费”的举动，无疑成为消费时代的一股清流。

【拓展案例】

《推行“公筷公勺”深化“光盘行动”制止餐饮浪费倡议书》

当前，国外疫情持续蔓延，国内疫情多点散发，疫情防控形势更加严峻复杂。为认真贯彻落实习近平总书记关于制止餐饮浪费行为的重要指示精神，大力开展爱国卫生运动，全面推行使用公筷公勺，预防疾病传播，养成健康文明生活习惯。我们倡议：

★ 倡导党政机关带头，做厉行节约的表率

各级党政机关应持之以恒落实中央八项规定精神，积极投身节约型机关建设。党员干部在单位食堂、社会餐厅、家庭餐桌等场合时刻发挥表率作用，自觉做到不剩饭、不剩菜，带头使用公筷公勺，文明用餐。

★ 倡导节俭用餐理念，制止食堂餐饮浪费

倡导各类食堂建立健全节约用餐制度，把节约理念贯穿在食材采购、加工选材、做餐配餐以及用餐服务等各个方面，科学合理安排饭菜数量。坚持按需、少量、多次取餐，做到不剩饭不剩菜。有条件的食堂设置用餐监督员，倡导各类食堂推行公筷公勺，将食堂打造成文明创建的窗口。

★ 倡导科学文明的消费模式，减少社会餐饮浪费

倡导餐饮企业优化菜品加工工艺和流程，减少食材耗损。积极主动提供半份菜、小份菜、儿童餐，在菜单上标示菜肴分量和建议消费人数。通过公益广告、海报、餐桌提示牌等方式宣传公筷公勺，根据用餐人数和菜品数量配齐公筷公勺，并温馨提醒、劝导客人使用公筷公勺。提醒和鼓励消费者“剩余打包”。

★ 倡导勤俭节约风尚，减少家庭餐桌浪费

家长先行示范，言传身教带领孩子把节俭节约理念融入日常生活各方面，在家庭践行“光盘行动”。家庭用餐养成使用公筷公勺的好习惯，倡导“一菜一筷，一汤一勺”，各取所食，做到碗筷专用、及时消毒。

“光盘行动”无小事，一筷一勺见文明。让我们从现在开始，与文明握手、向陋习告别，做推行公筷公勺、深化“光盘行动”、制止餐饮浪费的倡导者、宣传者、践行者。

二、大学生群体常见的劳动品德问题

自2016年以来，互联网风暴迅速刮进校园信贷市场，纷至沓来的“校园贷”在锻炼大学生理财能力、缓解家庭经济压力、通过适当超前消费更好完成学业的同时，也引发了种种“乱象”和“骗局”，媒体和学者不断发文呼吁加强整治。在众多评论中，关于贷款平台违规放贷和相关部门监管漏洞的分析比较深入，但对于大学生群体的建议却大多停留在“提高安全意识”层面。事实上，赌博、攀比、炫富、自杀等一直与校园贷新闻事件相伴相随，从大学生校园贷上当受骗的额度、频次、人数、地区等指标综合来看，不难发现还有不劳而获、骄奢浪费等不良劳动品行从中作怪。宿舍脏乱视若无睹，挥霍消费理直气壮，就业前景无所畏惧！被歪曲的“佛系潮”，被热捧的“享乐风”，被遗忘的“奋斗史”，大学校园内劳动品德的下滑的确值得我们关注和深思。

1. 消极应付，被动做事

受网络媒体上一些不正确、不科学、不健康言论的影响，初涉世事的年轻人极易被误导，陷入一种忽视劳动、误解劳动甚至鄙视劳动的错误观念之中，随之出现工作不尽责、做事不上心的行为；日常生活中则表现为怕吃苦，拒付出，妄图坐享其成。在大学生群体中，劳动品德下滑已经不再是个例，社会对大学生劳动态度和行为的质疑时有发生。中央出台关于加强劳动教育的意见正体现出国家对这些现象的重视和纠错的决心。身处大学校园的天之骄子应当及时自省，尽早改掉那些逃避劳动责任和工作敷衍了事的不良习惯。

1) 逃避基本的劳动义务

劳动是每一位有劳动能力的人的光荣职责。随着年龄慢慢步入成年人的行列，大学生在家庭、校园、社会中都或多或少应当承担起一些基本的劳动义务，但“在读书的掩盖下”，很多大学生却不自觉地做出逃避劳动的行为。一份高校的调查表明，相当一部分大学生对新时代劳动价值导向是充分认同的，也能清楚地认识到劳动是人类社会存在和发展的基础，然而其对劳动本质的理解还停留在比较浅显的层面，无法进一步阐释劳动对于精神世界、人的全面发展以及人类文明的重要意义。对劳动本质认识不足的突出表现是简单将劳动视作一种负担，进而产生逃避劳动的行为举动。近年来，日本、韩国和中国“蛰居族”越来越多，其中的青年人不在少数。2019 年 6 月，日本《儿童与青年白皮书》中首次推出了在家闭门不出超过半年的“蛰居族”专题，对那些几乎不走出自家和自己房间持续 6 个月以上的群体及其生活状态进行了分析。目前，日本百万“蛰居者”中年轻无业者约为 71 万人，韩国约有 30 万人，美国无学无业的青年人口突破 600 万人，我国也有越来越多年轻人选择“家里蹲”。这个现象背后是全球经济下行、社会文化多元化、年轻人压力增加、现代科技带来的割裂等多重因素的影响。值得思考的是，如何有效帮助这些“隐蔽青年”重拾信心，引导他们重新回归社会。教育家苏霍姆林斯基曾强调个体参加体力劳动对于其精神世界的积极意义，加强青年人对劳动本质认识的劳动教育可能是其中方法之一。

2) 常常被动做事

良好的劳动习惯对于大学生责任感的培养、劳动品质的磨炼都具有重要意义。劳动习惯的养成是一个持久的过程。由于物质生活条件的逐步改善、家庭教育和学校教育的升学导向，部分大学生的劳动意识趋于淡化，劳动态度倾向于“不主动、不负责、不积极”。尽管没有逃避劳动的结果那么严重，但被动劳动和消极劳动对于劳动美德的弘扬和劳动氛围的营造都会带来负面影响。部分大学生在集体宿舍中很少主动打扫卫生，在宿舍随手乱丢垃圾和果皮纸屑，甚至连食堂都不愿意去的现象并不罕见，积极劳动意识和劳动习惯的培养尚需加强。笔者 2019 年进行的一项调查表明，约三成大学生在寒暑假平均每天做家务时间低于半个小时，接近两成大学生认同“家务活是家长的事”。另一份高校劳动观调查显示大学生的劳动意识亟待改观，仅有约三成的大学生表示会“积极主动地去做家务”，不到四分之一的大学生表示会主动“做寝室内务”。

3) 骨子里轻视体力劳动

无论何种形式的劳动都是人类劳动的组成部分，只是由于社会分工的不同而具有其独特的价值。一些大学生尽管能够认识到劳动的重要性，但在看待具体劳动时却存在厚此薄彼现象，不能真正尊重普通劳动者，尤其是体力劳动者。大学毕业的时候，大部分同学都会向老师致谢、与同学道别，很少看到毕业生向宿管阿姨、食堂师傅、保卫、保洁工作人员道声辛苦问个好，其实良好的校园环境处处有他们的辛勤劳动和默默奉献。个别大学生对后勤工作人员蛮横无理的现象也时有发生，更有甚者上了大学之后看不起工人、农民出身的父母。笔者对大学生劳动价值观进行的调查发现，一些大学生对畸形劳动文化尚不能正确辨识，比如超过两成的大学生认为“万般皆下品，唯有读书高”这句话是正确的。在实际找工作的时候，的确有为数不少的大学生会刻意强调自己“文化人”的身份，对体力劳动岗位不屑一顾，在工作中也没法脚踏实地，要求做一些“高端”的事情，其结果往往是高不成低不就，浪费了光阴。这可能跟我们“劳心者治人、劳力者治于人”的传统观念有关。陶行知先生曾指出二元论的哲学把劳心的和劳力的人分成两个阶级，他主张“在劳力上劳心”才是真正的一元论，才是理论和实践的结合。

【拓展案例】

热爱劳动、主动劳动

公司组织招聘设计师，考官发现面试者的专业能力和阅历都差不多，难以抉择。有人替面试官想出了一个主意。于是，面试中，考官故意把纸团扔在面试大厅的地上，看看哪位求职者会足够细心地把纸团捡起来。

第一位面试者对掉落在地上的纸团看都没看，直接跨过纸团前来面试，面试官问了几个问题之后，就让她出去等消息了

第二位面试者进来后，看了一下纸团，认为是公司不小心遗漏在那里的，她感觉

公司的业务好多，连掉在地上的纸团都来不及整理，但是也没多想，直接去面试了，没有弯腰去捡纸团。

第三位面试者进来，看了下纸团，心想这个公司的环卫人员太不尽心尽责了，要是自己做公司经理，一定会做出整改，但是也没有去弯腰捡起纸团。

第四位面试者进来了，他看见了那个纸团，并觉得纸团在地上非常碍眼，决定先把纸团捡起来放在了纸篓中，然后坐下面试。

等到面试结果出来的时候，前三位都傻眼了，分明面试对答如流，可是却得不到公司的橄榄枝，究竟为什么呢？原来，面试官认为细节决定成败，前三位求职者没有看到地上的纸团，或者看到了而没有捡起来，就是不注重细节，第四位面试者具有敢担当、敢作为的素质，因此得到了面试官的青睐。

2. 劳动过程存在投机

劳动成果是劳动过程的自然凝结，是在辛勤付出后水到渠成的收获，这是一个浅显的生活道理。然而，有些大学生未能很好地认识到其重要意义，被家庭的娇宠、城市的繁华、一夜暴富的故事等迷惑了头脑，劳动过程中以结果衡量一切，不注重过程，存在明显的机会主义，甚至为了达到目的不择手段。当前日益严峻的大学生就业形势既与就业人数增加、经济形势复杂等客观因素有关，也与大学生自身在工作中眼高手低等主观因素相关，主要表现为缺乏艰苦奋斗的实干精神，急功近利、急于求成的行为有所增加，平等合作的团队意识弱化等。

1) 缺乏艰苦奋斗的实干精神

我国每年有数百万大学毕业生进入劳动力市场求职，成为各行各业的重要人才资源，他们的知识和志向大多无可挑剔，但与那些在实践岗位上成长起来的劳动模范相比，埋头苦干的劲头却要逊色许多，很多大学生对“追求极致、精益求精”的新时代工匠精神的认知明显不够深刻。笔者的调查显示，大学本科生认为工匠精神对自己的学习或工作“非常重要”的比例不到六成。广大劳模在各自的岗位上铸就了“爱岗敬业、争创一流，艰苦奋斗、勇于创新，淡泊名利、甘于奉献”的劳模精神，是我们极为宝贵的精神财富。与之相比，少数大学生在实际劳动中挑肥拣瘦，有些宁肯在家啃老，也不愿俯下身子扎扎实实做一些基础工作。劳动精神尤其是工匠精神的培养亟待加强，好高骛远、空谈多于实干产生的根源更值得反思。

2) 急功近利的行为有所增加

曾几何时，“一分耕耘，一分收获”的理念深入人心。而今，娱乐至上、拜金主义却悄然潜入我们的校园。在就业机会和职场晋升中，由于各种原因出现一些“有付出、没收获”“没付出、有收获”的情形，加剧了大学生不平衡的心态，导致校园里和职场中的机会主义和短期行为蔓延。一些大学生好逸恶劳，羡慕和追求“少劳多得”甚至“不劳而获”，对快速兴起的“网红经济”产生了强烈的冲动，导致“网红”一度成为了大学生求职中的热门职业。博人眼球、利益导向以及对一夜成名、一夜暴富的渴望正在弱化大学生“一步一个脚印”的劳动价值观。一些年轻人急于求成，不愿意在平凡的岗位上挥洒汗水，不甘于弯下腰从“菜鸟”做起，不懂得业绩是一步一步积累起来的浅显道理。

3) 团队意识不强

有批评者认为大学正在培养“精致的利己主义者”，部分大学生善于利用体制达到自己的目的。学生社团活动作为大学生的劳动实践课堂之一，对于弘扬新时代青年文化有着积极的意义，然而某些高校学生会官僚主义的倾向十分明显，“学生官”派头足、官威大。成都某高校学生会的聊天群里，低年级学生询问开会事宜“@学长”遭到呵斥，称呼“学长”不行，必须称“主席”，“主席”还没生气，其他学生会干部已经怒火冲天。该新闻引发热议，共青团中央官方微博称“学生组织里，学长是比主席更好的称呼”。青年要立志做大事，不要立志做大官，学生会不是“混圈子”，应返璞归真；学生干部不应摆架子，需加强平等合作的团队意识和服务意识。

【拓展案例】

养由基的故事

俗话说：“欲速则不达。”无论是做人还是做事，都需要积累经验，步步为营。凡是成大事者，都应该戒除“浮躁”二字，只有踏踏实实地行动，才可以开创成功的新局面，反之，急躁的性格只会让人失去清醒的头脑和理智。

古时候，有个叫养由基的人，他非常善于射箭，有百步穿杨的本领。据说连动物都知道他有这种本领，所以，只要他一出现，常常令动物闻风丧胆。有一次，两只猴子抱着柱子，上蹿下跳，玩得不亦乐乎。此时，楚王张弓命令属下搭箭要去射击它们。但是，两只猴子依旧不慌不忙地玩闹着，不时还朝人们做鬼脸。这时，养由基走过来接过楚王手中的弓箭，只见猴子们吓得毛都竖起来了。

有一个年轻人非常仰慕养由基的射术，一心想拜他为师。在年轻人的再三请求下，养由基终于同意收他为徒。起初，养由基交给他一根很细的针，让他放在距离眼睛几尺远的地方，然后整天盯着这根针的针眼看。两三天后，这个年轻人有点疑惑，于是便问养由基："我是来学习射术的，老师为何要我做这些莫名其妙的事情呢？我什么时候才能够真正学习射术呀？"

养由基回答道："你现在所做的事情就是在学习射术呀！你继续练习吧！"这个年轻人起初表现得还不错，能够继续看下去，可是几天之后，便有些烦躁不安了，心想："我是来学习射术的，看针眼能看出什么所以然呢？这位老师不是徒有虚名，就是在敷衍我。"

后来，养由基教他练习臂力的方法，让他伸直手臂，然后在手掌上放一块石头，这个动作要从早到晚一直坚持。这个年轻人很想不通，不明白师傅的用意，他又一想："我是来字习射术的，干吗总让我端着块大石头呢？"他非常不服气，不愿意再练下去了。

养由基看出了徒弟的心思，同时也认为他不是学习射术的材料，所以就任由他发展了。后来，这个年轻人又跟其他老师学习射术，但是，最终也没能学成精湛的射术。

其实，这个年轻人如果能够不好高骛远，脚踏实地，甘于从点滴做起，那么，他一定会成为一名射术精湛的高手。但是，他没有坚持下去，而且抱着一种急功近利的态度，因此最终一事无成。

事实上，想要成为一名成功人士，就需要一步一个脚印，脚踏实地地行走。从基础开始做起，为自己的发展打下坚实的基础，就像建造房子一样，只有把地基打牢，大楼才会盖得既牢固又高大。学习、工作、生活也是一样，不能总想着投机、走捷径。

3. 不珍惜劳动成果

珍惜劳动成果不是压抑需求，而是用之有度，不超额，不浪费；珍惜劳动成果也不是对劳动毫无原则的神圣化，而是要发自内心地尊重劳动者及其辛勤付出。曾几何时，"节约悖论"和"年轻人是消费的主力军"等花钱有功论被肆意歪曲，"英雄也问出处"和"职业自有贵贱"等岗位歧视观被恶意美化。有钱就可以随意挥霍，有清洁工就可以随地乱扔，个别年轻人不珍惜劳动成果的行为令人惊讶。

1) 不珍惜他人劳动成果

一些学生以自我为中心，对他人的劳动成果视而不见。笔者 2018 年的调查显示，近八成大学生认同"我崇尚每日光盘行动，节约粮食"，还有两成大学生对此不以为然。另外，美好的校园环境是后勤工作人员的劳动成果，然而大学生不爱护校园环境、缺少公德意识的现象时常发生：教室的抽屉中垃圾堆积，很少有人主动站出来擦黑板；参与学生活动时，果皮纸屑或是奶茶杯四处摆放，散场后服装道具堆积如山，最后只能由学生会的同学作为工作任务来清理，随行带走垃圾的举手之劳竟成为一种奢望，活动组织者的辛劳付出被视作理所当然。还有大学生不注重保护他人的知识产权，写论文时大段复制粘贴或者拼拼凑凑，同样是没有看到别人劳动的价值，不尊重和珍惜他人劳动成果的表现。

2) 不珍惜家人劳动成果

随着经济发展水平的提高、物质条件的改善以及消费主义的兴起，大学生炫耀性消费、攀比性消费、奢侈性消费也开始升温，父母支持自己上学变成了一种“超级义务”。笔者 2019 年的调查显示，约有四分之三的大学生每月花费在 2000 元以下，还有四分之一的大学生每月消费超过 2000 元。如果当月生活费花完，还不到父母给下一个月生活费的时间，有超过两成的学生会采取消费贷、分期付款、信用卡透支的方式或校园贷等借贷软件。部分学生不恰当的超前支出和无所顾忌的攀比消费在大学校园里影响恶劣。课间休息讨论的是口红色号，“跟风消费”被描述成“种草”“长草”“拔草”的过程，各种电子产品的品牌和价格成了身份的象征甚至班干部竞选的资本，思之令人担忧！

【拓展案例】

《悯农》

锄禾日当午，汗滴禾下土。
谁知盘中餐，粒粒皆辛苦。

这首小诗在百花竞丽的唐代诗苑，同那些名篇相比算不上精品，但它却流传极广，妇孺皆知，不断地被人们所吟诵、品味，其中不是没有原因的。

首先，这首诗所抒写的内容是人们经常接触到的最熟悉的事情。但是，最熟悉不一定真知道。生活中就有许多熟视无睹的情况，如果一旦有人加以点拨，或道明实质，或指出所包含的某种道理，就会觉得很醒目，很清楚，从而加深了认识。这首小诗之所以有生命力，就有这一方面的道理。

“盘中餐”，这原是人们天天接触，顿顿必食的，然而并没有谁把这粒粒粮食和农民在烈日之下的汗水联系在一起。诗人敏锐地观察到了，并凝聚成“粒粒皆辛苦”

的诗句。这就给人们以启迪，让人们去思索其中的道理，从而使那些不知珍惜粮食的人受到深刻的教育。

其次，诗人在阐明上述的内容时，不是空洞抽象地叙说和议论，而是采用鲜明的形象和深刻的对比来揭露问题和说明道理，这就使人很容易接受和理解。作者在前两句并没有说农民种田怎样辛苦，庄稼的长成如何不易，只是把农民在烈日之下锄禾而汗流不止的情节做了一番形象的渲染，就使人把这种辛苦和不易品味得更加具体、深刻且真实。所以诗人最后用反问语气道出“谁知盘中餐，粒粒皆辛苦”的道理就很有说服力。尤其是把粒粒粮食比作滴滴汗水，真是体微察细，形象而贴切。

全诗的语言通俗、质朴，音节和谐明快，朗朗上口，容易背诵，长期在人民中流传，表达了食物的来之不易，启发人们要珍惜劳动成果。

三、培养大学生优良的职业道德

评价人才时，应看重德才兼备，以德为先。按照《意见》精神，坚持立德树人，就要将劳动教育纳入人才培养全过程，把劳动教育与德育、智育、体育、美育相融合，尤其要注重用好思想政治理论课堂这个主渠道、主阵地，充分发挥德育和劳育的协同效应，引导大学生逐步树立正确的劳动观。每一位大学生都应当重视自身劳动品德的涵养，回归“人”本身的价值，回归到身边的劳动者，回归到“劳动”的整个过程，革新观念，疏导情绪，坚定意志，规范言行，加深对劳动本质的认知，调整劳动动机，改进劳动态度，深化劳动体验，在“知、情、意、行”四个维度中同步提升自己的劳动品德。

1. 革新观念，升华劳动认知

认知是人们获得知识或应用知识的过程，或信息加工的过程，它包括感觉、知觉、记忆、想象、思维和语言等。人脑接受外界输入的信息，经过头脑的加工处理，转换成内在的心理活动，进而支配人的行为，就是认知过程。不断学习和思考是改进观念和升华认知最重要的途径。《意见》明确提出，“通过劳动教育，使学生能够理解和形成马克思主义劳动观，牢固树立劳动最光荣、劳动最崇高、劳动最伟大、劳动最美丽的观念”“促进学生形成正确世界观、人生观、价值观”。这既是大学生接受劳动教育的总体目标，也是在大学生现实劳动过程中应当牢记的基本信念，更是指导和评价大学生劳动教育成效的最高准则。

针对当前部分年轻人错误、扭曲、不当的劳动认知，每一位大学生都应当做深刻的自我反思，并通过不断学习革新劳动观念。为此，最根本也最有效的方法是要加强对马克思主义关于劳动经典作品的研读，重点学习其中关于劳动本质的科学论述，从世界观和人生观的视角回归到“人”的价值层面上，以个人的全面发展为目标，设法与自己的专业课程和思政课程学习相融合，不断深化对劳动价值观的认识，通过“课中学”与“研中学”提升个人劳动科学素养。

此外，还要结合时代发展变化和现代经济特征灵活把握劳动的要义，按照历史唯物主义的思想方法，更加科学地理解人性、理解劳动、理解社会、理解中国特色社会主义的新时代。同时要设法调动自身主体性和自觉性，将经典劳动观与新时代劳动价值论结合起来，努力追求人的自尊、自重、自爱，重新发现劳动的价值和创造的意义，并在日常专业实践和工作过程中强化认知，通过“干中学”逐步走向人格高尚、德性完满、心灵的自由创造，加深对自然世界、人类社会的认识，完成总结、思考和升华的过程，感悟到劳动改造了自然世界，劳动创造了人类社会，劳动构建了美好生活，人类只有通过劳动才能深刻理解客观世界、洞悉心灵空间，从而创造外在和内在的幸福感受。

【拓展案例】

“七一勋章”获得者崔道植——用生命诠释劳动的意义

★ 痕检神探：60 余年刑侦生涯屡立奇功

1934 年 6 月 17 日，崔道植出生在吉林省梅河口一个贫困的朝鲜族家庭。他 4 岁丧父、6 岁丧母，小学、初中都是靠村政府的助学金念完的。初中毕业后，成绩优异的崔道植原本被保送高中，却因突然爆发的朝鲜战争中断了学业。

1951 年，17 岁的崔道植加入中国人民志愿军，1953 年 12 月入党；1955 年，他从部队转业到黑龙江省公安厅，成为我国第一代刑事技术警察，也是当时黑龙江省公安厅唯一的刑侦技术人员。

从 1955 年从警至今，崔道植检验鉴定的痕迹物证超过了 7000 件，经他亲自办理的重特大案件中的痕迹或疑难痕迹检验鉴定 1200 余起，无一差错。

60 岁那年，为了解决现场勘查和痕迹检验工作中遇到的痕迹反差不强、细小痕迹不能进行测角测距等定量检验问题，崔道植决定立项研究痕迹图像处理系统。为此，他自学计算机图像处理技术，连续多日住在实验室。历经两年，终于完成。

62 岁那年，为了研究膛线痕迹提取技术，崔道植奔波访问国内 7 所高等学府和 3

所精密仪器研究所；为研制一种高精度制模片，他亲自跑遍国内三大铝厂和铝箔片厂；为研制理想的弹痕展平装置，他先后设计4种模型图，亲自到4个机械加工厂制作。历经5年苦心研究，他终于发明了用特制铝箔胶片提取弹头膛线痕迹技术，用它复制出来的膛线痕迹，既清晰又稳定，并获得发明专利证书，在全国13个省市39家单位推广应用。

★ 退而不休：87岁继续奋战痕迹鉴定前线

无论是现场勘验、还是学术科研，崔道植始终事必躬亲、一丝不苟，无论多基础琐碎的事都是自己一点一点慢慢做，“说句实话，还是自己做放心，别人做的可能达不到我的要求。”他笑言。

从警六十余载，作为中国首席枪弹痕迹鉴定专家，崔道植先后荣立二等功一次、三等功六次。1992年，崔道植荣获国务院颁发的国家有突出贡献的科技专家证书；2006年，再获全国公安科技突出贡献奖。当时，他因此获得40万奖金，却全部用于给黑龙江省公安厅、哈尔滨市公安局添置鉴定设备，同时还有相当一部分用于购买鉴定器材并捐助兄弟省市公安机关。

如今，崔道植又获授“七一勋章”这份旨在表彰为党和人民做出杰出贡献、创造宝贵精神财富的党员的人。

退而不休的二十余年里，崔道植始终保持着陀螺般高速运转的工作节奏，事必躬亲，不舍昼夜。1999年，崔道植刚刚正式办理退休手续，就被公安部聘为首批特邀刑侦专家。此后，他每年奔波于全国各地各种疑难案件现场，甚至比退休前还要忙碌。

“在过去，只要有刑事案件发生，我都要第一时间赶赴现场，必须认真细致严密地对现场所有可能留下痕迹的地方进行勘察，绝不能有任何遗漏。现在是信息时代，样本和检材都能通过图像传输比对，不管是公安部还是各省遇到的难题，只要有需要，我都帮忙看看，能做就做一些。”崔道植说。

从少年到白头，拳拳之心，从未改变。崔道植告诉南都记者，“我现在身体健康，手脚利索，只要组织有需要，我随时听从召唤。”

2. 情绪疏导，端正劳动动机

劳动价值观并不直接作用于人们的劳动行为，它是在某种生理或心理动机作用下完成的，而激发动机的特殊装置便是情感和情绪。人们对于劳动的情感或在劳动中产生的情绪是存在差异的，但无论是积极的还是消极的主观体验，都会通过必要的生理唤起引导人们产生不同的劳动行为，这些行为反过来又会强化、缓解或释放人们的劳动情绪。《意见》中提到的“热爱劳动”“增强对劳动人民的感情”和“具有劳动自立意识和主动服务他人、服务社会的情怀”等正是对劳动动机自我调节的要求。

大学生是未来社会的高等人才，其劳动行为和创造成果都具有示范和放大效应，只有在劳动科学学习和日常劳动中饱含积极正向的情感或情绪，才能激发起既利己又利人的行为动机，进而引导劳动行为更好地服务社会。

大学生劳动品德的涵养中一个很重要的内容是道德情感的教育，它关系到大学生对劳动的爱憎、好恶、赞成或反对的程度，同时也会影响到其对身边劳动者的情感和自身在劳动过程中的情绪。大学生要充分认识到，社会分工和现代科技导致不同形式劳动者之间的分割正在加剧，对话在减少；道德层面价值观也越来越趋向多元化，差异性也在增加。只有不断进行必要的情绪疏导，关注、关心和尊重身边的每一位劳动者，才能避免与整体劳动者队伍拉大距离，陷入只关注自己当下状况或只关注“诗和远方”的两个极端中，也才能避免陷入极端化情绪之中。对一些大学生不能忍受外卖小哥迟到 5 分钟，对外卖小哥的劳动状态和劳动过程视而不见等的现象要保持警惕，既要学习袁隆平、王进喜、郭明义等知名度较高的劳动模范的光荣事迹，也要积极了解身边的普通劳动者，戒除“劳模精神、劳动精神距离自己的日常生活很遥远”的认识。

除了热爱劳动的情怀，良好的劳动品德还经常来源于与身边劳动者的沟通。劳动情绪疏导最为现实也比较有效的方法是加强与身边人的互动，从中了解周遭人如何看待我们，懂得人与人之间如何交流，在与他人的互动中激发积极的劳动动机。换句话讲，大学生劳动品德的涵养还需要通过“附近”关系的构建来实现自身和普通劳动者的连接，让自己能够有机会重新观察身边的劳动者，重新审视校园里平凡普通的劳动者的重要作用，拉近与校园里的保洁阿姨、食堂里的师傅、大门的保安人员的距离；通过社会调查和实践活动走进生产线，认识我们身边的真实的劳模和工匠，认识他们真实的劳动环境、劳动过程，让他们不再作为一个符号或一个身份，而是一个个看得见的活生生的人，弥补生产和价值观的双重分割。

【拓展案例】

尽毕生之力　托起大山希望——张桂梅

张桂梅，先后荣获“全国先进工作者”“全国十佳师德标兵”“中国十大女杰”“全国精神文明十佳人物”“全国五一劳动奖章”“全国十佳知识女性”“中国十大教育年度人”“全国百名优秀母亲”“全国最美乡村教师”“全国优秀教师”“全国三八红旗手”“全国教书育人楷模”等称号，是党的十七大代表。2020 年 6 月 29 日，云南省委宣传部授予张桂梅同志“云岭楷模”称号。12 月 3 日，中共中央授予张桂梅同志“全国优秀共产党员”称号 。12 月 10 日，中宣部授予张桂梅时代楷模称号 。2021 年 2 月 17 日，她获得“感动中国 2020 年度人物”荣誉。2021 年 2 月 25 日，中共中央总书记、国家主席、中央军委主席习近平在北京市人民大会堂授予其全国脱贫攻坚楷模荣誉称号。2021 年 6 月 29 日，中共中央授予张桂梅“七一勋章”。

张桂梅，是一位从教 40 多年的教师。2001 年起，张桂梅一边在中学当老师，一边兼任了华坪县儿童福利院院长。福利院创办 20 年来，共计接收了 172 名孤儿。

在教书育人的过程中，张桂梅看到贫困落后山区女孩受教育的程度更低，她决心帮助更多贫困山区女孩走出大山。经过多年的奔走呼吁，2008 年 8 月，全国第一所全免费的女子高级中学——丽江华坪女子高级中学建成。

学校建成当年便招收了丽江市贫困地区的 100 名女孩。可没多久，第一年招收的学生中有 6 人提出退学。为了留住山区的女孩子，她又开启了艰难的家访路。很多学生的家位于路况极差的山区，在马不停蹄的走访途中，她摔断过肋骨、迷过路、发过高烧，也曾旧疾复发晕倒过，但她从未放弃劝说孩子们上学。

张桂梅日常吃得异常简单，生活也极为简朴，但她却经常自掏腰包给群众治病、修路、建水窖，帮助群众协调纠纷、化解矛盾、发展产业，把工资、奖金甚至社会捐助的诊疗费累计 100 多万元都捐出来，用在了兴教办学、扶贫济困上。2006 年，云南省政府奖励给她的 30 万元，她全部捐给了一座山区小学用来改建校舍。

40 多年来，张桂梅执着办教育、无私育新人。通过她不懈的努力，如今，已有 1804 名贫困山区女孩走进大学完成学业。

张桂梅用实际行动投身教育事业，为国家培养社会主义建设者和接班人，将小我融入大我，不计个人回报，无私奉献的劳动精神，值得我们每一个人学习。

3. 坚定意志，优化劳动决策

劳动情绪通过激发动机引导劳动行为。劳动行为不是一个简单的动作，而是一个包含了不同阶段劳动决策和各种具体活动的持续性劳动过程。在这一过程中，劳动者会借助于特定的思维模式形成固定的劳动意志，决定着人的劳动投入和能否坚持下去的品质，是人对于自身劳动行为关系的主观反映。《意见》提出，要注重抓住衣食住行等日常生活中的劳动实践机会，鼓励学生自觉参与、自己动手，随时随地、坚持不懈进行劳动，养成从小爱劳动的好习惯。对于大学生来讲，就是要随时做好利用自己所学专业从事创造性劳动的准备，慎重选择职业方向，一旦选择就要有坚持下去的顽强意志。

意志支配劳动决策并调节具体的劳动行为，具有自觉性、目的性和主观能动性。坚定劳动意志需要大学生不断提高控制不合宜心理因素和行为习惯的能力，增加自制力和自控力，改变慵懒的学习和生活习惯，对积极的劳动行为持续进行正强化，加强自我约束和自我激励，在不断的自省和自我思考中磨炼艰苦奋斗的意志品质，形成持之以恒的劳动观念和行为。建设知识型、技能型、创新型劳动者大军，实现从"制造大国"向"制造强国"的转变需要大学生增强荣誉感和使命感，贡献自己的聪明才智，更需要大学生用自己的行动来弘扬劳模精神和工匠精神，在工作中有耐心，能坚持，注重细节，追求极致，带头营造劳动光荣的社会风尚和精益求精的敬业风气。

4. 行胜于言，强化劳动体验

优秀的劳动品德最终要落实于具体的劳动行为才有现实意义。正如亚里士多德所揭示的那样，德性是随时间推移在实践中逐渐发展的，劳动品德的培育不能离开实践的土壤。从教育的视角看，劳动是劳动教育的本体论范畴，劳动品德的涵养还要回归到"劳动"本身。《意见》十分强调"强化实践体验，让学生亲历劳动过程，提升育人实效性"，并明确提出要"让学生动手实践、出力流汗，接受锻炼、磨炼意志，培养学生正确劳动价值观和良好劳动品质。"可见，大学生劳动品德的涵养最终还是要落实在日常劳动体验上。

国有国法，行有行规，大学生丰富和深化劳动体验要从规范自身言行做起，用心领悟，用行动展示，避免走表演、作秀的形式主义路线。正像陶行知先生主张的那样，"在劳力上劳心"才是理论与实践的结合。换句话讲，大学生劳动品德的习得需要将自主选择、自我判断和自我反省的意念付诸实践，端正劳动态度，锤炼意志，在更加微观和具体的实践导向中回归自然，回归劳动的具体场域。在劳动实践中锻炼独立生活能力、勤俭朴实的生活方式；在劳动实践中提升其审美能力、道德判断能力；在劳动实践中积累宝贵的人生经验，汲取精神成长的养料，获得自我发展的动力。从被动接受劳动实践走向积极体验劳动实践，让自己对劳动的认知、情感和意识在实践中得以升华。

【拓展案例】

“神技天焊”工程师——高凤林

“从事工匠业，常怀报国心。”说的就是首都航天机械公司特种熔融焊接工、高级技师高凤林。

中学毕业后，高凤林报考首都航天机械公司厂技校，从此与航天结下不解之缘。

早期，培养一名氩弧焊工的成本甚至比培养一名飞行员还要高。而要焊接被称为火箭“心脏”的发动机，对焊接工的稳定性、协调性和悟性有着极高的要求。

“你们当中将来谁要能焊接火箭发动机，谁就是英雄。”高凤林清楚记得，技校老师曾这样激励他们。

技校毕业时，公认的“好苗子”高凤林被选中进入首都航天发动机焊接车间。从此，他拿起焊枪，把自己的根牢牢扎在了焊接岗位上。38 岁时，高凤林已成为航天特级技师。

成功离不开汗水的浇灌。吃饭时，高凤林拿着筷子练送丝；喝水时，端着盛满水的缸子练稳定性；休息时，举着铁块练耐力，甚至冒着高温观察铁水的流动规律……更有甚者，他连“一眨眼”的功夫都不放过。火箭上一个焊点的宽度仅为 0.16 毫米、完成焊接允许的时间误差不超过 0.1 秒，为了不放过“一眨眼”的功夫，他硬是练就了“如果这道工序需要 10 分钟不眨眼，我就能 10 分钟不眨眼”的绝技！

“没什么秘诀，不过就是两个年轻人面对面瞪着眼，打赌比比看谁坚持的时间更长罢了。”在高凤林如今的谈笑背后，是饱经岁月的淬炼。

20 世纪 90 年代，亚洲最大“长二捆”全箭振动塔的焊接操作中，高凤林长时间在表面温度高达几百摄氏度的焊件上操作。他的手上，至今可见当年留下的伤疤。

国家“七五”攻关项目、东北哈汽轮机厂大型机车换热器的生产中，为了突破一项熔焊难题，半年时间里高凤林天天趴在产品上，一趴就是几个小时，被同事戏称“跟产品结婚的人”。

正是在汗水的浇灌下，高凤林才练就了出神入化的“神技天焊”。

模块六　劳动法规

一、劳动者的权利与义务

1. 劳动关系

1) 劳动关系的概念

劳动关系是在就业组织中由雇佣行为产生的关系，是组织管理的一个特定领域，它以与雇佣行为管理有关的问题为特殊研究对象。

劳动关系，是指用人单位与劳动者个人及团体之间产生的、由双方利益引起的，表现为合作、冲突、力量和权力关系的总和，它在一定程度上会受到社会的经济、技术、政策、法律制度和文化背景的影响。劳动关系是在经济的、法律的、社会的、心理的以及政治的关系中，劳动者投入自己的时间和专业知识为就业组织谋利，以此换取系列个性化的经济和非经济的报酬。劳动关系是以劳动换取报酬的经济关系，劳动力作为一种特殊商品，具有人身和社会属性，即在获取经济利益的同时，劳动者还要从工作中获得人所拥有的体面、尊严和满足，因而劳动关系同时又是社会关系，其特点是“平等性兼隶属性，人身性兼财产性”。可见，对劳动关系的调整是以加强和巩固伙伴关系为原则，以双赢为目标，使劳动关系良性发展。

劳动关系的本质是双方合作、冲突、力量和权力的相互交织。劳动关系双方要进行生产，就要共同合作，遵守一套既定的制度规则。劳动关系的一些内容，比如对工作的预期和理解、工作保障、晋升机会、对团队的归属感以及社会声誉等，并不完全是用书面契约进行约定的，有时它是建立在一种“心理契约”的基础之上，即建立在双方对“工资与努力程度之间的动态博弈”结果之上。虽然心理契约不是有形的，但却发挥着有形契约的作用。企业应清楚地了解每个员工的需求和发展愿望，并尽量予以满足；而员工也为企业的发展全力奉献，因为他们相信企业能满足他们的需求与愿望。这种非经济性报酬不但会因为雇佣关系本质的不同而不同，也会因为雇员个性的不同而有所差别。

《中华人民共和国劳动法》(以下简称《劳动法》)和《中华人民共和国劳动合同法》(以下简称《劳动合同法》)将劳动关系描述为“劳动者”与“用人单位”之间的经济、社会、法律关系。劳动者，是指具有劳动权利能力和劳动行为能力，依照法律规定能够建立劳动关系，给付劳动并获取劳动报酬的自然人，包括脑力劳动者，也包括体力劳动者；包括我国公民，也包括外国人和无国籍的人。用人单位包括各类企业、个体经济组织和民办非企业单位。机关、事业单位、社会团体与劳动者建立劳动关系时，也属于用人单位。此外，依法成立的会计师事务所、律师事务所等合伙组织和基金会，也属于用人单位。

劳动关系就其构成形态而言，可以分为个别劳动关系和集体劳动关系。个别劳动关系是劳动者个人与雇主之间形成的社会经济关系。个别劳动关系是劳动关系的基本形态，是劳动者个人与用人单位之间通过书面劳动合同来确定和规范双方的权利义务，比如建立、变更或解除劳动关系等。集体劳动关系是在个别劳动关系存在和发展的基础上形成的。集体劳动关系是指劳动者通过行使团结权，组成工会来实现自我保护，进而平衡和协调劳动关系。它是劳动者的团体，如工会，为维持或提高劳动条件与用人单位之间存在互动关系。集体劳动关系的一方是工会，另一方为用人单位，是团体对团体的社会经济关系。双方主要通过集体谈判和集体协议的形式来体现其构成和运行。与美国、加拿大、日本等国家相比，欧洲国家的集体劳动关系更强。

2) 劳动关系的特征

(1) 法律的平等性。劳动者与企业都是劳动力市场的主体，双方都要遵循平等自愿、协商一致的原则订立劳动合同，缔结劳动关系。任何一方在单方决定与对方解除劳动关系时，都要遵循一定的法律规定。双方法律地位平等，均须履行各自的义务并享有权利。在正常合理、双方未受到胁迫的情况下，劳动合同的签订与执行在法律上具有平等性。

(2) 经济的依赖性。劳动者以劳动交换企业的薪酬福利，以满足其经济与生活上的需求。企业则需要将劳动者的劳务转换成产品与服务，以满足顾客的需求，创造经济效益。劳资双方在经济上虽有相互依赖性，但在一般事务上，劳动者对企业的依存度较高，而企业对劳动者的依存度较低。个别劳动者对企业的依赖主要是经济上的，因为企业有能力对劳动者实施三种可能的控制：一是劳动者为了生存必须出卖劳动力，企业可以决定是否购买；二是劳动者想得到工作，在出卖自己的劳动时，会与其他劳动者相互竞争，降价求售，使得企业可以决定购买劳动力的价格；三是劳动者的劳动所得，必须用来购买生活所需的一般商品，这些商品都是企业生产，企业可以操纵这些商品的价格。

(3) 管理的从属性。企业基于生产与服务的需要，必须安排劳动、指挥人员、行使管理权，劳动者则要服从指挥调度，依企业需求提供劳务。劳动关系一经确立，劳动者就要服从用人单位的指挥和安排，完成一定的工作，双方之间存在管理与被管理、指挥与服从的关系。劳动者提供的是从属性劳动，基于明示、默示，或依劳动之本质，在一定时间内，不能自行支配自己的作息时间。管理的从属性主要表现在四个方面。一是劳动者要服从用人单位的工作规则。劳动关系的确立意味着劳动者不仅要遵守国家的法律法规，还要遵守用人单位的工作规则，如工作时间的起止、休息休假的安排等，劳动者自行决定的权利受到一定限制。二是劳动者要服从用人单位的指示和命令。在劳动关系存续期间，劳动者的工作内容可能发生变化，劳动合同难以做到穷尽全部工作内容。因此，用人单位有指示命令的权力，劳动者有服从的义务。三是接受监督、检查的义务。劳动者在工作中要接受用人单位的考察和检查，以确定是否遵守工作规则和用人单位的指示。四是劳动者有接受制裁的义务。劳动者应对自己的错误行为承担责任，用人单位对违反工作规则的行为享有惩处权，惩处方式可以从口头申诫到解雇。

(4) 权益的冲突性。基于人性，绝大多数劳动者希望能以较少的劳务交换最高的薪酬福利，但为了创造最大经济效益与利润，企业则竭尽所能降低劳动成本，激发出最大、最高产值的劳务。劳资双方为争取各自最大的权益，常常会引发许多隐性与显性的冲突，冲突结果虽然依劳资双方的实力、冲突议题、协商策略而定，但基于实力上的差异，企业常常是劳资冲突中占据优势的一方。

(5) 实力的差异性。劳资双方拥有和可行使权力的程度有相当大的差异。实力的差异受到工作性质、雇佣时间和雇佣关系有效期的影响，它也是劳动者在劳动力市场讨价还价能力的体现。例如，医院里的清洁工与医生拥有的实力不同，清洁工谈判实力较弱，一旦离开，用人单位很容易找到替代者。权力是劳资关系中的基本要素，对劳资关系的管理及其结果都有重大影响。实践中，企业在法律、管理权上具有优势地位，即使面对集体劳动者的力量，在许多劳资冲突中，拥有较多经济资源的企业，其实力也强于集体劳动者的力量。

(6) 冲突的影响性。劳资冲突的影响并非仅局限于企业内部，常常会波及劳动者家庭、顾客、社会大众。加之劳动者占有较高的人口比例，劳资冲突的议题常常衍生为社会重大问题，全球化的趋势也可能扩大劳资冲突的影响，如航空公司、港口公司的劳资冲突波及范围更为广泛。

(7) 互动的复杂性。基于人的心理特质，个人之间的互动关系本身就有其复杂性，而集体劳动者之间的互动，以及集体劳动者与企业之间既有竞争又有合作的互动关系，其复杂程度常常超出一般人的想象。劳动者、企业与政府不能低估劳资互动的复杂性。因此，劳资关系可以说是另一种人际关系或社会关系。了解劳资关系的特点，有利于构建正面的劳资互动机制，也有利于构建良好的劳资关系以促进经济发展和社会安定。

3) 劳动关系的主体

劳动关系的主体，是指劳动关系中劳动力的所有者和劳动力的使用者，即拥有劳动力的雇员(劳动者)和使用劳动力的雇主(用人单位)。其中，劳动者也称为劳动主体，用人单位亦称用人主体。在世界各国，哪些公民、社会组织能够成为劳动关系主体，一般由劳动法律规范予以确定和认可。

从狭义上讲，劳动关系的主体包括两方，一方是雇员以及以工会为主要形式的雇员团体，另一方是雇主以及雇主协会。由劳动关系主体双方组成的组织，可以称为就业组织，也就是我国通常所说的用人单位，它可以是营利性的，也可以是非营利性的。从广义上讲，劳动关系的主体还包括政府。在劳动关系发展过程中，政府通过立法介入和影响劳动关系，其调整、监督和干预作用不断增强，因而政府也是广义的劳动关系的主体。

(1) 雇员。雇员是指就业组织中，本身不具有基本经营决策权力并从属于这种权力的工作者。雇员又称员工、劳动者，包括所有从事体力或脑力劳动而获取工资或报酬的工作者。

雇员的范围相当广泛，包括工人、医务人员、行政人员、教师、社会工作者，以及其他在西方被认为是中产阶级的从业者和低层管理者。因为低层管理者只负责监督和分配，无权命令或奖惩下属，因而也属于雇员的范畴。雇员不包括自由职业者、自雇佣者。从产业部门来看，雇员的范围包括第二产业和第三产业，即工业、服务业中所有不具有基本经营决策权的劳动者。第一产业中的农业劳动力，尤其是从事种植业和畜牧业的农民，一般不属于雇员的范畴，因为土地所有者与农民之间的关系同我们研究的雇主(管理方)与雇员之间的关系在总体上存在差别。劳动关系中的雇员指具有劳动权利能力和行为能力，由雇主雇用并在其管理下从事劳动以获取工资收入的法定范围内的劳动者。劳动关系中的雇员一般具有以下含义：

① 雇员是被雇用的人员；

② 雇员是在雇主管理下从事劳动的人员；

③ 雇员是以工资为劳动收入的人员；

④ 有些国家的劳动法规定某种或某几种人员不属于雇员，如公务员、军事人员、农业工人、家庭佣人、企业的高层管理者。

(2) 雇员团体。雇员团体是指因为共同利益、兴趣或目标而组成的雇员组织，包括工会和类似于工会组织的雇员协会和专门的职业协会。

工会的主要目标是代表并为其成员争取利益和价值。在我国和世界上许多国家，工会是雇员团体的最主要形式。我国已成为当今世界工会会员人数最多的国家。中华全国总工会成立于1925年，是一个统一的全国性群众团体，是各地方总工会和产业工会全国组织的领导机关。中华全国总工会的最高权力机关是五年一届的全国代表大会及其选举产生的中华全国总工会执行委员会。

(3) 雇主。雇主一般是指由于拥有法律赋予的对组织的所有权(一般称产权)，而在就业组织中具有主要经营决策权的人或团体。所谓雇主，也称为管理方或资方，是指雇用他人为其工作，并支付工资或报酬的法人或自然人。在国际上，一般把招用劳动者并将劳动者纳入劳动组织中的自然人或法人称为雇主。雇主可以包括雇用劳工的业主、经营负责人或代表业主处理有关劳动事务的人。雇主处于管理方地位，其最重要的意义在于享有对员工的劳动请求权和指示命令权，以及决策的权力。在就业组织中，只有一个或少数几个人具有比较完全的决策权力，而其他管理层级的决策权力是逐级递减的，每一级都要在服从上级权力的情况下行使其权力。所以，管理方是分层级的，权力分布是不均衡的，多集中于管理方的上层。也就是说，除了最高层管理者之外，其他管理者都会同时处于服从上级和指挥下级这两种关系之中。

(4) 雇主组织。雇主组织的主要形式是雇主协会，它们以行业或贸易组织为纽带，一般不直接介入雇员与雇主的具体劳动关系事务之中。雇主组织的主要任务是与工会或工会代表进行集体谈判；在劳动争议处理程序中向其成员提供支持；通过参与同劳动关系有关的政治活动，如修订劳动法来间接影响劳动关系。

(5) 政府。政府在劳动关系中的角色有以下四种：一是劳动关系立法的制定者，通过立法介入和影响劳动关系，为劳动关系的调整提供法律保障和依据，切实保障劳动者的“劳动三权”，即结社权、集体交涉权和争议权；二是公共利益的维护者，通过监督、干预等手段促进劳动关系的协调发展，切实保证相关政策、制度的有效执行，并建立一整套执法与司法制度和程序，包括加强劳动监察、对违法者实行严厉的制裁、建立解决集体谈判和集体协议纠纷的司法制度和程序等；三是公共部门的雇主，以雇主身份直接参与和影响劳动关系；四是有效服务的提供者，重点是加强对劳资双方的培训，并为劳资双方的谈判提供高质量的信息服务和指导。

2. 劳动者的权利

劳动者的权利是指处于社会劳动关系中的劳动者在履行劳动义务的同时所享有的与劳动有关的权利。劳动者权利的主体是劳动关系一方的劳动者，即在现代产业关系中受雇于他人、以工资收入为主要生活来源的劳动者阶层。劳动者权利是相对于劳动关系中的产权和经营权而言的，在这一意义上，劳动者权利是一种生产要素权利的社会化，权利的主体劳动者即作为生产要素之一的劳动的承载者。根据劳动者权利内容以及实现方式的不同，可以分为个别劳权和集体劳权。

所谓个别劳权，即个别劳动者的权利，这一权利体现了个别劳动者与劳动力使用者之间的法律关系；个别劳权由劳动者个人享有并行使，其内容主要涉及的是劳动者的就业条件和劳动条件，这一权利直接与劳动者的切身利益直接相关。

所谓集体劳权，是指劳动者集体的权利。集体劳权由劳动者集体享有并由劳动者的组织——工会来代表劳动者具体行使。集体劳权所涉及的主要是劳动者如何通过有组织的行动来维护和保障个别劳权的程序性的权利。集体劳权是个别劳权的程序保障，个别劳权是集体劳权的直接目标。集体劳权的存在和行使可以形成一种机制，这一机制能使劳动关系的运行获得功能的平衡。

1) 个别劳权的内容和特点

我国《劳动法》第三条规定："劳动者享有平等就业和选择职业的权利、取得劳动报酬的权利、休息休假的权利、获得劳动安全卫生保护的权利、接受职业技能培训的权利、享受社会保险和福利的权利、提请劳动争议处理的权利以及法律规定的其他劳动权利。"这些权利规定属于个别劳权的范畴。

(1) 劳动就业权。个别劳权是以劳动就业权为基础和前提的，即只有实现就业，劳动者的其他劳动权利才有可能在具体的劳动关系中实现，劳动者的其他劳动权利也是以就业权为基础展开的。劳动就业权具有以下法律特点：劳动就业权是劳动者个人的权利，这一权利由劳动者个人自行支配，他人不得干涉或代替行使；劳动者有劳动的自由，同时也有不劳动的自由，政府虽然鼓励人们积极参加劳动，但也不能实施强迫劳动。劳动就业权作为工作权，一般包括两重含义：一重是自由工作或就业的权利，即平等就业权和自由择业权；另一重是请求提供有报酬的工作机会的权利，即职业保障权。

(2) 劳动报酬权。劳动报酬权是劳动者在劳动关系中享有的基本和核心的权利。劳动报酬是劳动关系中的劳动者因付出劳动而获得的以工资为基本形式的物质补偿，是必要劳动的特殊形态。劳动报酬权有两项法律特点：一是这一权利在劳动关系中具有债权性质，即雇主必须支付给劳动者以工资报酬；二是这一权利是劳动者生存权的基本内容之一，因而具有特别重要的意义。劳动报酬问题是个别劳动关系中最重要的问题。

(3) 休息休假权。休息休假权实质上是劳动者的健康权和生命权，是关系到劳动者本人以及生命延续的基本人权。劳动者生存的物质前提是健康和生命。为了保证劳动者的健康和生命，就必须对劳动者的劳动时间和劳动强度有所限制，保证劳动者为恢复体力、料理家务、繁衍后代享有充分的休息休假时间。休息休假与工作时间直接相关。工作时间是指劳动者在工作单位必须用来完成工作任务所要付出的时间。限制劳动时间是劳动者休息休假权利的重要内容。劳动时间的确定主要依据两方面原则：一是保证劳动者健康；二是劳动者能够完成相当量的生产任务。这两方面，都受到历史和社会因素的制约。

(4) 劳动安全卫生权。劳动安全卫生权是指劳动者在劳动过程中，为保证自己的生命和身心健康，获得在工作场所的职业安全和卫生保护的权利。劳动安全卫生权是涉及劳动者生命健康的一项重要的劳动者人权，在劳动法中，对于职业灾害采用的是“非过失责任原则”，即劳动者在生产过程中，生命健康受到侵害时，即使用人单位没有过失，也要承担一定的赔偿责任。劳动者的劳动安全卫生权的具体标准是由国家颁布的劳动基准法确定的。

(5) 职业培训权。职业培训权是指在社会劳动关系中的劳动者享有的，在准备就业和实现就业的过程中，为提高个人的技术技能而参加国家和企业举办的各种职业培训的权利。市场经济条件下的职业培训权是与劳动就业权联系在一起的，这一权利的行使是为了确保劳动力市场的劳动者就业，这一权利主体相当部分是劳动力市场中有劳动意愿及能力但没有工作的劳动者。劳动者的职业培训权是由国家强力保障，并由政府有关部门和雇主承担实施义务的劳动基准权利。

(6) 社会保险权。社会保险权是公民社会保障权的一部分。社会保险权，是指劳动者由于年老、疾病、失业、伤残、生育等原因失去劳动能力或劳动机会因而没有正常的劳动收入来源时，通过国家社会保险制度获得物质帮助的权利。从性质上说，社会保险法是社会保险权利保障法，它的直接目的是保障劳动者的社会保险权利。社会保险作为劳动者的一项重要权利，是现代社会发展的客观要求，也是社会公平价值在法律中的体现。劳动者的社会保险权，主要包括失业保险权、养老保险权、工伤保险权、疾病保险权和生育保险权等。

(7) 劳动争议提请处理权。劳动争议提请处理权，是指劳动者在遇到劳动争议时，为保障自己的合法权益，享有向行政部门、劳动争议处理部门和司法部门提出和申请依照法定程序公正处理的权利。劳动争议提请处理权是程序权，是一项特别的诉权，即劳动诉权。劳动争议提请处理权是在劳动者权利受到侵害后，为请求公力救济而行使的一种请求权。劳动争议提请处理权的提出，确定了劳动者是劳动诉讼的独立主体，确定了劳动者诉讼的法律地位，确定了劳动者的合法权益可以通过公法救济来得到保障。

2) 集体劳权的内容和特点

我国《劳动法》第 7 条规定：“劳动者有权依法参加和组织工会。工会代表和维护劳动者的合法权益，依法独立自主地开展活动。”第 8 条规定：“劳动者依照法律规定，通过职工大会、职工代表大会或者其他形式，参与民主管理或者就保护劳动者合法权益与用人单位进行平等协商。”第 33 条规定：“企业职工一方与企业可以就劳动报酬、工作时间、休息休假、劳动安全卫生、保险福利等事项，签订集体合同。集体合同草案应当提交职工代表大会或者全体职工讨论通过。集体合同由工会代表职工与企业签订；没有建立工会的企业，由职工推举的代表与企业签订。”以下这些权利规定属于集体劳权的范畴。

(1) 团结权。团结权一般是指劳动者为实现维持或改善劳动条件的基本目的而结成暂时或永久的团体，并使其运作的权利。这具体是指劳动者组织工会并参加其活动的权利。就性质而言，团结权是一种特定的结社权，即劳动关系中的劳动者为维护或主张其在劳动关系中的利益而组织成团体的社会法上的权利。所谓特定的结社权，一是主体特定，即只能是社会劳动关系中的劳动者；二是结社目的特定，即只能是为了改善劳动者的劳动待遇和社会经济地位；三是组织形式特定，即只能是工会。

(2) 集体谈判权。集体谈判权是指劳动者集体为保障自己的利益，通过工会或其代表与用人单位就劳动条件和就业条件进行协商谈判，并签订集体合同的权利。集体谈判制度的主要法律特点是：这一制度承认劳动关系的双方即用人单位和劳动者是两个不同的利益主体，双方在劳动条件和就业条件的谈判中具有平等的地位。集体谈判以劳动者权益为中心展开，以劳动者权益保障为基础和出发点，以协调企业(用人单位)劳动关系并促进企业与职工(劳动者)共同发展为直接目的。集体合同就其法律性质而言，是一种劳资自治的契约形式。集体谈判权实质上是劳资关系的自治权，它主要包含以下权利：对等介入权、劳资立法权、劳资共决权。

(3) 民主参与权。民主参与权是指劳动者参与企业和社会管理的权利。参与权是对管理权的一种分享，更注重劳资双方的共同利益和劳资合作。企业层面的民主参与权的基础和重点是对经营管理权的介入和分享。劳动者的宏观参与，通常是通过工会参与制定劳动立法活动，参与政府社会经济政策的制定和咨询，参加有关社会保险机构或经济、政策咨询机构的活动等形式来实现。

(4) 集体争议权。集体争议权，又称集体行动权或工业行动权，是指劳资关系双方在劳动关系中为实现自己的主张和要求，依法采用阻碍企业正常运营的手段集体对抗行为的权利。集体争议权在一般意义上，是劳资双方共有的权利，但在劳动法律中，主要是指劳动者一方的争议权。劳动者一方的集体争议行为包括罢工、集体怠工、占领工厂、设置纠察线等，其中构成劳动者集体争议行为最基本的手段是罢工，所以狭义的集体争议权又指罢工权。我国法律对于罢工权没有做出规定，既没有明确规定工人和工会享有罢工权，也没有规定禁止罢工。集体争议权与集体谈判权密切联系，集体争议权一般是在集体谈判过程中因集体合同的订立、履行或变更发生纠纷而行使的。

3) 女工保护标准

根据妇女的生理特点，对妇女劳动者在劳动过程和劳动市场中实施特殊保护，是保证人类健康繁衍生存和劳动力再生产质量的大事。

(1) 就业权利的保障。我国劳动法律规定，妇女享有同男子平等的就业权利。法律的主要规定有：

① 凡适合妇女从事劳动的工作，不得以性别为由拒绝录用妇女或者提高对妇女的录用标准。

② 用人单位不得因女职工怀孕、生育、哺乳降低其工资、予以辞退、与其解除劳动或者聘用合同。不得以结婚、怀孕、生育、哺乳等为由辞退女职工或者单方面解除劳动合同。

③ 禁止性骚扰。在劳动场所，用人单位应当预防和制止对女职工的性骚扰。

(2) 女职工禁忌从事的劳动。禁止女职工从事不利于身体健康的工作。《劳动法》第59条规定：“禁止安排女职工从事矿山井下、国家规定的第四级体力劳动强度的劳动和其他禁忌从事的劳动。”《女职工禁忌劳动范围的规定》明确了女职工禁忌从事以下范围的劳动：

① 矿山井下作业；

② 《体力劳动强度分级》标准中规定的第四级体力劳动强度的作业；

③ 每小时负重在6次以上、每次负重超过20千克的作业，或者间断负重、每次负重超过25千克的作业，等等。

(3) 四期保护。针对女职工生理机能的变化，我国劳动法律、法规对女职工经期、孕期、产期和哺乳期规定了特殊保护：

① 经期保护。不得安排女职工在经期从事高处、低温、冷水作业。女职工在经期禁忌从事的劳动范围：冷水作业分级标准中规定的第二级、第三级、第四级冷水作业；低温作业分级标准中规定的第二级、第三级、第四级低温作业；体力劳动强度分级标准中规定的第三级、第四级体力劳动强度的作业；高处作业分级标准中规定的第三级、第四级高处作业。

② 孕期保护。女职工在孕期不能适应原劳动的，用人单位应当根据医疗机构的证明，予以减轻劳动量或者安排其他能够适应的劳动。对怀孕 7 个月以上的女职工，用人单位不得延长劳动时间或者安排夜班劳动，并应当在劳动时间内安排一定的休息时间。怀孕女职工在劳动时间内进行产前检查，所需时间计入劳动时间。不得安排女职工在怀孕期间从事国家规定的第三级体力劳动强度的劳动和孕期禁忌从事的劳动。

③ 产期保护。女职工生育享受 98 天产假，其中产前可以休假 15 天；难产的，增加产假 15 天；生育多胞胎的，每多生育 1 个婴儿，增加产假 15 天。女职工怀孕未满 4 个月流产的，享受 15 天产假；怀孕满 4 个月流产的，享受 42 天产假。女职工产假期间的生育津贴，对已经参加生育保险的，按照用人单位上年度职工月平均工资的标准由生育保险基金支付；对未参加生育保险的，按照女职工产假前工资的标准由用人单位支付。女职工生育或者流产的医疗费用，按照生育保险规定的项目和标准，对已经参加生育保险的，由生育保险基金支付；对未参加生育保险的，由用人单位支付。

④ 哺乳期保护。对哺乳未满 1 周岁婴儿的女职工，用人单位不得延长劳动时间或者安排夜班劳动。用人单位应当在每天的劳动时间内为哺乳期女职工安排 1 小时哺乳时间；女职工生育多胞胎的，每多哺乳 1 个婴儿每天增加 1 小时哺乳时间。

另外，设立保护设施和保健措施。女职工比较多的用人单位应当根据女职工的需要，建立女职工卫生室、孕妇休息室、哺乳室等设施，妥善解决女职工在生理卫生、哺乳方面的困难。

4) 未成年工保护标准

未成年工是指年满 16 周岁未满 18 周岁的劳动者。对未成年工，国际劳工公约最早是根据不同行业的就业年龄分别制定不同标准，涉及的公约有近 20 个。1984 年，中国政府批准了国际劳工组织《确定准许使用儿童于工业工作的最低年龄公约》。我国劳动法律对未成年工的特殊保护做了专门规定，主要内容包括：

(1) 最低就业年龄的规定。禁止用人单位招用未满 16 周岁的未成年人，文艺、体育和特种工艺单位需招收未满 16 周岁的未成年人的，必须严格依据法律规定办理。禁止任何单位使用童工或为未满16周岁少年、儿童介绍职业。

(2) 禁止未成年工从事有害健康的工作。不得安排未成年工从事矿山井下、有毒有害、国家规定的第四级体力劳动强度的劳动和其他禁忌从事的劳动。

(3) 定期体检。用人单位应当对未成年工定期进行健康检查。

(4) 实行登记制度。用人单位招收使用未成年工，除符合一般用工要求外，还须向所在地的县以上劳动行政部门办理登记。

3. 劳动者的义务

劳动者作为劳动关系的主体，既享有权利，同时又承担着义务。我国《劳动法》在规定劳动者权利的同时，也对劳动者的义务做了明确规定："劳动者应当完成劳动任务，提高职业技能，执行劳动安全卫生规程，遵守劳动纪律和职业道德。"概括而言，劳动者在劳动关系中的义务主要有：

1) 完成劳动任务的义务

完成劳动任务是劳动者的基本义务。劳动者应当在约定的时间和地点，遵守劳动使用者的指示完成约定的工作内容。原则上，劳动者应当亲自履行给付劳动的义务，不得由他人代为履行，这是因为劳动关系具有人身关系。劳动给付的方式与范围受到劳动基准法、集体合同、劳动合同的限制。如果劳动使用者的要求是出于恶意，或者违反法律法规、善良风俗的，劳动者没有服从的义务；如果劳动使用者要求劳动者从事的劳动超出约定范围的，劳动者可以拒绝，但是如果有紧急情形或者职业上有特别习惯的，劳动者不能拒绝其所能给付的劳动。劳动的时间与地点的约定，不能违反劳动基准法、集体合同的规定；劳动使用者不能任意要求劳动者改变工作地点，否则劳动者有权拒绝。

2) 忠实的义务

这是基于劳动关系的身份性质产生的。劳动关系不仅仅是双方之间的财产交换关系，而且双方之间还存在明显的人身信任关系。因此，在劳动关系中特别强调双方当事人都应当遵守信用，尽力维护对方的利益。劳动者的忠实义务有三方面内容。一是服从义务。劳动使用者对劳动者有指挥监督的权利，劳动者应当服从劳动使用者的指令，包括劳动使用者依法制定的企业内部规则和劳动纪律规定。当然，如果劳动使用者的指令违反法律法规，则劳动者没有服从的义务。二是保密义务。劳动者对于在工作中所了解到的劳动使用者的商业秘密和个人隐私负有保密的义务，不得泄露给第三人，劳动者自己也不得利用此类秘密经营与劳动使用者有竞争关系的业务。三是增进义务，即劳动者对于其所承担的工作，应就其所知以求业务发展，不得造成经营不利。劳动者不能收受贿赂或者损害劳动使用者而获得利益。

二、劳动与社会保障

社会保障是国家为了维护社会长治久安、保持经济健康科学发展，以政府为主导，为因年老、失业、残疾、贫困等原因在养老、医疗、就业、个人发展等方面需要获得社会保险、社会福利、社会救助、社会优抚的人群提供的综合保障体系。

1. 劳动和社会保障公共服务体系

劳动和社会保障服务体系是指支撑和维护劳动和社会保障制度运行和发展各环节与各阶段所需服务的总称，是公共服务体系的重要组成部分。劳动和社会保障公共服务体系包括就业服务体系(包括再就业，下同)和社会保障服务体系。

就业服务体系和社会保障服务体系分别是指支撑和维护就业制度和社会保障制度运行与发展各环节、各阶段所需服务的总称。就业服务体系的重点是人力资源市场体系和就业的信息化体系；社会保障服务体系的重点是社会保障的制度和社会保障的信息化体系，另外还包括相应的立法体系、制度体系、机构体系、基金体系，目的是为劳动者提供各种就业及社会保障服务。

1) *劳动和社会保障公共服务体系的就业服务体系*

劳动和社会保障公共服务体系的就业服务体系构建大体上包括就业服务的立法体系、制度体系、机构体系、人力资源市场体系、信息化体系等。其中立法体系是根本和依据，机构体系和制度体系是保证，人力资源市场体系和信息化体系是就业服务体系的重要组成部分和主要内容，这些都是就业服务体系的组成部分，是就业服务的手段，目的是更好地为就业服务。提供就业服务的内容有就业咨询、职业介绍、职业指导、职业培训、创业服务、劳动保障事务代理等。

(1) 就业服务法律体系。就业服务法律体系是我们就业的准绳和依据，没有法律我们就很难进行工作，特别是当前的社会，就业服务也必须要加强法律方面的服务，生活中的就业咨询很多都是与法律有关的，为劳动者提供就业前、就业中、就业后有关法律方面的服务是非常重要的。

(2) 就业服务制度体系。就业服务制度体系是为保障劳动者就业而设立的就业前、就业中、就业后的相关制度，如就业培训制度、资格认定和技能鉴定制度、就业合同制度就业保障制度、劳动保障监察制度。制度体系建设的目标是建立公共就业服务制度，构建就业服务的制度体系就是要实现就业服务制度化，就业服务制度是做好就业服务的基础和保证，是解决就业服务的长效机制。

(3) 就业服务的机构体系构建是就业服务体系构建的组成部分，是政府提供公共服务的前提和保证。《就业促进法》第35条规定，县级以上人民政府建立健全公共就业服务体系，设立公共就业服务机构，为劳动者免费提供下列服务：

① 就业政策法规咨询；

② 职业供求信息，市场工资指导价位信息和职业培训信息发布；

③ 职业指导和职业介绍；

④ 对就业困难人员实施就业援助；

⑤ 办理就业登记、失业登记等事务；

⑥ 其他公共就业服务。

(4) 就业服务的人力资源市场体系。就业服务的人力资源市场体系是劳动者和用人单位沟通的桥梁，是劳动者和用人单位匹配的重要场所。所谓人力资源市场体系是指与人力资源活动有关的整个社会体系和环境的总称，在人力资源配置中起基础性的作用，是提高人力资源配置效率的有效途径。从就业服务的角度看，就业服务的人力资源市场体系构建包括：人力资源市场法制体系、人力资源市场管理体系、人力资源开发体系、人力资源中介体系和人力资源社会保障体系以及人力资源市场信息化体系。

(5) 就业服务的信息化体系。就业服务的信息化体系是指通过现代化先进的信息化手段，提高就业服务的绩效。就业服务的信息化体系包括就业服务机构体系信息化和人力资源市场信息化体系，前者是电子政务，后者是金保工程建设。通过就业服务的信息化体系能够很方便地了解有就业相关的法律政策，这样在就业过程中就能依法就业，保护自己的权利；通过就业服务的信息化体系能够很方便地了解有哪些就业服务的制度，这些制度是如何规范的；通过就业服务的信息化体系能够很方便地了解有哪些为就业服务的人力资源市场，通过人力资源市场找到理想的工作，就业服务的信息化体系。

2) 劳动和社会保障公共服务体系的社会保障服务体系

城市劳动和社会保障公共服务的社会保障体系构建大体上包括社会保障服务的立法体系、制度体系、机构体系、资金体系、信息化体系等。其中，立法体系是根本和依据；制度体系是保证，是社会保障的主要内容；机构体系的设立是为了更好的服务；资金体系和信息化体系则是社会保障服务体系的重要组成部分。这些都是社会保障体系的组成部分，是社会保障服务的手段，目的是更好地为社会保障服务。

(1) 社会保障服务立法体系。社会保障服务立法体系是我们享受社会保障的准绳和依据，没有法律我们的社会保障就很难有明确的、肯定的、规范的制度安排。目前有关社会保障方面的法律制定，主要是要在社会保障资金来源、基金管理及待遇支付、社会保障服务范围、老年人的社会保障服务尤其是政府的社会保障责任等方面制定相关的法律政策。

(2) 社会保障服务的制度体系。社会保障服务的制度体系是宏观的制度安排和政策设计，即社会保障作为宏观制度和社会政策要落实到基层，需要相关部门的运作与管理，而且具有很强的实务性和操作性。社会保障制度具有地区差异性，表现在缴费对象、缴费水平(比例)、缴费待遇方面都有不同，这与我国目前的社会保障制度有关。社会保障服务的制度体系包括养老保险制度、医疗保险制度、工伤保险制度、生育保险制度以及失业保险制度。

(3) 社会保障服务的机构体系。社会保障服务的机构体系是社会保障服务很重要的一个方面，也是建设服务型政府的需要。社会保障服务更多的是由政府来提供，社会保障服务体系的完善，很大程度上取决于政府服务职能的完善。社会保障服务的机构包括社会保险、医疗保险、生育保险、工伤保险、失业保险等机构。

(4) 社会保障服务的基金体系。社会保障服务的基金体系是指构建社会保障基金的监管体系，是国家为保障劳动者在丧失劳动能力或劳动机会时的基本生活需要，依据法律和政策规定，通过向劳动者及其所在单位征缴社会保障费，或国家直接拨款的形式集中起来的一种专项基金，是社会保障制度的物质基础。社会保障基金主要指社会保险基金，包括基本养老保险基金、基本医疗保险基金、工伤保险基金、生育保险基金、失业保险基金等，其中养老保险基金占主要部分。其实质上是从国民收入的初次分配和再分配过程中形成的一种消费性社会后备基金，在性质上属于社会公共基金。

(5) 社会保障服务的信息化体系构建。社会保障服务的信息化体系构建是指通过现代化先进的信息化手段的，提高社会保障服务的绩效，重点是建设金保工程。建设“五险合一”的信息化系统，形成由市、区、街道、社居委等组成的四级网络，构成统一的劳动社会保障公共服务平台。社会保障服务的信息化体系构建包括信息化体系的硬件服务和软件服务。硬件服务以方便、高效、节约为原则。所谓“方便”就是使用网络方便，不仅是能够通过计算机网络，还能通过其他网络，比如电信网、移动网，甚至是有线电视网络获得相应的服务；所谓“高效”就是网络能及时满足公众的服务需求；所谓“节约”就是网络实现不能过于高档化，关于试用期的诉讼要根据不同的需求，提供适宜的设备。

【拓展案例】

关于试用期的诉讼

A公司招聘小张，与小张签订合同时拿出了两份合同，一份是3个月的试用期合同，另一份是1年的劳动合同，并且告知小张，只有通过了试用期考核，才可以签订正式的劳动合同。半年后，小张跳槽去到了另一家公司，并且以A公司违法约定试用期为由把A公司告上法庭，最终A公司败诉。

其法律依据是，我国《劳动合同法》规定：劳动合同期限三个月以上不满一年的，试用期不得超过一个月；劳动合同期限一年以上不满三年的，试用期不得超过二个月；三年以上固定期限和无固定期限的劳动合同，试用期不得超过六个月。

首先，A公司与小张约定的试用期限就违反了上面这条规定，双方签订的是1年期的劳动合同，所以按照劳动合同法的规定，约定的试用期不能超过2个月，公司约定3个月的试用期已经是违法行为。

其次，《劳动合同法》规定试用期包含在劳动合同期限内，劳动合同仅约定试用期的，试用期不成立，该期限为劳动合同期限。这意味着所有单独的试用期合同都被视为正式合同期限，所以A公司的行为违法。

2. 合法劳动意识培养

十八大以来，党中央提出了全面依法治国的新理念、新思想、新战略，开辟了全面依法治国理论和实践的新境界，开启了中国特色社会主义法治的新时代。要实现“建设中国特色社会主义法治体系、建设社会主义法治国家”的总目标，就必须要对全体公民进行法治教育，最大限度增强公民法治意识。大学生作为社会主义建设中的公民主体，其合法劳动意识的培养对构建和谐劳动关系、维护社会稳定、促进经济持续健康发展都有无可替代的现实意义。《意见》中也明确提出要“充分认识新时代培养社会主义建设者和接班人对加强劳动教育的新要求”，坚持体现时代特征的原则，强化诚实合法劳动意识。

1) 学好相关法律法规知识

《劳动法》《劳动合同法》规定了劳动者合法权益的基本内容，是大学生在兼职、实习活动中维护自身合法权益的重要法律保障，因此大学生应主动学习法律条文中劳动权益的有关内容。除了学习劳动相关法律法规，大学生应当充分利用学校课程资源，重视相关法律课程的学习。为培养大学生的法律意识，多数高校在大一年级都开设了必修课程“思想道德与法律修养”，然而由于该课程并非专业课程，学生的学习热情不高，个别学生甚至将考试不挂科作为该课程学习的目标。大学生在校期间应扭转自身认识，重视法律法规基础课程，明确课程的学习目标和培养方案，有的放矢进行学习，而不能只为获得学分应付学习。另外，除专业课和法律基础必修课外还应当有意识地多方位摄取其他相关知识，如选择法规类选修课程，主动参加学校组织的普法教育活动等，要从认识上重视法律法规对自身的实际意义，注重相关知识摄取的实效，掌握基本劳动相关法律法规知识。

学好劳动法规知识是前提，用好劳动法规知识才是目的。大学生在全面了解与兼职、实习、就业相关的法律条文，掌握基本的劳动法规知识后，当自身合法权益受到侵害时要主动寻求法律保护，而不能抱着“多一事不如少一事”的消极心态保持沉默，更不可在放弃使用法律武器的同时，选择采用“报复性”手段向用人单位“讨回公道”，这样既无法保护自己的劳动权益，还有可能因违法而导致更大的损失。正确的做法是运用劳动法规相关知识，自主辨别自身权益受侵害的情况，并理智对待和处理常见的侵权问题，如怎样获得兼职与实习工资保障、兼职或实习期间遇到工伤情况应如何处理、就业试用期应该多长以及期间可以获得哪些待遇等。

2) 规避兼职实习前的风险

兼职是大学生在校期间最早接触社会的活动之一。大学生在兼职、实习与就业的过程中与用人方形成劳动关系，并受到《劳动法》和《劳动合同法》的保护，包括兼职中的劳动权益保护、实习中的双方责权，以及和毕业就业直接相关、关乎毕业生切身利益的有关劳动合同签订、试用期的确定以及试用期结束后转正的相关规定。为最大程度规避风险，大学生在兼职前应首先对相关法律条文进行全面了解，掌握与自身相关的、常用的法律法规知识。此外，有必要多询问高年级同学或者通过网络了解“过来人”的兼职经历，这样一方面能够对兼职工作的种类有所了解，更重要的是可以通过他人的经历提前认识到兼职中可能存在的侵权行为，为个人实际兼职活动中的权益保护提前做好准备。确定兼职工作后，大学生应当主动要求与用人方签订包含兼职时间、工作内容、工作时长、兼职待遇、兼职期间意外情况处理等内容的书面协议。

与兼职有所不同，大学生在实习与就业的过程中应当对劳动合同的签订、试用期的确定以及转正手续办理的相关法律法规有更深刻的理解。要深刻认识到实习或寻找工作是正式迈向劳动力市场的前奏，要用一个合格劳动者的标准要求自己，既要注重自身劳动权益的合法保护，也要清楚地认识自己在兼职与实习活动中应履行的义务，诚实劳动，辛勤劳动，用实际行动为自己争取更多权益。

3) 维护合法权益

在兼职、实习与就业的过程中，当自身合法权益受到侵害后，大学生应勇于面对被侵权的情况，运用已有的法律法规知识主动尝试与用人方进行沟通，明确双方的权责，尝试协调解决问题。当个人努力协调无果，大学生还应积极寻求外在帮助。高校是大学生进入社会前法律意识形成和培养的重要场所，也是大学生合法权益受到侵害后的第一道保护阵地。高校大多设有法律指导援助机制，能及时为大学生提供就业指导与维权服务。当自身合法权益受到侵害后，大学生应积极求助于学校的法律援助中心，听取专业指导老师的意见，在学校的帮助下与用人方进行沟通协调。除学校外，社会媒体的报道、劳动权益部门的保护等都是大学生在遭受侵权伤害后寻求权益保护的有效途径。

总之，大学生在正式步入社会前可能会面临各种形式的劳动权益威胁，当自身合法权益受到侵害后，大学生作为“弱势方”要做到既不一味退让，也不鲁莽冲动，要发挥自身内在作用，同时积极寻求学校与社会的外在帮助，借助多方力量共同维护自身的合法权益。

【拓展案例】

《民法典》里劳动者权益保护的“那些事”

根据新闻报道，某公司业务部门 7 名员工因业务不佳被罚吃“死神辣条”，后多人身体出现不同程度不适，其中两名女员工被送往医院，查出胃绞痛、胃炎。还有公司用同样的方法让员工吃“蚯蚓”“芥末”等以惩罚业绩不佳的员工……近年来，“员工未完成业绩要打耳光”“跪地爬”“裸体跑”等类似新闻屡见不鲜，这实际上已严重侵犯到个体的人格权。

2020 年 5 月 28 日，十三届全国人大三次会议表决通过了《中华人民共和国民法典》(以下简称《民法典》)，自 2021 年 1 月 1 日起施行。从劳动者权益保护的角度看，《民法典》为保护劳动者权益补充了包括人格权等在内的新内容。

第一，民事主体享有人格权。《民法典》第 990 条规定“除前款规定的人格权外，自然人还享有基于人身自由、人格尊严产生的其他人格权益”。这是对我国宪法规定的“加强劳动保护”和“改善劳动条件”精神的贯彻，也是对《劳动法》规定的劳动者劳动权利的细化。因此，该条款实施后，人格权将得到更全面、更到位的保护。

第二，扩大了用人单位的主体范围。《劳动合同法》规定中华人民共和国境内的企业、个体经济组织、民办非企业单位等组织作为用人单位，《劳动合同法实施条例》进一步明确会计师事务所、律师事务所等合伙组织和基金会属于劳动合同法规定的用人单位。而《民法典》中列明以下民事主体今后均可以作为劳动法上的用人单位，应当对其招用的劳动者承担相应的法律责任：公司及各类企业等营利法人，事业单位、社会团体、基金会、社会服务机构(依法设立的慈善机构、宗教场所)等非营利法人，机关、农村集体经济组织、城镇农村合作经济组织、居委会、村委会等特别法人，以及业主委员会、个人独资企业、合伙企业等非法人组织。

第三，误解协议撤销及合伙人报酬更明确。《民法典》第 152 条规定，“重大误解的当事人自知道或者应当知道撤销事由之日起 90 日内没有行使撤销权的，撤销权消灭。”根据条文规定，如果个人在职期间或离职时与单位签订了协议书，对内容存在重大误解的一定要在知悉该情形后 90 日内行使撤销权，否则过期将无法维权。另外，针对合伙人提供劳动有无报酬的问题，《民法典》第 971 条规定，“合伙人不得因执行合伙事务而请求支付报酬，但是合伙合同另有约定的除外。”也就是说，劳动者作为合伙人为合伙组织提供劳动，执行合伙事务，要特别注意在合伙合同中约定清楚是否支付报酬，否则事后不能依照《劳动法》的相关规定主张劳动报酬、缴纳社会保险等权益。

第四，用人单位有义务预防和制止性骚扰。《民法典》同时涉及了职场的性骚扰问题。根据第 1010 条规定，“违背他人意愿，以言语、文字、图像、肢体行为等方式对他人实施性骚扰的，受害人有权依法请求行为人承担民事责任。机关、企业、学校等单位应当采取合理的预防、受理投诉、调查处置等措施，防止和制止利用职权、从属关系等实施性骚扰。”然而，对于制止性骚扰行为，用人单位应该负什么责任、应建立怎样的预防性骚扰机制，目前法律草案尚未明确，需要未来法规或司法解释做出进一步细化。

第五，劳动者履职造成的损害由单位先担责。此次《民法典》明确了“劳动者因履职造成的损害”的责任承担程序。条文第 1191 条规定，“用人单位的工作人员因执行工作任务造成他人损害的，由用人单位承担侵权责任。用人单位承担侵权责任后，可以向有故意或者重大过失的工作人员追偿。劳务派遣期间，被派遣的工作人员因执行工作任务造成他人损害的，由接受劳务派遣的用工单位承担侵权责任；劳务派遣单位有过错的，承担相应的责任。”现行规定下劳动者履职给单位造成经济损失的，只有双方劳动合同有特别约定时，单位才可以按照约定追偿，没有约定则缺乏维权依据。而《民法典》实施后，劳动者履职中因重大过失给单位造成损失的，单位在对外承担赔偿责任后可以直接依法向劳动者追偿。也就是说，对劳动者来说，工作中需要更加谨慎、用心，严格按照操作规程履职，否则赔偿风险增加。

3. 社会保障

社会保障，是指国家和社会在通过立法对国民收入进行分配和再分配，对社会成员特别是生活有特殊困难的人们的基本生活权利给予保障的社会安全制度。社会保障的本质是维护社会公平进而促进社会稳定发展。《中华人民共和国宪法》规定：“中华人民共和国公民在年老、疾病、或者丧失劳动能力的情况下，有从国家和社会获得物质帮助的权利。”一般来说，社会保障由社会保险、社会救济、社会福利等组成。其中，社会保险是社会保障的核心内容。

1) 社会保险

(1) 工伤保险。工伤保险是指国家和社会为在生产、工作中遭受事故伤害和患职业性疾病的劳动者及亲属提供医疗救治、生活保障、经济补偿、医疗和职业康复等物质帮助的一种社会保障制度。工伤即职业伤害所造成的直接后果是伤害到职工生命健康，并由此造成职工及家庭成员的精神痛苦和经济损失，也就是说劳动者的生命健康权、生存权和劳动权力受到影响、损害甚至被剥夺了。劳动者在其单位工作、劳动，必然形成劳动者和用人单位之间相互的劳动关系，在劳动过程中，用人单位除支付劳动者工资待遇外，如果不幸而发生了事故，生成劳动者的伤残、死亡或患职业病，此时，劳动者就自然具有享受工伤保险的权利。劳动者的这种权利是由国家宪法和劳动法给予根本保障的。

(2) 医疗保险。医疗保险，是指以保险合同约定的医疗行为的发生为给付保险金条件，为被保险人接受诊疗期间的医疗费用支出提供保障的保险。医疗保险具有社会保险的强制性、互济性、社会性等基本特征。因此，医疗保险制度通常由国家立法，强制实施，建立基金制度，费用由用人单位和个人共同缴纳，医疗保险金由医疗保险机构支付，以解决劳动者因患病或受伤害带来的医疗风险。

医疗保险同其他类型的保险一样，也是以合同的方式预先向受疾病威胁的人收取医疗保险费，建立医疗保险基金；当被保险人患病并去医疗机构就诊而发生医疗费用后，由医疗保险机构给予一定的经济补偿。

因此，医疗保险也具有保险的两大职能，风险转移和补偿转移，即把个体身上的由疾病风险所致的经济损失分摊给所有受同样风险威胁的成员，用集中起来的医疗保险基金来补偿由疾病所带来的经济损失。

医疗保险的责任范围很广。相比之下，医疗费用一般依照其医疗服务的特性来区分，主要包含医生的门诊费用、药费、住院费用、护理费用、医院杂费、手术费用、各种检查费用等。

(3) 养老保险。所谓养老保险(或养老保险制度)是国家和社会根据一定的法律和法规，为解决劳动者在达到国家规定的解除劳动义务的劳动年龄界限，或因年老丧失劳动能力退出劳动岗位后的基本生活而建立的一种社会保险制度。这一概念主要包含以下三层含义：

① 养老保险是在法定范围内的老年人完全或基本退出社会劳动生活后才自动发生作用的，这里所说的“完全”，是以劳动者与生产资料的脱离为特征的；所谓“基本”，指的是参加生产活动已不成为主要社会生活内容。

② 养老保险的目的是保障老年人的基本生活需求，为其提供稳定可靠的生活来源。

③ 养老保险是以社会保险为手段来达到保障目的的。

养老保险是世界各国较普遍实行的一种社会保障制度，一般具有以下几个特点：

① 由国家立法，强制实行，企业单位和个人都必须参加，符合养老条件的人，可向社会保险部门领取养老金；

② 养老保险费用来源，一般由国家、单位和个人三方或单位和个人双方共同负担，并实现广泛的社会互济；

③ 养老保险具有社会性，影响很大，享受人多且时间较长，费用支出庞大，因此，必须设置专门机构，实行现代化、专业化、社会化的统一规划和管理。

(4) 失业保险。失业保险是指国家通过立法强制实行的，由社会集中建立基金，对因失业而暂时中断生活来源的劳动者提供物质帮助的制度。它是社会保障体系的重要组成部分，是社会保险的主要项目之一。失业保险累计缴费时间满 1 年不满 5 年的，最长可领取 12 个月的失业保险金；累计缴费时间满 5 年不满 10 年的，领取失业保险金的期限为 18 个月；累计缴费时间满 10 年以上的，领取失业保险金的期限为 24 个月。

失业保险待遇是由失业保险金、医疗补助金、丧葬补助金和抚恤金、职业培训和职业介绍补贴等构成。失业保险待遇中最主要的是失业保险金，失业人员只有在领取失业保险金期间才能享受到其他各项待遇。失业保险待遇中，医疗补助金是失业人员患病就医时在失业保险经办机构领取的补助，标准是由各省、自治区、直辖市人民政府确定的，一般包括每月随失业保险金一同发放的门诊费和按规定比例报销的医疗费两部分；失业人员在领取失业保险金期间死亡的，其家属可以领取一次性丧葬补助金和抚恤金，标准参照当地在职职工的规定；职业培训和职业介绍补贴是为了鼓励和帮助失业人员尽快实现再就业而从失业保险基金中支付的费用，一般说来职业介绍的补贴支付给职业介绍机构，由他们为失业人员免费介绍职业，而职业培训的补贴的支付办法则不同，有些是直接发给失业人员，有些则是失业人员培训后报销，还有的是对培训失业人员的培训机构进行补贴。

(5) 生育保险。生育保险是通过国家立法，在职业妇女因生育子女而暂时中断劳动时由国家和社会及时给予生活保障和物质帮助的一项社会保险制度。其宗旨在于通过向生育女职工提供生育津贴、产假以及医疗服务等方面的待遇，保障她们因生育而暂时丧失劳动能力时的基本经济收入和医疗保健，帮助生育女职工恢复劳动能力，重返工作岗位，从而体现国家和社会对妇女在这一特殊时期给予的支持和爱护，并为婴儿的哺育和成长创造良好的条件。《社会保险法》第 53 条规定：“职工应当参加生育保险，由用人单位按照国家规定缴纳生育保险费，职工不缴纳生育保险费。”《社会保险法》第 54 条规定：“用人单位已经缴纳生育保险的，其职工享受生育保险待遇；职工未就业配偶按照国家规定享受生育医疗费用待遇。所需资金从生育保险基金中支付。”

【拓展案例】

有关社保的故事

B 公司招聘小陈，试用期内，公司 HR 和小陈说明等小陈转正后为小陈缴纳社会保险费，但小陈在实习的第 2 个月就因为搬东西砸伤了脚，小陈以公司没有为其缴纳社保为由，单方解除劳动合同，要求单位补缴社保，并要求其支付经济补偿金以及因工伤造成伤害的赔偿。

案例分析：

劳动者可以以单位未为其缴纳社保为由，单方解除劳动合同，要求单位补缴社保并支付经济补偿金。如果造成劳动者损失，用人单位应承担赔偿责任。单位如未购买保险，工伤待遇需要支出的费用就由单位自行承担。

2) 社会救济

社会救济是指国家和社会为保证每个公民享有基本生活权利，而对贫困者提供物质帮助，主要包括自然灾害救济、失业救济、孤寡病残救济和城乡困难户救济等。1997 年 9 月国务院发出《关于在全国建立城市居民最低生活保障的通知》，到 1999 年，全国所有城市和有建制镇的县城均建立了最低生活保障。同年，中国政府正式颁布了《城市居民最低生活保障条例》，为城市所有居民提供最基本的生活保障。2020 年 8 月，中共中央办公厅、国务院办公厅印发了《关于改革完善社会救助制度的意见》，并发出通知，要求各地区各部门结合实际认真贯彻落实。家庭人均收入低于最低生活保障标准的城市居民均可申请最低生活保障待遇。最低生活保障待遇水平为家庭人均收入与最低生活保障标准的差额部分。最低生活保障是国家基于保障人权的需要对特困居民实施的一种无偿救助，是国民应该享有的基本权利，也是他们生存权的最低线。

【拓展案例】

农村低保户子女上学资助政策

农村低保户子女上学资助项目共划分为五个阶段，每个阶段的资助标准都是不一样的。

第一，学前班阶段，3 至 6 岁的孩子。每个学前孩子每年最低的资助是 400 元，建档立卡户子女还能享受保教费每年 600 元的资助，但必须是在教体局备案的正规幼儿园上学。

第二，义务教育阶段，主要的资助是两免一补和营养餐计划。享受此待遇的低保户子女免除学杂费和教科书费，并对寄宿生进行补助生活费。一补指的是小学生寄宿生每年补助 1000 元，初中生寄宿补助 1250 元每年。1 至 9 年级的低保户子女每年可享受 800 元的省定营养盖上计划补助。

第三，高中阶段，主要是指建档立卡贫困户子女，免除学费和住宿费，可享受每年 2000 元的助学金。

第四，中等职业教育阶段，在校期间学费全免，1 至 2 年级可享受每年 2000 元助学金补助。

第五，高等教育阶段，建档立卡户子女和低保户子女可享受国家助学金计划，本专科、硕士、博士研究生分别是4000 元、6000 元、12000 元。生源地助学贷款，本专科生每年8000元，研究生每年12000元。新生入学资助金一次性发放，省内500元，省外1000元，主要用于交通费和入学后短期生活费。

3) 社会福利

社会福利是指国家依法为所有公民普遍提供，旨在保证一定生活水平和尽可能提高生活质量的资金和服务的社会保险制度。一般社会福利，主要指社会服务事业及设施。社会福利制度一般来讲具有四个特点：社会福利是社会矛盾的调节器；每一项社会福利计划的出台总是带有明显的功利主义目的，总是以缓和某些突出的社会矛盾为终极目标；社会福利的普遍性，社会福利是为所有公民提供的；利益投向呈一维性，即不要求被服务对象缴纳费用，只要公民属于立法和政策划定的范围之内，就能按规定得到应该享受的津贴服务。

较社会保险而言，社会福利是较高层次的社会保险制度，它是在国家财力允许的范围内，在既定的生活水平的基础上，尽力提高被服务对象的生活质量。

三、劳动合同

1. 劳动合同概述

通过劳动合同约定劳动者和用人单位在劳动关系存续甚至终结之后的权利义务，直接涉及双方的切身利益。《中华人民共和国劳动合同法》(以下简称《劳动合同法》)是我国劳动法律体系的重要组成部分，是调整和规范劳动合同订立、履行、变更、解除、终止和续订的法律。《劳动合同法》的制定和颁布，标志着我国劳动合同制度的不断完善，对于规范劳动力市场秩序和企业用工形式，协调、平衡用人单位和劳动者双方的利益关系，发展和谐劳动关系具有重要意义。

1) 劳动合同的概念

劳动合同也称劳动契约、劳动协议，是劳动者和用人单位之间明确劳动权利义务，规范劳动合同订立、履行、变更、解除和终止行为的协议。理解这一概念，应把握以下几点：

(1) 劳动合同是劳动者与用人单位之间签订的协议。劳动合同的主体一方是劳动者个人，另一方是用人单位。劳动者是指具有劳动能力并在用人单位管理下实际参加劳动，以自己的劳动收入为主要生活来源的人。用人单位是指依法招用和管理劳动者，并向劳动者支付劳动报酬的组织或个人。

(2) 劳动合同是明确双方权利义务的协议。劳动合同的内容是双方的劳动权利义务，劳动者依据劳动合同成为用人单位的一员，有义务按照合同约定的岗位、工种或职务提供劳动，完成劳动任务，提高职业技能，执行劳动安全卫生规程，并遵守用人单位依法制定的规章制度和职业道德。同时，劳动者享有平等就业和择业权，享有获得劳动报酬、接受职业技能培训、休息休假、安全卫生保护、社会保险的权利，享有提请劳动争议处理的权利等。

(3) 劳动合同是双方在平等自愿基础上意思表示一致达成的协议，是双方“合意”达成的法律文件，对双方都具有约束力，也是维护双方合法权益的法律保障。

2) 《劳动合同法》的适用范围

《劳动合同法》第 2 条规定：“中华人民共和国境内的企业、个体经济组织、民办非企业单位等组织(以下称用人单位)与劳动者建立劳动关系，订立、履行、变更、解除或者终止劳动合同，适用本法。国家机关、事业单位、社会团体和与其建立劳动关系的劳动者，订立、履行、变更、解除或者终止劳动合同，依照本法执行。”《劳动合同法》第 96 条规定：“事业单位与实行聘用制的工作人员订立、履行、变更、解除或者终止劳动合同，法律、行政法规或者国务院另有规定的，依照其规定；未作规定的，依照本法有关规定执行。”《中华人民共和国劳动合同法实施条例》(以下简称《实施条例》)第 3 条规定：“依法成立的会计师事务所、律师事务所等合伙组织和基金会，属于劳动合同法规定的用人单位。”这些规定明确了《劳动合同法》及其《实施条例》的适用范围。

《劳动合同法》及其《实施条例》规定的适用范围如下：

(1) 企业、个体经济组织和民办非企业单位与劳动者之间形成的劳动关系。《劳动合同法》特定主体中的用人单位包括中华人民共和国境内的企业、个体经济组织和民办非企业单位。企业是指从事产品生产、流通或服务性活动等实行独立核算的经济单位，包括法人企业和非法人企业、国有企业和非国有企业、内资企业和涉外企业、本国企业和外国企业等。个体经济组织，是指雇工在 7 人以下的个体工商户。一般而言，个体经济组织包括两种，一种为具有法人资格的私营企业，另一种为不具有法人资格但经工商管理部门登记注册的个体工商户。前一种经济组织已经涵盖在我国境内的企业中，后一种经济组织即个体工商户。民办非企业单位，是指企业事业单位、社会团体和其他社会力量以及公民个人利用非国有资产举办的，从事非营利性社会服务活动的社会组织。

《劳动合同法》特定主体中的劳动者是指具有劳动权利能力和劳动行为能力，依照《劳动法》的规定能够参加劳动关系、给付劳动并获取劳动报酬的自然人，包括脑力劳动者和体力劳动者；包括我国公民、外国人和无国籍的人。作为劳动合同当事人的劳动者，必须具备法律规定的下列条件：

① 年龄条件。在我国，劳动者应该是年满16周岁的公民，不满16周岁不能就业，不能与用人单位订立劳动合同。某些特定行业(文艺、体育和特种工艺单位)需要招收未满16周岁的人员，必须遵守国家有关规定，并保障其接受义务教育的权利。此外，对有可能危害未成年人健康、安全或道德的职业或工作，《劳动法》规定劳动者不应低于18周岁。《劳动法》禁止用人单位招用不满18周岁的劳动者从事过重、有毒、有害的劳动或危险作业。

② 劳动能力条件。由于劳动者从事劳动只能亲自进行，因此要求劳动者必须具有劳动能力。劳动者的劳动能力还包括劳动者必须具备的行为自由，只有具备支配自己劳动能力所必要的行为自由，才有可能以自己的行为去实现劳动权利和履行劳动义务，如果劳动者的行为自由被限制或剥夺，也不能与用人单位订立劳动合同，建立劳动关系。

劳动关系的产生、变更和终止，以及双方当事人在劳动过程中的权利、义务以及劳动条件等都应该按照劳动法律、法规处理。《劳动合同法》规范用人单位与劳动者订立、履行、变更、解除和终止劳动合同的行为。

订立劳动合同是指用人单位和劳动者就合同的条款经协商一致，以书面形式明确相互权利和义务的法律行为；履行劳动合同是指劳动合同双方按照合同的约定全面履行各自所应承担义务的行为；变更劳动合同是指劳动合同订立后，尚未履行或尚未完全履行前，合同当事人双方依法对原劳动合同的内容进行增减或修改的行为；解除劳动合同是指劳动合同签订以后，没有履行完毕之前，由于某种因素导致双方提前终止合同效力的行为；终止劳动合同是指劳动合同的法律效力因为法律或自然的原因而消失。

(2) 国家机关、事业单位、社会团体与其建立劳动关系的劳动者。国家机关是指从事国家管理或者行使国家权力，以国家预算作为独立活动经费的中央和地方各级国家机关，包括中国共产党的机关、人大机关、行政机关、政协机关、审判机关、检察机关、民主党派机关、国家军事机关等。《劳动合同法》虽然不调整公务员工作关系，但是在国家机关中，除了公务员外，还有聘用的从事服务性工作的一部分劳动者(也称工勤人员)，他们不属于公务员，用人单位在聘用他们时，是通过订立劳动合同建立劳动关系的，因此，由《劳动合同法》对他们的劳动关系进行调整。

事业单位是指从事社会各项事业，拥有独立经费或财产的各种社会组织，如各级各类公办学校、科研机构、公立医院、新闻出版单位、博物馆等。事业单位的工作人员大多是实行聘任制，但也有一部分从事辅助性工作的劳动者，他们是与用人单位订立劳动合同来建立劳动关系的，这部分劳动者适用《劳动合同法》。

社会团体是由若干成员为了共同目的而自愿组成的各种社会组织，包括党派团体，人民群众团体，文艺、体育团体，学术研究团体，社会经济团体，专业协会以及各种经济技术咨询机构，宗教团体，爱好者团体，其他社会团体等。社会团体中除了依法参照《公务员法》管理的工作人员以外，其他劳动者与社会团体建立劳动关系，都适用《劳动合同法》。参照《公务员法》管理的工作人员主要是指依法参照《公务员法》管理的人民团体、群众团体，如工会、共青团、妇联中的工作人员，以及法律、法规授权的具有公共事务管理职能的事业单位中经有权机关批准的除工勤人员以外的工作人员。

(3) 事业单位与实行聘用制的工作人员参照《劳动合同法》执行。随着事业单位人事制度改革的不断深入，事业单位已经普遍实行聘用制，即在平等自愿、协商一致的基础上，通过聘用合同确定聘用单位和受聘人员的权利义务。这使得传统的人事关系、人事制度逐渐纳入了法律调整的范畴，在法律性质上，人事关系与劳动关系已经没有本质区别，《劳动合同法》将人事关系纳入其中进行统一规范和调整。但是，考虑到事业单位特别是大学和科研单位的劳动合同具有复杂性、特殊性，《劳动合同法》第96条做了一定的限制："事业单位与实行聘用制的工作人员订立、履行、变更、解除或者终止劳动合同，法律、行政法规或者国务院另有规定的，依照其规定；未作规定的，依照本法有关规定执行。"

(4) 合伙组织和基金会与劳动者形成的劳动关系。我国《劳动合同法》中并没有明确律师事务所、会计师事务所等合伙组织以及基金会等是否属于用人单位。《实施条例》正式明确将律师事务所、会计师事务所等合伙组织和基金会作为《劳动合同法》中的用人单位，合伙组织和基金会与劳动者形成的劳动关系由《劳动合同法》进行调整。

《实施条例》第3条规定："依法成立的会计师事务所、律师事务所等合伙组织和基金会，属于劳动合同法规定的用人单位。"本条对《劳动合同法》第2条做了延伸解释，明确了律师、会计师与执业机构之间属于劳动关系。

合伙组织并不属于企业法人。《中华人民共和国民法典》规定，合伙合同是指两个以上合伙人为了共同的事业目的，订立的共享收益、共担风险的协议。《中华人民共和国律师法》规定，律师事务所是律师的执业机构，其中合伙律师事务所可以采用普通合伙或者特殊的普通合伙形式设立。合伙律师事务所的合伙人按照合伙形式对该律师事务所的债务依法承担责任。《中华人民共和国注册会计师法》规定，会计师事务所是依法设立并承办注册会计师业务的机构。基金会是指利用自然人、法人或者其他组织捐赠的财产，以从事公益事业为目的，按照基金会管理条例的规定成立的非营利性法人。

会计师事务所、律师事务所等合伙组织和基金会作为用人单位，应当依照《劳动合同法》履行自己的权利和义务，尽快纠正劳动合同中存在的问题，以避免带来不必要的损失。而劳动者则应该检查自己的劳动合同，依据《劳动合同法》及其《实施条例》保障自己的合法权利。

(5) 分支机构能否直接与劳动者签订劳动合同。在实践中，分支机构直接招人、用人现象十分普遍，为明确分支机构在劳动关系建立中的地位，《实施条例》第 4 条规定："劳动合同法规定的用人单位设立的分支机构，依法取得营业执照或者登记证书的，可以作为用人单位与劳动者订立劳动合同；未依法取得营业执照或者登记证书的，受用人单位委托可以与劳动者订立劳动合同。"这一规定明确了分支机构签订合同的两种情形：一是分支机构如果依法取得营业执照或者登记证书的，那么将具有用人单位的资格，能够独立承担民事责任，直接与劳动者签订劳动合同；二是分支机构如果没有取得营业执照的，须得到用人单位委托方可与劳动者订立劳动合同。

(6) 外国人、无国籍人能否直接与用人单位签订劳动合同。为正确规范涉外劳动关系，依法维护外国人合法权益，《最高人民法院关于审理劳动争议案件适用法律若干问题的解释(四)》第 14 条规定："外国人、无国籍人未依法取得就业证件即与中国境内的用人单位签订劳动合同，以及香港特别行政区、澳门特别行政区和台湾地区居民未依法取得就业证件即与内地用人单位签订劳动合同，当事人请求确认与用人单位存在劳动关系的，人民法院不予支持。持有《外国专家证》并取得《外国专家来华工作许可证》的外国人，与中国境内的用人单位建立用工关系的，可以认定为劳动关系。"

【拓展案例】

解除劳动合同诉讼

胡某于 2015 年 2 月 1 日进入某科技公司担任销售部高级客户经理，劳动合同期限至 2018 年 1 月 31 日，约定试用期为 3 个月。试用期满后，胡某的销售业绩一直未能达标。2015 年 7 月 1 日，应公司要求，胡某与单位签署了《个人业绩改进计划》，该计划中公司给予胡某3个月的观察期，胡某承诺2015年7月至9月期间其本人每月的销售业绩不低于5万元，如未能完成该销售业绩，胡某需自行提出辞职。后胡某未能完成该销售业绩。2015年9月30日，某科技公司以胡某履行其自行离职的约定为由，要求胡某离职并收回了办公电脑、考勤卡等。胡某依照公司要求办理了离职手续，但不认为是自行离职。后胡某提出仲裁申请，要求公司支付其违法解除劳动合同赔偿金。

[仲裁意见]

仲裁委审理后认为，本案实质上是某科技公司与胡某约定了解除劳动合同条件，但该约定不符合法律规定，故公司要求胡某离职的行为构成违法解除，支持了胡某的仲裁请求。

[案件评析]

解除劳动合同应符合法律的规定。本案中胡某未能完成销售业绩，属于不能胜任工作，按照《劳动合同法》第40条第(二)项的规定，劳动者不能胜任工作，经过培训或者调整工作岗位，仍不能胜任工作的，用人单位提前三十日以书面形式通知劳动者本人或者额外支付劳动者一个月工资后，才可以解除劳动合同。某科技公司与胡某的约定，实际上是在胡某不胜任时单位可以立即解除劳动合同，且可以不支付解除劳动合同经济补偿金。该约定不符合《劳动合同法》的相关规定，以这种方式解除劳动合同属于违反《劳动合同法》，构成违法解除劳动合同。

2. 劳动合同的订立、履行与变更

1) 劳动合同的订立

劳动合同的订立是指劳动者和用人单位经过相互选择和平等协商，就劳动合同条款达成协议，从而确定劳动关系和明确相互权利义务的法律行为。

(1) 劳动合同订立的条件。

① 用人单位。劳动合同订立需要符合的法定要件，包括用人单位和劳动者两个方面。用人单位指具有用人权利能力和行为能力，能够使用1名以上劳动者并能够支付相应工资的单位。用人单位包括中华人民共和国境内的企业、个体经济组织、民办非企业单位等组织以及国家机关、事业组织、社会团体。此外，《劳动合同法实施条例》第3条规定，依法成立的会计师事务所、律师事务所、基金会等组织也属于用人单位。

用人单位订立劳动合同的条件应从用人权利能力和用人行为能力两方面理解，用人权利能力指用人单位依法能够享有用人权利和承担用人义务的资格。依据我国现

行规定，制约用人单位权利能力范围的主要因素是：职工编制和招工标准；职工录用法定基本条件；工资总额和最低工资标准；法定工作时间和劳动安全卫生标准；社会责任。

② 劳动者。劳动者订立劳动合同的条件也包括劳动权利能力和劳动行为能力两方面。劳动权利能力指劳动者享有劳动权利，履行劳动义务的能力或资格。

③ 年龄条件，主要指《劳动法》第15条规定的需要年满16周岁，文艺、体育和特种工艺单位招用未满16周岁的未成年人需要遵守国家有关规定。

④ 健康条件，指劳动者不能患有所在岗位或者工种禁忌或不宜的疾病；残疾人只能从事与自身状况相适应的职业；用人单位不得安排女职工、未成年工从事法律禁止范围内的劳动。行为自由指劳动者就业需要有行为自由，否则无法行使自己的劳动权利，履行相应的劳动义务。例如，原劳动部《关于贯彻执行(中华人民共和国劳动法)若干问题的意见》第28条规定："劳动者涉嫌违法犯罪被有关机关收容审查、拘留或逮捕的，用人单位在劳动者被限制人身自由期间，可与其暂时停止劳动合同的履行。"

(2) 劳动合同的订立、成立与生效。合同的订立，是合同当事人合意的过程。当事人双方就合同的内容经过协商达成一致，合同即告成立。也就是说，合同成立是指合同订立过程的完成，即当事人经过平等协商对合同的基本内容达成一致意见，要约承诺阶段宣告结束。合同的成立与合同的生效是有区别的。合同的成立是一种合意，解决的是合同是否存在的问题。合同是否生效，是合同成立后是否符合法律规定的生效要件的问题，反映了法律对合同的调整。

劳动合同的成立不同于劳动合同的生效，前者主要是劳动者和用人单位之间意思自治、合意的结果，后者则是国家通过法律对于合同本身进行评价，是法律对劳动合同当事人双方意思认可的结果。

劳动合同成立要件包括劳动合同双方当事人的主体资格适格和当事人之间的意思表示一致两方面。劳动合同生效要件包括四个方面内容，即劳动合同主体合法，劳动合同当事人分别具有相应的用人行为能力、劳动行为能力；劳动合同内容合法；意思表示真实；劳动合同程序合法。劳动合同的程序合法，指依据法律规定需要鉴证或按当事人约定需公证的，应当将合同文本送交法定劳动合同鉴证机构或公证机构进行鉴证或公证，否则合同不生效。一般合同的成立、生效要件不包括书面形式。

2) *劳动合同的履行*

(1) 劳动合同履行的基本含义和特征。劳动合同的履行，是指劳动合同当事人按照合同的约定或者法律的规定，全面适当地完成各自的合同义务，使对方当事人的权利得以实现的过程。劳动合同履行的主要特征有：

① 履行是当事人的履约行为。合同的履行通常表现为义务人的作为。

② 履行是当事人全面正确完成合同义务的行为。

③ 履行是当事人全面完成义务的行为过程。

(2) 劳动合同的履行原则。劳动合同作为合同的一种类型，其履行原则也应遵循合同履行的一般原则；作为一种特殊的合同，也有其特别履行原则。《劳动合同法》第29条规定了“全面履行原则”，第30条、第31条、第32条规定了“依法履行原则”。

① 全面履行原则。《劳动合同法》第29条规定：“用人单位与劳动者应当按照劳动合同的约定，全面履行各自的义务。”这主要包括：双方当事人必须亲自履行各自的义务；在劳动合同的履行过程中双方应当相互协作、互相配合，共同完成劳动合同规定的义务；双方当事人应当按照合同约定的时间、地点、方式等履行各自的义务。

② 依法履行原则。《劳动合同法》第30条、第31条、第32条规定，用人单位按照劳动合同约定和国家规定，向劳动者及时足额支付劳动报酬；用人单位应当严格执行劳动定额标准，不得强迫或者变相强迫劳动者加班；用人单位安排加班的，应当按照国家有关规定向劳动者支付加班费。对于劳动者而言，劳动者应当按照法律规定和劳动合同的约定为用人单位提供劳动；但对于用人单位管理人员违章指挥、强令冒险作业的，有权拒绝，这不视为违反劳动合同。

3) 劳动合同的变更

(1) 变更劳动合同的条件。劳动合同的变更，指劳动合同在履行过程中，经双方协商一致，对合同条款进行的修改、补充或者删除的法律行为，具体包括工作内容、工作地点、工资福利的变更等。劳动合同的变更，其实质是双方的权利义务发生改变。合同变更的前提是双方原已存在着合法的合同关系，变更的原因主要是客观情况发生变化，变更的目的是为了继续履行合同。《劳动合同法》第35条规定：“用人单位与劳动者协商一致，可以变更劳动合同约定的内容。变更劳动合同，应当采用书面形式。变更后的劳动合同文本由用人单位和劳动者各执一份。”

(2) 劳动合同变更的程序。劳动合同变更的程序具体包括以下几点：

① 协商。当事人一方要求变更劳动合同相关内容的，应当将变更要求以书面形式送交另一方，向对方提出变更合同的要求和理由，并约定答复期限，在规定的期限内给予答复，同意、不同意或提议再协商。

② 签订协议。在达成一致意见的基础上，书面记载变更的内容，即劳动合同变更

内容的书面文件需经用人单位和劳动者双方签字或者盖章，才能发生法律效力。

③ 各执一份。为保证用人单位和劳动者全面履行劳动合同，避免劳动合同纠纷，同时也为了便于发生劳动争议时有据可查，变更劳动合同应当采用书面形式。变更后的劳动合同文本由用人单位和劳动者各执一份。这对于确认和证明劳动合同法律关系已发生变更的事实具有重要意义。

【拓展案例】

有关劳动合同变更的故事

李某于2011年4月入职某外资公司，双方订立无固定期限劳动合同，约定李某的岗位为媒体公关总监，月薪3万元。2015年6月，公司告知李某，为精简组织架构，决定撤销李某所在的媒体公关总监岗位，另设媒体沟通总监及媒体关系拓展总监，但上述两个岗位均已有合适人选，现特别为李某设立公司高级顾问岗位，月薪降为2万元，希望能与其签署变更劳动合同协议书。李某不同意公司的要求，该公司即以“订立劳动合同时的客观情况发生重大变化，双方未能就变更劳动合同内容达成一致”为由，向李某发出《解除劳动合同通知书》，并向李某支付了经济补偿及代通知金等。李某认为公司的解除行为违法，故提出仲裁，要求撤销《解除劳动合同通知书》并继续履行劳动合同。

[仲裁意见]

仲裁委审理后认为，公司根据生产经营需要，调整李某的工作岗位，系为应对市场变化主动采取的经营策略调整，不属于“订立劳动合同时的客观情况发生重大变化”的情形，公司虽然支付了李某经济补偿及代通知金，但并不代表其解除行为合法，故对李某的仲裁请求予以支持。

[案件评析]

不可随意解释“订立劳动合同时的客观情况发生重大变化”。原劳动部《关于<中华人民共和国劳动法>若干条文的说明》第26条规定，本条中的“客观情况”指：发生不可抗力或出现致使劳动合同全部或部分条款无法履行的其他情况，如企业迁移、被兼并、企业资产转移等，并且排除本法第27条(指经济性裁员)所列的客观情况。用人单位作为经营者，在与劳动者订立劳动合同时，其对市场可能产生的波动及生产经营策略可能产生的变化应当有所预见。确因生产经营需要需调整劳动者工作岗位的，应协商一致书面变更或解除劳动合同。在无法达成一致的情形下，用人单位可在相近或类似岗位上安排劳动者工作，并不得随意降低劳动者的工资标准，更不能简单地解除劳动合同。

3. 劳动合同的解除和终止

1) 劳动合同的解除

劳动合同的解除，是指劳动合同有效成立之后，尚未履行完毕或者未全部履行以前，因一定的法律事实的出现，合同当事人双方或一方依据其意思表示而提前消灭劳动关系的法律行为。

(1) 协议解除。劳动合同协议解除又称双方解除或协商解除，是指因主客观情况的变化，劳动合同双方当事人在完全自愿的情况下，经协商一致解除劳动合同。劳动合同是基于双方当事人合意成立，本着合同自由的原则，无论是定期还是不定期的劳动合同，只要双方当事人彼此同意就可解除劳动合同。《劳动合同法》第 36 条规定“用人单位与劳动者协商一致，可以解除劳动合同。”《劳动法》第 24 条也做了基本一致的规定。

劳动合同依法订立后，双方当事人必须履行合同的义务，遵守合同的法律效力，任何一方不得擅自解除劳动合同。但是为了保证用人单位的用人自主权和劳动者劳动权的实现，《劳动合同法》规定在特定的条件和程序下，用人单位和劳动者协商一致且在不违背国家利益和社会公共利益的情况下，可以解除劳动合同，但必须符合以下条件：

① 被解除的劳动合同是依法成立的有效的劳动合同。无效劳动合同因其自订立时起就没有法律约束力，所以不存在解除合同、终止其法律效力的问题。

② 解除劳动合同的行为必须是在被解除的劳动合同依法订立生效之后、尚未全部履行之前。若劳动合同已经全部履行完毕，则是属于劳动合同终止的情形。

③ 用人单位与劳动者均有权提出解除劳动合同的请求，而能否就解除劳动合同达成一致，需要双方的协商。需注意的是用人单位提出解除劳动合同的，应依法向劳动者支付经济补偿金。关于此问题在后面会涉及，在此不详述。

④ 双方在自愿、平等协商的基础上达成一致意见。劳动合同的双方当事人是平等的法律主体，任何一方都不能强迫合同的另一方，或者是第三方强迫一方或双方解除劳动合同；合同的双方当事人应就与解除合同相关的问题进行协商，不允许任何一方将自己的意志强加于对方。

(2) 单方解除。单方解除又称法定解除，是指劳动合同有效成立后，尚未履行或全部履行前，因一定法律事实的出现，由一方当事人依法提前终止劳动合同的法律效力，单方解除劳动合同约定的双方权利义务关系的法律行为。单方解除包括劳动者的单方解除和用人单位解除劳动合同。

① 劳动者的单方解除。劳动者单方预告解除。劳动者单方预告解除是指劳动者履行一定的预告程序后就可以单方解除劳动合同，而无论用人单位是否同意。《劳动合同法》第37条规定："劳动者提前30日以书面形式通知用人单位，可以解除劳动合同。劳动者在试用期内提前3日通知用人单位，可以解除劳动合同。"这里与《劳动法》的规定略有不同。《劳动法》规定，试用期内劳动者可以随时提出解除劳动合同，而《劳动合同法》规定，劳动者在试用期内解除劳动合同的，需要提前3日通知用人单位。

用人单位违法，劳动者随时解除劳动合同。《劳动合同法》第38条规定，用人单位有下列情形之一的，劳动者可以解除劳动合同。一是未按照劳动合同约定提供劳动保护或者劳动条件的。二是未及时足额支付劳动报酬的。三是未依法为劳动者缴纳社会保险费的。四是用人单位的规章制度违反法律、法规的规定，损害劳动者权益的。五是用人单位以欺诈、胁迫的手段或者乘人之危，使劳动者在违背真实意思的情况下订立或者变更劳动合同的；用人单位免除自己的法定责任、排除劳动者权利的；违反法律、行政法规强制性规定等致使劳动合同无效的。六是法律、行政法规规定劳动者可以解除劳动合同的其他情形。在这些情形下解除劳动合同，劳动者只需要通知用人单位即可，无须征得用人单位同意。同时，如果劳动者是根据这些理由解除劳动合同，用人单位还要依法向劳动者支付经济补偿。

非常情况下，劳动者可以立即解除劳动合同，无须提前通知。在劳动关系中，劳动者享有最基本的人身自由。《劳动合同法》规定，用人单位以暴力、威胁或者非法限制人身自由手段强迫劳动者劳动的，或者用人单位违章指挥、强令冒险作业危及劳动者人身安全的，劳动者可以立即解除劳动合同，无须事先告知用人单位。这一规定赋予劳动者立即解除合同的权利，且不用事先告知用人单位。"暴力"，是指用人单位直接以身体强制的手段强迫劳动者为用人单位服务。"威胁"，是指用人单位以将要实行暴力或对劳动者的其他损害为强迫劳动的手段。"非法限制人身自由"，是指采用拘留、禁闭或其他强制方法，非法剥夺或限制自由行为，迫使他人按照自己意志支配其身体活动。劳动者的人身安全是受到法律保护的，用人单位采用非法手段强令劳动者进行危及自身人身安全的行为是违法的，劳动者有拒绝的权利。而且，根据法律规定，劳动者以此解除合同，用人单位应当向劳动者支付经济补偿。

② 用人单位单方解除劳动合同。劳动法律、法规除规定了劳动者单方解除劳动合同外，还规定了用人单位可以单方解除劳动合同，用人单位单方解除劳动合同分为即

时解除、预告性辞退和经济性裁员三类。具体情形如下：

a. 即时性解除(过失性解除)。即时性解除劳动合同是指在员工存在法律规定的几种过失的情形下，用人单位无须预告就可以单方解除劳动合同，也不需要向劳动者支付经济补偿金，这种解除劳动合同的形式也称为过失性解除。根据《劳动合同法》第 39 条的规定，劳动者具备以下情形之一的，用人单位可以解除劳动合同：在试用期间被证明不符合录用条件的；严重违反用人单位的规章制度的；严重失职，营私舞弊，给用人单位造成重大损害的；劳动者同时与其他用人单位建立劳动关系，对完成本单位的工作任务造成严重影响，或者经用人单位提出，拒不改正的；因《劳动合同法》第 26 条第 1 款第 1 项规定(以欺诈、胁迫的手段或者乘人之危，使对方在违背真实意思的情况下订立或者变更劳动合同)的情形致使劳动合同无效的；被依法追究刑事责任的。

b. 预告性解除(非过失性解除)。预告性解除是指用人单位需要向劳动者预告才能解除劳动合同，提前终止权利义务关系。这里的预告是指用人单位应当提前 30 日以书面形式通知劳动者本人。预告性解除限于劳动者主观上无过错，但劳动合同签订时或者劳动合同履行的客观条件发生了变化，使得劳动合同无法继续履行而解除的情形，所以又称劳动者非过失性解除。根据《劳动合同法》第 40 条规定，有下列非过失性解除情形之一的，用人单位可以提前 30 日以书面形式通知劳动者本人或者额外支付劳动者一个月工资作为代通知赔偿金后解除劳动合同，给了用人单位较多的选择余地：劳动者患病或者非因工负伤，在规定的医疗期满后不能从事原工作，也不能从事由用人单位另行安排的工作的；劳动者不能胜任工作，经过培训或者调整工作岗位，仍不能胜任工作的；劳动合同订立时所依据的客观情况发生重大变化，致使劳动合同无法履行，经用人单位与劳动者协商，未能就变更劳动合同内容达成协议的。

c. 经济性裁员。经济性裁员是用人单位为了改善经营状况，裁减 20 人以上或者裁减不足 20 人但占企业职工总数 10%以上的劳动者，从而节省人力资源成本的一种合法手段，是属于非过失性解除劳动合同的特殊形式。根据《劳动合同法》第 41 条的规定，用人单位只有在下列情况下才可以裁员：依照企业破产法规定进行重整的；生产经营发生严重困难的；企业转产、重大技术革新或者经营方式调整，经变更劳动合同后，仍需裁减人员的；其他因劳动合同订立时所依据的客观经济情况发生重大变化，致使劳动合同无法履行的。同时，为了保护一些特殊劳动者的合法劳动权益，《劳动合同法》第 41 条规定了用人单位在裁减人员时，应当优先留用以下劳动者：与本单位订立较长固定期限劳动合同的；与本单位订立无固定期限劳动合同的；家庭无其他就业人员，有需要扶养的老人或者未成年人的。并且，用人单位在6个月内重新招用人员的，应当通知被裁减的人员，并在同等条件下优先招用被裁减的人员。

d. 用人单位不得解除劳动合同的情形。为了保护劳动者的合法权益，《劳动合同法》第42条规定了用人单位不得解除劳动合同的情况：从事接触职业病危害作业的劳动者未进行离岗前职业健康检查，或者疑似职业病病人在诊断或者医学观察期间的；在本单位患职业病或者因工负伤并被确认丧失或者部分丧失劳动能力的；患病或者非因工负伤，在规定的医疗期内的；女职工在孕期、产期、哺乳期的；在本单位连续工作满15年，且距法定退休年龄不足5年的；法律、行政法规规定的其他情形。

只要劳动者符合上述情况之一，用人单位就不能解除劳动者的劳动合同。应注意，这里的“不能解除”只是限于劳动者主观上无过失的情况，即上文所提到的预告性解除和经济性裁员，因为这两种类型都属于非过失性解除劳动合同。如果劳动者虽然有上述情形，但是有符合用人单位即时性解除劳动合同的情况(即劳动者有过失)，用人单位还是可以依据法律解除劳动合同。

2) 劳动合同的终止

(1) 劳动合同终止的概念和条件。劳动合同终止是指劳动合同的法律效力依法被消灭，也就是用人单位与劳动者之间的劳动关系终结，彼此之间原有的权利和义务关系不复存在。应注意，劳动合同只能是法定终止，双方不能约定合同的终止条件。根据《劳动合同法》第44条的规定，劳动合同法定终止的条件有以下几种：

① 劳动合同期满的。

② 劳动者开始依法享受基本养老保险待遇的。我国劳动者可以依法开始享受基本养老保险待遇的条件大致有两个：一是劳动者已正常退休；二是个人缴纳养老保险费年限累计满15年或者个人缴费和视同缴费年限累计满15年。

③ 劳动者死亡，或者被人民法院宣告死亡或者宣告失踪的。依照相关法律规定，公民下落不明满两年的，利害关系人可以向人民法院申请宣告他为失踪人。

④ 用人单位被依法宣告破产的。

⑤ 用人单位被吊销营业执照、责令关闭、撤销或者用人单位决定提前解散的。

⑥ 法律、行政法规规定的其他情形。

(2) 劳动合同终止的限制与对劳动者的保护。虽然劳动合同终止的条件是法定的，但是需要特别注意的是，为了保护一些特殊劳动者的合法权益，《劳动合同法》对用人单位终止劳动合同做出了一些特殊规定，目的是为了限制用人单位任意终止劳动合同给劳动者带来利益上的损害。按照《劳动合同法》第 45 条的规定，劳动合同期满时，劳动者有本法第 42 条规定情形之一的，劳动合同解除的期限应当顺延至相应情形消失时：

① 从事接触职业病危害作业的劳动者未进行离岗前职业健康检查，或者疑似职业病病人在诊断或者医学观察期间的。前者劳动合同期满的，必须等到进行了职业健康检查后，劳动合同才能终止。后者劳动合同期满的，必须等到排除了职业病、确定了职业病或者医学观察期间结束，劳动合同才能终止。

② 在本单位患职业病或者因工负伤并被确认丧失或者部分丧失劳动能力的。劳动合同期满的，必须等到职业病治愈，劳动合同才能终止，如果职业病不能治愈，劳动合同就不能终止。应注意，因在本单位患职业病或者因工负伤并被确认丧失或者部分丧失劳动能力劳动者的劳动合同终止，按照国家有关工伤保险的规定执行。按照我国《工伤保险条例》的规定，对于劳动者被鉴定为丧失、大部分丧失、部分丧失劳动能力，劳动合同终止的标准各有不同，具体有如下规定：

第一，劳动者因工致残被鉴定为一级至四级伤残的，即丧失劳动能力的，保留劳动关系，退出工作岗位。换言之，劳动者被鉴定为丧失劳动能力的，无论其劳动能力是否恢复，用人单位都不得终止劳动合同，直至劳动者达到退休年龄并办理退休手续，享受基本养老保险待遇。

第二，劳动者因工致残被鉴定为五级、六级伤残的，即大部分丧失劳动能力的，经工伤职工本人提出，该职工可以与用人单位解除或者终止劳动关系。换言之，劳动者被鉴定为大部分丧失劳动能力的，只要工伤职工本人提出，劳动合同就可以终止，但如果工伤职工本人没有提出，不管其劳动能力是否恢复，劳动合同就不得终止。

第三，职工因工伤残被鉴定为七级至十级伤残的，即部分丧失劳动能力的，劳动合同期满终止。换言之，劳动者被鉴定为部分丧失劳动能力的，不管其劳动能力是否恢复，劳动合同期满即可终止。另外，劳动合同未期满，职工本人也可以提出解除劳动合同。

③ 患病或者非因工负伤，在规定的医疗期内劳动合同期满的，必须等到医疗期满后才能终止劳动合同。

④ 女职工在孕期、产期、哺乳期劳动合同期满的，必须等到女职工孕期、产期、哺乳期满后，劳动合同才能终止。

⑤ 在本单位连续工作满 15 年，且距法定退休年龄不足 5 年劳动合同期满的，由

于这种工作年限的情况不可能消失，因此就不能终止劳动合同。

⑥ 法律、政法规规定的其他情形。

【拓展案例】

李先生不符合录用条件吗?

某公司招聘李先生为中国某大区的营销总监，并与其签订了为期 3 年的合同，约定试用期为 4 个月。3 个月后，公司单方面提出解除合同，原因是李先生没有达到公司的季度营销目标。为此，李先生向仲裁委员会提出申诉，仲裁的结果是公司败诉。原因是公司在招聘广告中没有列明录用条件，劳动合同签订后，公司也没有明确具体的职务说明书，也没有书面告知李先生该职务的工作内容以及岗位要求。因此当被质询时，公司无法出具当初双方认可的职务要求，既然没有约定要求，公司又怎么能证明其不符合录用条件呢，当然败诉也是在预料之中的。

本案件适用相关法律条款《劳动合同法》第三十九条劳动者有下列情形之一的，用人单位可以解除劳动合同：在试用期被证明不符合录用条件的。

模块七　劳动实践

一、校园劳动

1. 校园保洁

校园保洁的实践活动可以安排学生进行教学楼清扫、食堂清洁、宿舍大扫除等活动，具体如表 7-1、表 7-2 和表 7-3 所示。

表 7-1　教学楼清扫实践活动

实践活动一　美丽教学楼，全员大清扫	
教学目标	1. 宣传人文校园活动理念，为全校师生提供一个干净整洁、温馨美好的教学环境 2. 激发学生自觉维护教学楼卫生的热情，培养学生公共卫生意识，承担共同建设、保护美丽教学楼的责任 3. 在清扫活动中，体验劳动的光荣，培养团结精神和奉献精神，增强服务学生、服务校园的意识
基础知识	1. 教学楼是学生日常学习的主要场所，教学楼内环境的整洁性、舒适性对学生的身心健康及学习效率有很大的影响，创建整洁优美的教学环境是每个学生应尽的义务 2. 教学楼的卫生打扫主要包括教室内卫生和教室外卫生的打扫，学生清扫活动主要指教室外公共区域的卫生打扫 3. 教室外卫生区的清洁要做到“三净”“四无”，“三净”即楼梯和楼道拖得净、扫得净，楼区内门窗、玻璃、墙裙、楼梯扶手及摆挂物件等擦得净；“四无”指无垃圾物(纸屑、果皮、烟头、食物及食品包装等)、无砖石块，无树叶等落物、无坑洼死角
工具使用	扫帚、垃圾袋、簸箕、垃圾桶、抹布、拖把、黑板擦等
参加人员	全体学生

续表

活动设计	(一) 准备阶段 1. 线上宣传。利用微信公众号、线上通知等进行宣传，全面部署、广泛动员，充分调动在校学生的积极性 2. 海报宣传。设计主题宣传海报，并张贴于教学楼、宿舍楼等地，呼吁在校学生积极参加 3. 线下宣传。召开相关主题班会，在餐厅门口张贴条幅进行宣传报名 (二) 启动阶段 1. 由学生自行组队并选出队长，在规定时间内上交报名表，队伍人数为 5～7 人 2. 由相关部门统计报名人数，并划分相关队伍负责区域及选择工作人员。将结果进行公示，公示期为 1 天，无异议后开始活动 注：每支队伍的负责区域应根据人数及负责地点做到相对公正划分，工作人员需公正且每支队伍 1 人，并与队伍内人员无相识现象 (三) 实施阶段 1. 队伍内部自行选择时间，在早上第一节课前、午休、晚饭时间或晚自习下课后进行工作，每天至少打扫卫生两次且需工作人员陪同 2. 若工作期间有人请假，则需向工作人员说明并做好记录 3. 每次工作后，由工作人员进行打分(1～10 分)并记录扣分原因 (四) 总结阶段 1. 小组内成员每人写一份工作记录及劳动体会 2. 工作人员将本次活动请假记录及打分记录向组内成员进行公示并使双方达成一致意见；若活动过程中存在无法协调的问题，则请求活动主办方相关人员进行公证 3. 各小组之间通过 PPT 答辩展示活动情况，达到相互学习，共同促进的目的
安全保护	1. 人身安全保护。应保证劳动过程中禁止团队成员用器具打闹，以免误伤自己及他人，在进行擦窗户等危险劳动时应有人员陪同并采取必要的安全措施，并注意自身安全 2. 器具安全保护。如有人员故意损坏器具，应照价赔偿并取消优秀个人评选资格；若器具因老旧等其他原因而损坏，应及时报备更换
考核评价	1. 优秀个人评选。活动中无不良记录的人员可参加优秀个人评选，由组内成员投票并根据工作人员活动期间的相关记录选出 2. 优秀团队评选。在 PPT 答辩时进行小组间投票，并结合相关工作人员记录的工作时长及打分选出优秀团队(优秀团队个数 = (应选团队个数/参赛团队个数) × 该学院团队个数 × 2)。所有院优秀团队进行 PPT 活动展示，由所有团队及教师进行投票，选出最终的优秀团队并进行公示，1 天后无异议即为本次活动优秀团队

表 7-2　食堂清洁实践活动

实践活动二　清洁食堂，你我参与	
教学目标	1. 使学生了解食堂清洁的要求，掌握食堂清洁的基本技能，了解食堂相关安全知识 2. 通过食堂清洁活动，体会劳动的不容易，引导学生自觉维护食堂的环境卫生，养成良好的卫生习惯 3. 让学生亲身体验劳动，使学生提高劳动技能，感受劳动光荣，引导学生自觉参与社会劳动，培养学生的劳动观念 4. 在劳动过程中，对学生就餐过程中的浪费现象进行记录和反思，增强学生的节约意识，养成勤俭节约的好习惯
基础知识	1. 食堂是学生就餐的主要场所，也是学生进行交往、活动、娱乐的地方，良好的食堂卫生环境是保证广大师生饮食安全的根本保障，也是学生日常生活的必要条件 2. 食堂卫生的清洁主要包括环境、用具、服务桌、备餐室及餐厅所负责的公共区域的卫生清洁 3. 食堂清洁活动主要是指食堂环境卫生的清洁，包括食堂的地面、桌面、墙壁、天花板等
工具使用	(一) 基本工具 垃圾袋、洗洁精、刷碗布、扫帚、簸箕、抹布、拖把、垃圾桶等 (二) 工具管理 1. 每位劳动参与者应每日填写《工具领取表》，由工具统计员进行工具发放，每日劳动活动结束后登记归还 2. 严禁劳动参与者故意破坏劳动工具 3. 无特殊情况，劳动参与者不得将劳动工具带出劳动场所或丢弃劳动工具 4. 在劳动过程中，若发现劳动工具出现老化损坏、缺失等异常情况，应及时向工具相关负责人进行反映
参加人员	全体学生

续表

活动设计	(一) 准备阶段 本次活动的主题为食堂清洁活动，学生在线上报名，填写个人信息表格，核实后可正式成为食堂清洁活动志愿者。志愿者在活动过程中应签署保证书，认真遵循学校的各项计划，听从相关负责人的安排。本次食堂清洁活动主办方应按照志愿者的课表进行排班。活动主办方应制定各项任务的专门负责人，将负责人的任务细则化，使每个活动志愿者在遇到问题时能够及时地找到相关负责人进行解决，并且在活动各项任务方案完善之后召开全体会议，向每位志愿者讲解此次活动的主题和目的，并对各项安全措施进行详细讲解，使每位志愿者重视自己在志愿活动中的人身安全 (二) 实施阶段 每位志愿者根据自己的值班表进行劳动活动，活动为期一个月，活动时间为学生就餐前半小时。卫生标准根据前期制定的卫生劳动准则进行衡量，活动中采取拍照片或录视频的方式，将每日的值日情况进行记录，并提交给相关负责人进行准则的衡量
安全保护	相关部门应规定食堂清洁活动中各个项目的操作程序和安全流程，并制定必要的安全检查制度与措施 1. 活动进行前，相关部门应组织活动参与者参观食堂内部运转情况，使活动参与者充分了解食堂清洁的相关步骤、卫生标准及安全隐患排查措施 2. 相关部门应合理地安排劳动时间，避免某些参与者劳动时间过密而导致过分疲劳，在劳动过程中应切实对学生进行安全教育，使学生树立劳动安全意识和自我保护意识 3. 成立安全联络小组，对劳动参与者的个人信息进行明确核实，每日进行安全信息汇总
考核评价	考核评价严格按照公平公正原则。确定食堂劳动考核小组，人员组成应包括学校领导、食堂工作人员、学生会成员等。考核采取累积分数法，前期设置积分系统，在每日活动结束后，符合各项标准的由考核小组给予基本分，对每日累计分数排名进行更新，督促每位志愿者的工作；每期活动结束后，进行表彰活动，颁发相应奖项，并安排劳动突出志愿者进行劳动心得感受发言等。每位志愿者除故意违反劳动纪律等情况外，均可获得劳动证书及实践证明

表 7-3　宿舍大扫除清洁实践活动

实践活动三　温馨宿舍，定时大扫除	
教学目标	1. 宣传“宿舍为家”的理念，让全校学生拥有一个干净整洁的休息环境 2. 督促学生养成自觉维护、打扫宿舍卫生的习惯 3. 培养学生树立合作、团结意识
基础知识	1. 宿舍楼是学生的休息场所，是集体生活的场所。维持良好的宿舍内务卫生，有利于将文明创建与养成教育、学风建设相结合，既督促学生营造舒适整洁的学习生活环境，也帮助学生养成良好的生活作息习惯，强化劳动观念 2. 宿舍卫生包括宿舍内卫生和宿舍外卫生，本次活动主要指宿舍内卫生 3. 宿舍内卫生主要包括整体布置、墙面、床面、桌面、地面等
工具使用	扫帚、垃圾袋、簸箕、垃圾桶、抹布、拖把、消毒液等
参加人员	全体学生
活动设计	(一) 前期准备 1. 修改并完善宿舍卫生标准方案，确定卫生清洁日期 2. 下发通知，召开舍长会议，布置宿舍卫生打扫事宜，对卫生检查标准进行详细讲解 3. 舍长为宿舍成员分配宿舍打扫任务 4. 准备相关清洁工具 (二) 活动实施 1. 由舍长带领宿舍成员领取清扫工具，按照宿舍卫生标准方案打扫宿舍及宿舍楼公共区域 2. 舍长及宿舍成员共同检查宿舍是否存在安全隐患问题 3. 打扫结束后，由各舍长带领指导教师、宿舍管理员、学生会成员代表进行审核检查 (三) 活动总结 1. 每个宿舍完成一份打扫记录及劳动体会 2. 由指导教师或宿舍管理员召开舍长会议进行总结，呼吁全体同学保持干净整洁、美好温馨的宿舍环境
安全保护	保证活动过程中整理上铺、擦玻璃等危险活动的人的人身安全，要求打扫卫生前将电器设备全部断电
考核评价	考核评价要公平公正，提前确定宿舍卫生考核小组，人员组成应包括学院领导、宿舍管理员、学生会成员、普通学生等，检查宿舍的床铺、书桌、地面、卫生间、阳台等卫生情况并打分、统计数据，取总成绩的平均值，分数最高的宿舍可以获“优秀宿舍”荣誉称号，相应人员可获得“劳动优等”评价

2. 勤工助学

勤工助学的实践活动多种多样，本书仅就做办公室助理、参与食堂工作和图书管理分类为例做说明，具体如表 7-4、表 7-5 和表 7-6 所示。

表 7-4　做办公室助理实践活动

实践活动一　办公室助理，储备办公技能	
教学目标	1. 贯彻教育部、财政部关于《高等学校勤工助学管理办法》的要求 2. 学生协助教师进行相关工作，帮助学校或社会完成特殊任务，培养自立自强和积极进取精神 3. 为了加强理论与实际的联系，使学生掌握一定的生产知识和劳动技能，设立办公室助理岗，为学生提供脑力劳动的机会，帮助学生树立劳动意识，锻炼学生的办公室工作能力 4. 经济困难的学生利用业余时间参与勤工助学活动，缓解经济负担，改善学习和生活条件，增加实践经验，顺利完成学业 5. 推进学生劳动教育，构建新的人才培养模式，促进学生成长成才
基础知识	1. 勤工助学是指学生在学校的组织下利用课余时间，通过劳动取得合法报酬，用于改善学习和生活条件的社会实践活动 2. 了解文件管理知识，帮助教师对学校、学院下达的文件进行整理 3. 及时了解学校动态，掌握关于学生工作、职业生涯规划、就业指导等方面的相关知识 4. 对工作要充分了解，做好应对工作的心理准备和技能准备
基本技能	1. 具备基本的办公室劳动工作能力 2. 能够熟练使用日常办公软件，如 Word、Power Point、Excel 等 3. 具备良好的文书编辑撰写能力 4. 具备良好的语言表达能力及沟通组织协调能力 5. 具备文件材料整理管理技能
参加人员	在校家庭困难的学生
活动设计	(一) 活动宣传 1. 学期初，由学校向各学院下发本学期勤工助学岗位通知及岗位要求，各学院向各专业、班级学生传达通知 2. 学校相关教师向学生介绍勤工助学岗位职责及人员要求 (二) 活动参与 1. 学生本人填写《勤工助学申请书》，学院根据实际情况签署意见，报助学中心备案

续表

活动设计	2. 经批准参加勤工助学活动的学生，将资料录入勤工助学管理系统，受勤工助学中心统一组织的岗前培训，培训合格后发放《勤工助学证》 3. 学生持《勤工助学上岗证》到指定岗位直接上岗或参加设岗部门组竞争上岗 (三) 岗位设置 招聘人数：根据岗位实际需要人数确定 聘任时限：当前学期 工作时段：8:00—12:00，14:00—17:50 工作机制：依据学生课余时间实行排班制 工资待遇： 1. 参照学校勤工助学标准 2. 聘期结束后，考核合格者由学校出具实习证明 (四) 岗位职责要求 1. 熟练使用 Word，Excel、Power Point 等软件工具 2. 有较好的文字功底，能快速、准确地完成会议记录等工作 3. 熟悉学校教务部门及其他各个部门的工作，并协助完成学校与系相关文件材料的整理、提交与分发工作 4. 具有较强的工作责任心 5. 完成教学办公室临时交办的其他工作 (五) 活动注意事项 1. 在同一时期内，每名学生只能申请一个勤工助学岗位。 2. 勤工助学学生若要中途退岗，必须提前一周向本部门的勤工助学指导教师递交离岗申请
安全保护	1. 做好预备功课，摸清情况，对工作内容做到大致了解，以免出现问题 2. 做好办公室安全保卫工作，加强防火安全意识，在工作场所内除工作用电外，严禁其他个人用电、明火等，以免出现安全隐患 3. 负责教师细心组织、领导学生完成各项工作，完善办公室助理岗位机制
考核评价	1. 由办公室指导老师负责进行勤工助学学生的考核评价，评定是否合格，是否按期正常发放勤工助学工资 2. 若出现以下情况，指导老师可根据个人表现情况相应扣除部分工资 (1) 工作不配合或不认真，对学生工作造成严重影响 (2) 私自占有或损坏组织公共财物 (3) 对工作情况汇报不属实 3. 以一周为实习期，一周后方可转正(实习期工资照常发放)。对不能履行工作职责的学生，相关单位将进行警告批评。工作仍无改进，不能达到要求者，勤工助学监督小组可予以辞退 4. 学生勤工助学岗位期间因学习、生活、身体等原因不能继续参加原项目工作的，经相关单位批准，可辞退工作

表 7-5 食堂劳动实践

<table>
<tr><td colspan="2">实践活动二 食堂劳动，体验生产知识</td></tr>
<tr><td>教学目标</td><td>1. 通过提供勤工助学岗位，帮助家庭困难的学生完成学业
2. 学生通过参与食堂卫生清理及检查劳动，深入了解食堂运转机制，将理论知识与生产劳动相结合，更好地适应社会生活
3. 学生通过参加食堂劳动，获得一定的生产知识及相应的技能，体验不一样的劳动生活，从而养成勤俭节约的良好习惯
4. 搭建学生与食堂服务工作之间的沟通桥梁，发挥学生自我教育、自我管理、自我服务优势，进一步保障学生就餐权益，改善学生就餐体验，不断提升食堂服务工作质量</td></tr>
<tr><td>基础知识</td><td>1. 了解基本食品安全及对食堂各项指标的要求，面对可能出现的各种问题掌握一定的处理方法
2. 对食堂工作内容要充分了解，做好应对工作的心理准备和服务技能的准备</td></tr>
<tr><td>基本技能</td><td>1. 具备一定的食堂劳动工作能力
2. 掌握简单的卫生清理能力，能完成卫生打扫工作
3. 掌握基本的沟通能力，做好学校后勤食堂与同学之间的沟通</td></tr>
<tr><td>参加人员</td><td>在校家庭困难的学生</td></tr>
<tr><td>活动设计</td><td>(一) 活动宣传
1. 学期初，由学校向各学院下发本学期勤工助学岗位通知及岗位要求，由各学院向各专业、班级同学传达
2. 相关教师向学生介绍勤工助学岗位职责及人员要求
(二) 活动参与
1. 学生本人填写《勤工助学申请书》，学院根据实际情况审批
2. 经批准参加勤工助学活动的学生，将资料录入勤工助学管理中心备案受勤工助学中心统一组织的岗前培训，培训合格后发放“上岗证”
3. 学生持“勤工助学上岗证”到指定岗位直接上岗或参加设岗竞争上岗
(三) 岗位设置
招聘人数：根据岗位需要设定
聘任时限：当前学期
岗位种类：食堂健康安全检查岗、食堂后勤监督岗
工作时段：6：00-7：00，19：00-20：00
工资待遇：
1. 参照学校勤工助学标准
2. 聘期结束后，对考核合格者，学校出具实习证明</td></tr>
</table>

续表

活动设计	(四) 岗位职责要求 1. 要求责任心强，工作踏实仔细，能够很好地完成交付的各项工作 2. 热爱后勤服务工作，树立全心全意为师生员工服务的思想，热情服务；协助食堂经理维护进餐秩序，督促保洁员做好大厅卫生 3. 做好学生食堂现场值班工作，及时处理进餐学生的现场投诉，解决不了的问题及时上报食堂经理 4. 检查餐厅各窗口是否存在收取现金行为 5. 加强与进餐学生的沟通，在食堂经理指导下回复食堂意见本上进餐师生的意见，并将好的建议收集整理成文字材料后汇报给食堂经理 6. 完成食堂经理临时交办的其他工作 (五) 活动注意事项 1. 在同一时期内，每名学生只能申请一个勤工助学岗位 2. 勤工助学学生如果中途退岗，必须提前一周向本部门的勤工助学指导教师递交离岗申请
安全保护	1. 做好预备功课，了解情况，对工作内容做到大致了解，以免出现问题 2. 做好食堂安全保卫工作，加强防火安全意识，在工作场所内除工作用电外，严禁其他个人用电、明火等，以免出现安全隐患 3. 负责教师细心组织、领导学生完成各项工作，完善岗位机制，培养学生负责任、勇担当的意识
考核评价	1. 由食堂指导老师负责进行勤工助学学生的考核评价，评定是否合格，是否按期正常发放勤工助学工资 2. 若出现以下情况，食堂指导老师可根据个人表现情况相应扣除部分工资： (1) 工作不配合或不认真，对学生工作造成严重影响 (2) 私自占有或损坏食堂公共财物 (3) 对工作情况汇报不属实 3. 以一周为实习期，一周后方可转正(实习期工资照常发放)。对不能履行工作职责的学生，相关单位将进行警告批评。工作仍无改进，不能达到要求者，勤工助学监督小组可予以辞退 4. 学生在勤工助学岗位期间因学习、生活、身体等原因不能继续参加原项目工作的，经相关单位批准，可辞退工作

表 7-6　图书管理分类实践

实践活动三　图书管理分类，体验劳动快乐	
教学目标	1. 使学生进一步加深对图书馆、阅览室及相关场所用途的认知，了解阅览室是读书的圣地，是求知的摇篮，是文明的场所，应时刻保持安静、整洁、美观 2. 提高学生综合素质。学生通过劳动，使自身所学专业知识与实际生产生活相结合，从而提高学生的思想道德素养、促进科学文化水平与实践能力、加强心理健康素质等 3. 通过劳动有效锻炼学生的体力和脑力，进一步加深劳动光荣的意识 4. 提高学生的规则意识，尊重他人的劳动成果 5. 强化学生的纪律观念，主动遵守图书馆相关规定，培养劳动中主动监督的意识
基础知识	1. 了解书刊的分类、编制、书目、索引，以及各科书所在的具体位置 2. 知晓图书馆管理细则，如何审查借阅者身份、维护图书馆秩序及防止偷书行为的方法 3. 了解如何对购买的图书进行登记、盖收藏章、打分类号，归类、存列，整理书籍，按次序上架等基本工作，保证书籍排放整齐、正确 4. 对工作内容要充分了解，做好应对工作的心理准备和服务技能准备
基本技能	1. 掌握文献著录规则，编目及书目数据的相关知识，工作细致，踏实稳重，责任心强，勤奋、敬业，热爱文档管理工作 2. 审查借阅者身份，维护图书馆秩序及防止偷书行为 3. 办理图书借还活动，审查归还图书有无残损、污染，依规定对损坏图书行为进行处理；生成催还图书报表，敦促逾期借书者还书，对逾期者按规定罚款
参加人员	在校家庭困难学生
活动设计	(一) 活动宣传 1. 学期初，由学校向各学院下发本学期勤工助学岗位通知及岗位要求，学院向各专业班级学生传达 2. 学校负责教师向学院负责学生介绍勤工助学岗位职责及人员要求 (二) 活动参与 1. 学生本人填写《勤工助学申请书》，学院根据实际情况签署意见，报勤工助学中心备案 2. 经批准参加勤工助学活动的学生，将资料录入勤工助学管理系统，并接受勤工助学中心统一组织的岗前培训，竞争上岗

续表

活动设计	3. 学生持“勤工助学上岗证”到指定岗位直接上岗或参加设岗部门组织的培训，培训合格后发放“勤工助学上岗证” (三) 岗位设置 招聘人数：根据岗位需求设定 聘任时限：当前学期 岗位种类：图书借还管理岗、图书整理岗 工作时段：8：00-12：00，14：00-18：00，19：00-20：50 工资待遇： 1. 参照学校勤工助学标准 2. 聘期结束后，对考核合格者，学校出具实习证明 (四) 岗位职责要求 1. 要求责任心强，工作踏实仔细，能够很好地完成交付的各项工作任务 2. 做好书本整理、上架及统计添加、删除和修改图书借阅者的基本信息等工作 3. 对书籍进行定期除尘，做好防火、防虫、防潮等工作 4. 协助校图书管理员完成其他工作 (五) 活动注意事项 1. 在同一时期内，每名学生只能申请一个勤工助学岗位 2. 勤工助学学生如果要中途退岗，必须提前一周向本部门的勤工助学指导教师递交离岗申请
安全保护	1. 做好预备功课，了解情况，对工作内容做到大致了解，以免出现问题 2. 做好图书馆安全保卫工作，加强防火安全意识，在工作场所内除工作用电外，严禁其他个人用电、明火等，以免出现安全隐患 3. 负责教师细心组织，领导学生完成各项工作，完善办公室助理岗位机制，培养学生负责任、勇担当的意识
考核评价	1. 由图书馆指导教师负责进行勤工助学学生的考核评价，评定是否合格，是否按期正常发放勤工助学工资 2. 若出现以下情况，图书馆指导教师可根据个人表现相应扣除部分工资 (1) 工作不配合或不认真，对学生工作造成严重影响 (2) 私自占有或损坏公共图书 (3) 对工作情况汇报不属实 3. 以一周为实习期，一周后方可转正(实习期工资照常发放)。对不能履行工作职责的学生，将进行警告批评。工作仍无改进，不能达到要求者，勤工助学监督小组可予以辞退 4. 学生在勤工助学岗位期间因学习、生活、身体等原因不能继续参加图书馆相关工作的，经相关单位批准，可辞退工作

二、社会劳动

社会劳动包括志愿服务、教育服务、垃圾分类、公共服务等。

1. 志愿服务

志愿服务实践活动可以去养老院、社区、火车站等场所进行，具体如表 7-7、表 7-8、表 7-9 所示。

表 7-7　走进养老院实践活动

实践活动一　走进养老院，体味践行劳动精神	
教学目标	1. 在劳动活动中，学会互帮互助、团结合作、共同进步 2. 锻炼学生参与劳动活动的能力，培养学生的合作探究能力和与人交往沟通的能力 3. 培养学生的社会责任感和团队精神，增强学生服务他人、服务社会的意识 4. 切实体味劳动，践行劳动精神 5. 宣传弘扬劳模精神
基础知识	1. 养老院是为老人提供养老服务的组织，又称敬老院。养老院的收养对象主要是五保老人，有条件的养老院还接收享受退休金的自费老人 2. 近年来，随着老龄化社会趋势的日益加剧，选择入住养老院的老人逐年增多，他们渴望得到更周到的生活照料和更细致的心理关怀 3. 百善孝为先。尊老、敬老、爱老是中华民族的传统美德，学生走进养老院进行服务劳动，有利于培养当代学生的社会公德意识，弘扬中华民族敬老爱老的优良传统
工具使用	计算机、投影仪、扫帚、拖把、抹布、晾衣架、相关运动器材
参加人员	全体学生
活动设计	(一) 准备阶段 1. 宣传发动。举行一次以“走进养老院，体味践行劳动精神”为主题的动员课，让学生了解此次实践活动的目的、内容及意义 2. 组织多种形式的宣传活动，充分调动学生参与活动的积极性 (二) 启动阶段 1. 成立各劳动实践小组，各组讨论活动方案，相关知识准备，以及确定活动时间、活动地点、成员分工等内容 2. 预设活动结果，激发各小组成员参与活动的主动性与积极性

续表

活动设计	(三) 实施阶段 该活动包括以下三个环节： 1. 防骗知识宣讲。针对老人容易上当受骗的现象进行防骗知识宣讲，提醒老人识别最常见的电信诈骗、邮包诈骗、冒充燃气公司等工作人员诈骗、冒用亲友身份诈骗等多种犯罪手段，提高老年人警惕性，谨防受骗 2. 开展老人运动会。选择娱乐性较强、危险性较低的项目，如比赛足球射门、沙包掷准、钓瓶、推铁环、保龄球和夹球游戏等项目，进行比赛，倡导健康生活方式，丰富老人精神文化生活 3. 帮老人打扫卫生。活动结束前，帮助老人打扫室内卫生 (四) 总结阶段 1. 各小组汇总各个组员在活动期间记录的实践日记、拍摄的照片等 2. 写出此次实践活动的体会和总结 3. 回忆实践过程，反思不足之处，以便在今后的实践活动中加以改进 4. 设计“实践归来话成就”的主题活动课，各实践小组将自己的实践过程通过 PPT 展示出来，向同学们展示实践风采、实践成果，总结实践经验，为下一次实践活动的开展做好动员准备
安全保护	(一) 乘车安全 1. 汽车抛锚等意外事故需要及时和学校领导取得联系，并汇报相关情况 2. 在乘车过程中严禁将头、手等伸出窗外 3. 学生晕车：提前准备好防晕车药品，储备充足的饮用水，及时补充水分 4. 乘坐正规公交车或出租车辆，以免发生事故 (二) 人身安全 出行前安排负责人，要求落实到位，做到行动一致，防止掉队或离队
考核评价	1. 组内评价。各小组在组内对此次活动进行自我评价，成员间互相评价，各组评选出实践活动中表现最优秀的一名同学 2. 实践地评价。制定评价表并交给实践地的工作人员，让他们对各小组的此次实践活动进行评价。对于各小组的评价设置等级，评价等级高的小组可参与优秀实践团队评选 3. 学校评价。将实践报告汇总后上交给学校领导，由学校领导根据实践报告选出优秀实践报告，进行评价 4. 综合评价。综合组内评价、实践地评价和学校评价，选出优秀个人和优秀团体进行表彰

表 7-8　社区服务实践

实践活动二　参与社区服务，感受劳动精神	
教学目标	1. 走入社区，增进对社会的了解与认识，理解个体与社会的关系 2. 关心社会现实，主动探究社会问题，积极参与力所能及的社区服务活动，服务社会，发展社会实践能力 3. 了解与认识社区服务和相关流程，端正劳动态度，形成良好的劳动习惯 4. 遵守社会行为规范，养成社会交往能力，关心他人，关心社会，具有服务社会的意识和对社会负责的态度 5. 开展问题探究，体验探究过程，对在劳动中发现的社会问题和自我问题进行深度探究，养成主动探究的习惯，形成问题意识，发展探究能力和创新精神
基础知识	1. 社区服务是指政府、社区居委会及数字社区等其他各方面力量直接为社区成员提供的公共服务和其他物质、文化、生活等方面的服务 2. 社区服务主要包括面向群众的便民利民服务，面向特殊群体的社会救助、社会福利和优抚保障服务，面向下岗失业人员的再就业服务和社会保障服务 3. 社区服务的内容极其丰富，充分利用社区服务的广阔平台，是学生实践与锻炼的一个天然的最佳途径
工具使用	扫帚、拖把、抹布、垃圾袋、笔、本子、小型麦克
参加人员	全体学生
活动设计	（一）前期宣传 组织发动以“参与社区服务，感受劳动精神”为主题的活动课，让学生了解此次活动的目的、内容及意义，让学生更好地融入社区、了解社区、服务社区，增进对社会的了解，把握个体与社会的关系，使自己将来更容易融入社会

续表

活动设计	(二) 成立小组 在活动前成立各个小组，确立各小组组长。各小组依据此次活动的目的，及时讨论并研究出具体的行动方案，明确各个成员的任务，做到行动明确、迅速，展现当代学生的精气神 (三) 具体活动形式 1. 小区访谈。该活动由一组成员全权负责，针对社区各个阶层、各个年龄段做抽样调查，询问不同阶层最迫切需要的社区服务项目，调查人员做好记录并向社区负责人及时反映，使问题尽早让负责人知道并及时得到处理 2. 温暖献爱心。该活动针对那些社区的空巢老人及留守儿童，走进社区，走进他们的心中，为他们送去一丝温暖。此项活动不限人数，让学生真正走进空巢老人家中，与他们面对面交谈，与留守儿童做游戏，尽自己的绵薄之力为他们清扫家中杂物，使空巢老人及留守儿童感受来自学生的温暖 3. 社区劳动。此活动人数不限，意在走进社区、服务社区、劳动社区，在社区的角角落落留下自己忙碌的身影。清扫街边卫生，清洁公共区城，为社区美化贡献自己的一份力量 (四) 活动总结 活动结束后，开展“劳动社区心得体会”共享课。每名成员都可以分享此次活动的心得体会，并把此次心得体会整理成文字稿件上传。在分享此次活动心得的同时，要找出此次活动的不足之处，在以后的实践活动中不断吸取经验提升自己
安全保护	1. 乘车安全。做到上下车安全有序，不拥挤，乘车时不将身体任一部位伸出车外 2. 人身安全。各小组组长要求落实到位，做到行动一致。储备医疗包一个，以备不时之需
考核评价	将自己的活动照片及心得体会做成一份实践报告，小组内做一份小组整体考核评价的实践报告并上交于组织，经组织筛选后上交于学校，由学校选出社区服务实践活动中优秀个人及优秀团体，给予学分及证书奖励，以此鼓舞更多的学生参与到实践活动中

表 7-9　走进火车站实践活动

实践活动三　走进火车站劳动最光荣	
教学目标	1. 通过培训，知道进出站及候车大厅的流程和相关要求 2. 共创和谐车站，促进社会进步，为当前社会的平安与稳定贡献一份力量，展现当代学生的青春风采，通过劳动为社会服务 3. 利用闲余时间扩大自己的生活圈子，亲身体验社会的人和事，加深对社会的认识，培养自己的组织及领导能力，同时学习新知识、增强自信心及学会与人相处等能力 4. 体会一线工作者的劳动精神，给周围同学树立劳动榜样
基础知识	1. 火车站是供铁路部门办理客、货运输业务和列车技术作业的场所，是城市人流量最大的场所之一，承载着巨大的工作运营压力 2. 通过志愿者的志愿活动，帮助火车站解决卫生清扫不及时、因过多的行李包裹行动不便的乘客、人流量较大引起的秩序混乱、部分人不会使用自动取票机或过闸机造成的人流拥堵等问题，帮助乘客咨询乘车信息，维持秩序，协助安检，引导乘客乘车等
工具使用	扫帚、拖把、抹布、工作服等
参加人员	全体学生
活动设计	(一) 准备阶段 1. 与火车站负责人取得联系，说明来意并征得同意后确定活动时间、具体地点和活动形式 2. 在确定活动形式后，通过宣传单、动员会等形式鼓励大家积极参与，展现劳动精神 (二) 启动阶段 1. 选拔分组。根据意向同学的相关情况选拔及分组，确定小组长及小组工作范围和职责；单独成立流动组，为各小组提供后勤服务，并负责拍照等记录活动过程 2. 邀请火车站工作人员提前进行相关培训，宣读安全事项 3. 流动组准备好工具并提前准备饮用水，以备活动时使用

续表

活动设计	(三) 实施阶段 1. 早上统一集合，由小组长带领，提前到达指定地点，领取相关物品，并与火车站工作人员进行联系 2. 志愿者秉持“文明礼貌，优质服务”的原则进行微笑服务 3. 在乘客的请求或允许下负责带路或者帮忙提行李 4. 自助购/取票机同学负责协助旅客进行购票、取票 5. 进/出站口同学负责引领，协助工作人员维持现场秩序 6. 候车大厅同学应保持现场卫生，可在客流量较小时打扫卫生 7. 流动组同学应随时走动，提供饮用水，满足各小组需求，解决突发情况，并记录各成员活动情况，以便考核 8. 志愿者在工作过程中遇到突发事件或不懂的问题时，可向火车站的现场工作人员求助 (四) 总结阶段 1. 各小组在活动结束后与工作人员进行交接并合影留念 2. 各小组进行活动后交流，谈谈个人收获，并以小组为单位收齐个人活动总结，同时各小组还应汇总一份火车站须知，以供其他同学学习 3. 选出优秀的个人总结，与火车站须知一起由流动组同学汇总后形成电子文稿，以微信公众号等形式进行宣传 4. 召开相关大会，各小组派代表简述活动期间的所见所闻，并以“青年学生劳动精神”为主题谈谈自己的收获和看法
安全保护	1. 在来、回路上，各小组组长应注意交通安全，确保每位同学的安全 2. 由于火车站的人比较多，各个志愿者都要注意人身和财产安全，听指挥行动
考核评价	1. 流动组进行各成员合格评审，不合格的同学视为未完成活动 2. 各小组根据组内讨论推选优秀个人一名 3. 汇总优秀个人名单后与个人活动总结一起上交，由学校进行活动总结评选 4. 将评优结果进行公示，无误后可以微信公众号等形式对优秀学生的践行劳动精神进行表扬，鼓励大家以他们为榜样进行学习

2. 教育服务

教育服务实践活动可以通过支教、服务幼儿园等活动进行，具体如表 7-10、表 7-11、表 7-12 所示。

表 7-10　支教完成活动

实践活动一　学生支教，传送知识	
教学目标	1. 在支教实践中，增强学生服务社会的意识和对社会负责的态度 2. 锻炼学生参与劳动活动的能力，培养学生的合作探究能力和与人沟通交往的能力 3. 培养学生的社会责任感和团队精神，增强学生服务他人、服务社会的意识 4. 切实体验劳动，践行劳动精神
基础知识	1. 学生支教是指学生利用寒暑假、课余时间参加国家支持贫困山区教育计划，到贫困地区支援教育的行为。学生支教是学生进行社会实践的主要方式之一，也是高校公益活动的主要形式之一 2. 学生支教活动对于改善农村儿童的教育状况、持续推动教育公平、推动社会发展具有积极意义，同时支教活动也满足了学生健康发展的需求和高校培养高素质人才的需求 3. 学生支教活动可以采取线上、线下相结合的方式进行。距离近、时间合适的学生可以继续采用传统的线下实地支教方式，距离远、时间零散的学生可以采取更灵活的线上支教的方式
工具使用	计算机、投影仪、教材、备课本等教学用具
参加人员	全体学生
活动设计	(一) 准备教案 1. 教案的基本格式包括支教时间、年级、支教人员、课堂主题和目的、具体流程 2. 注意所收集的材料不能仅仅是纸张的堆积，而是形成一定的系统，自己对这些材料要完全熟悉并能在课堂上灵活运用。同时，收集材料要量大而质优，如果材料收集不充分，在农村是很难再收集的 3. 在写教案时要根据不同年龄段、不同年级学生的接受程度来设计，对于低年级的学生，课堂可以多趣味性，浅显一些，而对于高年级的学生，课堂可以相对深奥一点 4. 教案要尽可能详细，课堂的每个环节都要显示出来，同时要安排好时间，不能出现拖堂现象

续表

活动设计	5. 教学内容要思想性、知识性和趣味性相结合 (二) 准备随身物品 1. 被褥、换洗衣物等 2. 个人的洗漱用品(牙刷、毛巾、洗发水、肥皂、沐浴露等，如果行李过重可以考虑在县城购买) 3. 笔记本电脑 (三) 准备公共物品 1. 电插板两个，计算机两台，较亮、小巧耐用的手电两只(男女生分开住，所以需要两个) 2. 给学生的文具、体育用品、各类教材、体育器材等 3. 药品 (四) 课堂教学 教学(课程有语文、数学、体育、电影、音乐等)区别于一般的课堂教学，形式灵活、内容丰富，易激发所支教学生的兴趣。主要讲授生活中的所见所闻、发生在身边的故事、大自然的奇妙、祖国大好河山的美丽等 (五) 活动总结 参与学生每日进行支教日志记录，每周进行总结。支教结束后形成完整汇报文稿
安全保护	(一) 乘车安全 1. 发生汽车抛锚等意外事故，需要及时和学校领导取得联系，并汇报相关情况 2. 乘车过程中严禁将头、手等伸出窗外 3. 晕车的学生提前准备好防晕车药品，储备充足的饮用水，及时补充水分 4. 乘坐正规公交车、出租车辆出行，以免发生事故 (二) 人身安全 行前安排负责人，要求落实到位，做到行动一致，防止掉队或离队
考核评价	1. 组内评价。各小组在组内对于此次活动进行自我评价、成员间互相评价，各组评选出支教活动中表现最优秀的一名同学 2. 支教地评价。制定评价表并交给支教学校的工作人员，让他们对各小组此次的支教活动进行评价；对各小组的评价设置等级 3. 学校评价。将支教报告汇总上交给学校，由学校根据支教报告选出优秀的支教报告并进行评价 4. 综合评价。综合组内评价、支教地评价和学校评价，对支教人员进行综合评价

表 7-11 服务幼儿园实践活动

实践活动二 服务幼儿园，关爱幼儿	
教学目标	1. 在志愿服务过程中，增强学生服务社会的意识和对社会负责的态度 2. 培养学生关心儿童、关爱儿童的观念，引导学生参与幼儿园志愿服务活动，为儿童健康成长创造良好的环境 3. 培养学生的合作探究能力和与人沟通交往的能力，培养学生的社会责任感和团队精神，增强学生服务他人、服务社会的意识 4. 切实体验劳动，践行劳动精神
基础知识	1. 幼儿园教育作为整个教育体系基础的基础，是对幼儿集中进行保育和教育的活动。幼儿园的任务是解除家庭在培养幼儿时所受时间、空间和环境的制约，让幼儿身体、智力和心理得以健康发展。 2. 儿童是祖国的未来和希望。党和国家历来坚持“儿童优先”的原则，关心儿童的健康成长，重视儿童事业的发展。当代青年也要关心关爱儿童，助力儿童健康成长
工具使用	海报、照片、画纸、彩笔等
参加人员	全体学生
活动设计	(一) 前期准备 1. 做好活动的策划和前期工作的分配 2. 取得学校认可并开出本次活动许可证明 3. 以海报或展板的形式宣传本次活动 4. 提前了解幼儿园情况 (二) 具体安排 1. 与幼儿园相关负责人联系好，让同学们按分好的组到自己应该负责的房间与地方做自己力所能及的事 2. 各成员首先和幼儿进行短暂的交流，将幼儿分为几个小组，每组安排一名志愿者

续表

活动设计	3. 给幼儿讲故事，给他们讲讲自己的童年和他们有什么不一样，让幼儿讲一讲自己的有趣的事情 4. 做游戏，每组自由安排幼儿参加，但一定要把安全放在第一位 5. 由幼儿表演一个节目 6. 由志愿者教幼儿一些简单的舞蹈动作，然后由幼儿教志愿者一些东西，在此环节中表现好的幼儿将会得到精美的小奖品 7. 和幼儿玩一些益智类游戏 (三) 注意事项 1. 活动期间，要以孩子们的安全为主 2. 活动结束前，为他们简单地做一下卫生清洁，或与他们道别 3. 活动结束后，所有志愿者要遵守纪律一起回到学校后再解散
安全保护	1. 所有参加活动的志愿者要遵守幼儿园的相关规定，不得损坏公共财物 2. 所有参加活动的志愿者在活动中要遵守纪律，服从安排 3. 所有参加活动的志愿者在活动中要注意安全。特别注意幼儿的安全问题
考核评价	1. 组内评价。各小组在组内对此次活动进行自我评价、成员间互相评价，各组评选出实践活动中表现最优秀的一名同学 2. 实践地评价。制定评价表，并交给实践地的工作人员，让他们对各小组此次的实践活动进行评价。对于各小组的评价设置等级，评价等级高的小组可参与优秀实践团队评选 3. 学校评价。将实践报告汇总后上交给学校领导，由学校领导根据实践报告选出优秀实践报告并进行评价 4. 综合评价。综合组内评价、实践地评价和学校评价，选出优秀个人和优秀团体进行表彰

表 7-12　师范生支教实践活动

实践活动三　师范生支教，发挥专业优势	
教学目标	1. 培养学生的实践能力、服务意识，发挥学生的知识技能、图文优势，锻炼学生的意志，提升学生的素质 2. 鼓励学生参加社会实践活动，在支教活动中体会帮助的快乐，体味劳动精神 3. 培养学生用所学的知识服务社会，回报祖国，实现自我价值和社会价值。通过对支教生活的体验，学会面对各种困难、磨炼意志，在艰苦的环境中锤炼自我、净化心灵、升华人格
基础知识	1. 教育实习是师范专业人才培养过程中重要的一个实践性教学环节，通过教育实习可以进一步培养与锻炼学生理论联系实际和分析问题、解决问题的能力，培养与锻炼学生从事教育和教学工作的能力，并加深和巩固学生的专业思想。 2. 学生支教可以采取线上、线下相结合的方式进行。距离近、时间合适的学生可以继续采用传统的线下实地支教方式，距离远、时间零散的学生可以采取更灵活的线上支教的方式
工具使用	教材、备课本、计算机等教学用具
参加人员	全体学生
活动设计	(一) 前期准备 召开支教活动支教志愿服务团安排协调会、交流会。组建小组，初步了解学校、社区情况，与当地学生教师交流，认识学生。集中开展课研小组讨论，支教小组交流心得 (二) 具体流程 1. 针对教学内容及安全等进行专门培训 2. 当天到达目的地集合，安排好住宿问题。与学校校长、教师进行座谈，同时商量本次活动相关事宜。将学校课程表分发给支教志愿者，协调课程及活动时间 3. 支教志愿者熟悉教学环境，认真研读教案，掌握教学方向。对在校学生的心理进行问卷调查，对当地教师的待遇等与教育相关的问题进行问卷调查 4. 正式授课。对成绩较差的学生进行一对一补课，空余时间给学生答疑

续表

活动设计	5. 最后一天授课结束后举办讲座，帮助所教学生了解和认识外面的世界，使学生树立自信心和远大的理想 6. 举行告别仪式，小组成员做总结汇报 (三) 支教活动 1. 支教志愿者培训。志愿者外出授课前，进行统一培训。培训内容包括基本礼仪、课堂应注意的基本事项、活跃气氛、调动学习积极性、突发事件的应急处理等 2. 文化类教学。给当地学生讲一些有趣的历史故事、传说、成语典故等；介绍汉族和少数民族的特色；给当地学生介绍中国发达地区的情况，如大城市的学生学习生活；向学生介绍各国丰富多彩的文化；介绍中国的现代化建设概况 3. 语言类教学。让学生接触汉语及英语生动的一面，以更多的趣味性区别于一般课堂的语文及英语教学，增强学生的语言运用能力，激发他们对汉语的热爱和对祖国的热爱、对外语的学习兴趣及积极性 4. 艺体类教学，如篮球等，在操场进行各种集体游戏，支教志愿者和学生一起唱歌跳舞等
安全保护	1. 对学生出现的心理异常情况及时进行疏导。引导学生写出所思所想，说出自己的感受，用行动关心留守儿童，及时缓解其心理困惑 2. 发现课程安排不符合客观情况时要及时调整教学安排，不打扰支教学校的正常上课秩序；在户外进行第二课堂教育时，注意当天天气并做好防护措施 3. 为了保证支教队伍的纪律与安全性，外出前，每位成员认真阅读安全协议，确认无误后签署《安全协议书》
考核评价	1. 支教结束后，与当地校方联系，听取校方意见及做好学生和家长的意见反馈工作 2. 召开负责人会议，对此次活动进行总结，查漏补缺，做好汇报工作，主要总结本次支教活动的经验和不足，使下次活动得到改进和完善 3. 支教小组成员完成活动总结及活动后期短片制作等 4. 活动结束后整理相关材料，联系相关媒体对此次支教活动进行报道，扩大此次支教活动的影响力，进一步弘扬志愿者服务精神，吸引社会上更多的人加入志愿者行列，并且增加人们对贫困地区教育状况的关注度

3. 垃圾分类

垃圾分类实践活动可通过学习垃圾分类知识、宣传垃圾分类等来进行，具体如表7-13、表7-14、表7-15所示。

表7-13　学习垃圾分类实践活动

实践活动一　学习垃圾分类，提高分类意识	
教学目标	1. 提升对垃圾分类问题的重视，践行“绿水青山就是金山银山”的理念 2. 认识垃圾分类的标志，学习垃圾分类的方法，树立并贯彻“创新绿色、开放、共享”的发展理念 3. 提高垃圾分类意识，加强生活垃圾分类指导，提高分类投放准确率 4. 引导树立劳动最光荣、劳动最崇高、劳动最伟大、劳动最美丽的观念
基础知识	1. 垃圾分类指按规定标准将垃圾分类储存、分类投放和分类搬运的一系列活动，以便达到提高垃圾资源价值、经济价值，物尽其用的目的 2. 一般可回收物收集容器为蓝色，厨余垃圾收集容器为绿色，有害垃圾容器为红色，其他垃圾收集容器为灰色
工具使用	垃圾分类知识竞赛题库，桌子，乒乓球，马克笔，蓝色、绿色、红色、灰色长吸管各一根，双面胶，秒表
参加人员	全体在校生
活动设计	(一) 垃圾分类知识分享会 1. 负责人在活动之前准备好本次会议需要讲解的知识并设计好本次活动需要的知识竞赛题库 2. 分享会开始时，负责人介绍垃圾分类的意义及国家倡导垃圾分类之后我国现阶段垃圾分类的情况 3. 负责人引导学生通过查阅书籍、互联网等方式获取有关垃圾分类知识和相关法律法规等

续表

活动设计	4. 负责人将参与学生进行分组，平均每 6 名学生为一组，分组交流汇总垃圾分类重要性、垃圾分类方法及不同地区垃圾分类相关法律法规等。派出组内代表进行相关发言，负责人根据发言情况及组内成员表现情况给每位学生进行打分 (二) 垃圾分类素质拓展活动 在活动开始前，负责人安排几名学生准备好一张桌子，将吸管弯折成 U 形并将其用双面胶固定在桌面随意的位置上，乒乓球上用马克笔写好不同种类垃圾的名称 1. 每两组进行一场比赛，比赛开始时负责人开始计时，两组成员先进行垃圾分类知识竞赛，每组答对五道题即可进入“对号入座”环节 2. 每组成员轮流将标记好的乒乓球按照其分类从桌面的一个角吹入相对应颜色的 U 形吸管中 3. 素质拓展活动结束后，负责人根据每组所用时间以及知识竞赛答题情况进行打分 (三) 活动评分 所有活动结束后，每组撰写垃圾分类相关知识笔记与感想并提交给负责人，负责人依据撰写内容进行打分
安全保护	1. 严格遵从负责人的指挥 2. 按规定借用桌子并及时归还 3. 按规则进行素质拓展活动 4. 使用完的乒乓球、吸管不乱扔，进行二次利用 5. 认真撰写学习感想，不抄袭
考核评价	考核采取负责人评分制，分数划分为四个等级：优秀(90～100 分)，良好(75～89 分)、合格(60～74 分)、不合格(60 分以下)。基础分为 60 分 1. 负责人根据讨论发言情况对每组进行打分，并对发言者进行加分，最高加 10 分 2. 在知识竞赛环节，连续答对 5 道题加 20 分，连续答对 4 道加 16 分，连对 3 道加 12 分，以此类推 3. 最快完成对号入座的小组加 10 分 4. 学习感想有抄袭现象扣 20 分 5. 破坏工具材料扣 10 分 6. 学习过程中不专心，玩手机扣 10 分 7. 无故缺席直接不合格

表 7-14 宣传垃圾分类实践活动

实践活动二 宣传垃圾分类，营造环保氛围	
教学目标	1. 倡导学生树立保护环境、低碳生活的理念 2. 营造节能减碳的环保氛围，争做垃圾分类的宣传者 3. 普及垃圾分类方法，实现垃圾分类全覆盖，让人人参与垃圾分类成为新时尚 4. 强化劳动意识，提高创造性劳动能力 5. 培养勤俭、奋斗、创新、奉献的劳动精神
基础知识	2017 年 3 月 18 日，国务院办公厅发布《生活垃圾分类制度实施方案》；2017 年 12 月 20 日，住房城乡建设部发布《关于加快推进部分重点城市生活垃圾分类工作的通知》；2019 年上海正式实施《上海市生活垃圾管理条例》，上海成为第一个垃圾分类试点城市；2020 年，我国将北京、天津、重庆、福州、厦门、西宁、乌鲁木齐等 46 个城市纳入分类试点城市，垃圾分类处理系统基本建成
基本技能	1. 具备书面表达能力，能以发布新闻的方式宣传垃圾分类有关内容 2. 具备语言表达能力，能准确地将自己所学到的知识宣讲给其他人并引起他人的共鸣 3. 需要具有较强理解能力和人际沟通能力，能创造良好沟通氛围，礼貌待人，以青年学生良好的形象宣讲相关知识 4. 要有良好的组织能力，能够组织他人积极参与到此次宣传活动中
参加人员	在校学生
活动设计	1. 举行垃圾分类活动启动仪式。首先，负责人致辞，强调做好垃圾分类工作的重要性，鼓励全校师生等一起参与到垃圾分类活动中；其次，邀请学校保洁员工代表发言，表示落实垃圾分类工作，贯彻“创新、协调、绿色、开放、共享”理念；再次，学生代表宣读倡议书；最后，进行签字仪式

续表

活动设计	2. 利用广播站、宿舍板报、学院宣传栏、校内外网站及制作垃圾分类手抄报的方式大力宣传普及学习垃圾分类知识，营造垃圾分类教育的浓厚氛围，负责人依据宣传情况进行评分 3. 向学校相关部门申请固定宣传点，在宣传点拉宣传横幅、张贴海报并展示优秀垃圾分类宣传手抄报，分发宣传资料，进行垃圾分类互动小游戏(如有奖竞答)，并邀请参与人员进行垃圾分类倡议签字，负责人依据现场宣传人员表现情况进行评分 4. 设计调查问卷，分组进入校园、社区、商场等地调查周围人员对垃圾分类的了解程度及实施程度 5. 汇总调查情况，每组撰写一份调查报告，在活动结束后提交给负责人，负责人依据撰写情况进行评分
安全保护	1. 签字仪式时注意疏通人员，避免发生踩踏事件 2. 广播站及学院沟通好相关活动需要，以便宣传能顺利进行 3. 调查时注意文明礼仪，切实维护当代青年学生的良好形象 4. 外出进入社区、商场等地时注意交通安全 5. 进入商场时，遵循其职场秩序，不打扰他人正常工作
考核评价	考核采取负责评分制，分数划分为四个等级：优秀(90～100 分)，良好(75～89 分)，合格(60～74 分)，不合格(60 分以下)。基础分为 60 分 (一) 加分项 1. 认真学习、宣传垃圾分类知识，积极配合宣传工作，能主动向负责区域人员宣传垃圾分类知识，负责人依情况加分，最多加 15 分 2. 积极向校内外新闻网站提供有关垃圾分类新闻稿件，成功发布一篇加 5 分，最多加 15 分 3. 对调查结果进行深刻分析，提出有利于制止垃圾乱扔现象的好方法、好点子，负责人依情况加分，最多加 10 分 (二) 减分项 1. 不配合宣传工作，在宣传过程中私自离岗，扣 20 分 2. 宣传过程中玩手机、举止不文明、打扰他人正常工作，扣 10 分 3. 调查报告有严重抄袭现象，扣 20 分

表 7-15　践行垃圾分类活动

实践活动三　践行垃圾分类，养成良好习惯	
教学目标	1. 规范生活垃圾分类投放收集储存工作 2. 养成垃圾分类习惯，促进资源回收利用，改善城乡环境 3. 倡导简约适度、绿色低碳的生活方式，创建生态、美丽的校园环境 4. 强化实践体验，增强对劳动人民的感情 5. 体会劳动创造美好生活，认识劳动不分贵贱
基础知识	生活中的垃圾主要分为可回收垃圾、有害垃圾、厨余垃圾、其他垃圾四类 1. 可回收垃圾是再生资源，指生活垃圾中未经污染，适宜回收循环利用的废物。可回收垃圾主要包括纸类(报纸、传单、杂志、旧书、纸板箱及其他未受污染的纸制品等)、金属(铁、铜、铝等制品)、玻璃(玻璃瓶罐、平板玻璃及其他玻璃制品)、除塑料袋外的塑料制品(泡沫塑料、塑料瓶、硬塑料等)、橡胶及橡胶制品、牛奶盒等包装、饮料瓶(可乐瓶、塑料饮料瓶、啤酒瓶)等 2. 有害垃圾含有对人体健康有害的重金属、有毒的物质或者对环境造成现实危害或者潜在危害的废弃物。有害垃圾主要包括电池(蓄电池、纽扣电池等)、废旧电子产品、废旧灯管灯泡、过期药品、过期日用化妆品、染发剂、杀虫剂容器、除草剂容器、废弃水银温度计、废弃漆桶、废打印机墨盒、硒鼓等 3. 厨余垃圾是指食材废料、剩菜剩饭、瓜皮果核、中药药渣等易腐的生活废弃物 4. 其他垃圾指除可回收物、有害垃圾、厨余垃圾以外的其他生活废弃物。这类垃圾不会腐烂，危害较小，但无再次利用价值。其他垃圾主要包括受污染与无法再生的纸张(纸杯、照片、复写纸、收据用纸、明信片、相册、卫生纸、尿片等)、受污染或其他不可回收的玻璃、塑料袋与其他受污染的塑料制品、废旧衣物与其他纺织品、破旧陶瓷品、一次性餐具、烟头等
基本技能	1. 垃圾处理能力，如报纸、书本等废纸类垃圾应叠放整齐再分类丢弃，纸箱等应拆解并压扁捆绑，饮料、奶茶包装盒应抽出吸管，倒掉残余液体后再集中投放 2. 要具备一定的发明创造能力，能将可回收垃圾循环利用，做到物尽其用 3. 要有良好的沟通能力，遇见特殊情况能顺利与他人进行沟通，解决问题
参加人员	在校学生

续表

活动设计	1. 在活动开始前，由活动负责人介绍活动的目的、意义、具体活动内容和相关要求，提醒参与人员做好个人防护 2. 参与人员在活动开始时，先将宿舍内生活垃圾进行分类，分别装入四色垃圾袋内，然后将可回收垃圾储备好，以便进行手工制作，最后将其他垃圾放到指定位置 3. 负责人为每组成员准备好四色垃圾袋，一次性手套、口罩、卫生工具等，分组到学校指定地点(餐厅、公寓楼下垃圾桶旁边、道路旁边、绿化林等)捡拾垃圾并将其分类到四色垃圾袋内，捡拾过程中遇到乱扔垃圾行为及时进行劝阻。负责人根据垃圾分类准确度进行评分 4. 将收集的可回收垃圾回收利用，进行工艺品制作，发明创造等，每组完成一个工艺品即可，负责人依据作品制作情况进行评分 5. 将未进行工艺品制作的可回收垃圾(废料制品、包装瓶、废纸屑等)出售给废品回收站，并将钱捐给公益组织 6. 由负责人召集小组成员进行分享讨论，谈收获话感受，达成共识，认识此次劳动教育活动的意义
安全保护	1. 捡拾垃圾时注意卫生安全，戴好口罩、一次性手套，使用规定卫生工具 2. 使用完卫生工具及时归还 3. 对不认识、不了解的实验垃圾、医疗垃圾不随意捡拾，由专业人员处理 4. 整理完垃圾以后注意洗手消毒
考核评价	考核采取负责人评分制，分数划分为四个等级：优秀(90～100 分)、良好(75～89 分)、合格(60～74 分)、不合格(60 分以下)。基础分为 60 分。 (一) 加分项 1. 有强烈的社会责任感和敬业精神，在日常生活中坚持环保理念，践行环保行动 2. 能准确进行垃圾分类并有良好的垃圾分类习惯 3. 积极主动参加回收利用废品的制作、发明活动并取得良好成绩。负责人根据以上几点情况进行加分 (二) 减分项 1. 未正确进行垃圾分类，且未将分类好的垃圾放到指定位置，扣 10 分 2. 破坏卫生工具材料扣 10 分 3. 在实践过程中不听从负责人安排，私自离开队伍，扣 20 分

4. 公共服务

公共服务实践活动可通过体验交通协管员、走进图书馆、体验基层挂职等活动来进行，具体如表 7-16、表 7-17、表 7-18 所示。

表 7-16 坚守十字路口实践活动

实践活动一 坚守十字路口，体会劳动精神	
教学目标	1. 在志愿服务中，了解交通知识，学会与他人沟通交流，提高自身交际能力 2. 增强学生的正义感，懂得以合理的方式去提醒并制止他人的错误行为 3. 深化职业无贵贱、尊重劳动者的意识，体会交警等一线劳动者的艰辛 4. 维护城市交通顺畅，提升自我劳动成就感
基础知识	1. 遵守交通规则是每个人的义务，在志愿服务前需要了解专业的交通知识并在过程中与交警人员及时沟通交流 2. 生命安全大于一切，只有遵守交通规则，才能避免安全隐患
工具使用	计算机、投影仪、工作服、指挥旗、哨子
参加人员	全体学生
活动设计	(一) 准备阶段 1. 负责人与辖区内交警分队取得联系，确认劳动时间、地点、人数 2. 宣传。在校内进行“坚守十字路口，体会劳动精神”宣讲课，讲解此次行动流程安排，宣传此次活动的意义，鼓励大家积极参与 (二) 启动阶段 1. 根据报名学生合理进行分组，选出小组长进行统一管理 2. 提前一天邀请交警队对志愿者进行培训，包括服装穿着、器材使用、职责等，并宣读安全事项

续表

活动设计	(三) 实施阶段 1. 早上统一集合，由小组长提前带至指定地点，与值班民警进行交接管理 2. 按要求在各自指定地点进行交通辅助管理，对欲闯红灯的行人、非机动车、未按要求等待非机动车(如阻挡路口)进行及时劝阻及批评教育，保证措施合理恰当 3. 随时观察周围情况，对需要帮助的人及时提供帮助 (四) 总结阶段 1. 小组进行组内交流，交流当天发生的事情，进行自我总结 2. 由各小组组长进行汇报，包括对本组学生进行点评，当天活动期间的收获感悟等 3. 各成员上交活动实践日记，应写出自己的体会和收获 4. 选出 5 份最好的实践日记，由专门同学进行汇总，形成电子版，在微信公众号等平台进行宣传 5. 召开相关主题大会，由各组派人进行实践风采展示，并以小组成员实践活动期间的所见所闻为典型进行宣讲，宣传交通路口的相关法则及交警等一线劳动者的艰辛
安全保护	1. 此活动在路口开展，危险性较高，同学们需注意保护自己 2. 活动期间要学会使用自己的指挥棒、反光衣物等，提醒周围车辆避让 3. 在对他人进行劝阻时，要动之以情，晓之以理，语气合适，对不理解的同志要多番解释，切勿与他人起争执，根据情境可迅速与值班交警联系
考核评价	1. 小组内进行合格评审，每个人都应由其他人举手表决是否合格进行了活动，不合格者视为未完成活动，取消奖励 2. 组内通过轮流发言对自己进行总结，并最后由小组推选一名评为优秀志愿者 3. 汇总各小组优秀志愿者事迹及报告，上交学校，由相关领导进行复审；每个小组还应上交小组实践报告，同样上交学校，评出优秀小组 4. 评选完后，由相关同学进行汇总，并以公众号等形式进行宣传，鼓励大家践行劳动精神

表 7-17　走进市图书馆实践活动

实践活动二　走进市图书馆，体验服务快乐	
教学目标	1. 提高学生人文素养，加强服务公众的意识 2. 通过走进市图书馆，进行文化传播、图书整理、图书导读等志愿服务活动，提高学生参与社会公共文化服务的能力
基础知识	1. 市图书馆是人们用来学习的神圣之地，需要保持干净整洁、安静、温馨的读书环境 2. 掌握图书馆的内部结构以及每层的藏书类别、藏书的摆放形式、书籍的保护方式等 3. 通过对市图书馆的图书整理、图书讲解等，使自身掌握一些图书的基本信息以及图书馆对藏书的管理方式，在服务的过程中接受知识的熏陶，提高自己的文化素养
工具使用	工作服、指挥旗、哨子、抹布、剪刀、黑色签字笔等
参加人员	全体学生
活动设计	(一) 前期准备 1. 提前联系市图书馆负责人，说明此次活动的内容、方式及目的 2. 宣传动员，让同学们了解此次活动的目的，内容及意义，更好地发挥青年学生模范作用，增进对社会的了解，更好地服务社会 3. 在活动前夕成立各个小组，如讲解组、卫生组、修复组等，确立各小组组长。各小组通过此次活动的目的及时讨论并研究出具体的行动方案，为各成员分配区域，做到行动明确、迅速，展现当代青年学生的精气神

续表

活动设计	(二) 活动中期 1. 早上统一集合，由小组长提前带至指定地点 2. 联系市图书馆负责人，对整理图书的志愿者进行必要的培训，熟悉服务环境，掌握图书管理的方法、要求和图书的基本信息，方便为大众讲解 3. 活动可以开展时，自行组织人员进行图书整理，注意时刻保持安静 4. 准备一些必要的修书工具，如胶带、笔、剪刀等，发现破损的书籍及时进行修补 5. 用干抹布对藏书、书架等进行简单的灰尘打扫 (三) 活动后期 1. 活动结束后，每个成员写一份活动总结，表达自己的收获感悟，发现不足与缺点，及时改进 2. 活动负责人认真登记好参加活动的同学并做出表彰 3. 活动结束后在图书馆门口留影纪念
安全保护	(一) 乘车安全 1. 去市图书馆的过程中要注意乘车安全 2. 乘车过程中严禁将头、手等伸出窗外 3. 提前准备好晕车药等，储备充足的饮用水，及时补充水分 4. 乘坐正规公交车或出租车辆，以免发生事故 (二) 人身安全 提前安排行程负责人，要求落实到位，做到行动一致，防止掉队或离队
考核评价	1. 小组内评审，组内所有成员举手表决是否合格进行了活动，不合格为未完成活动，取消奖励，通过轮流发言对自己进行总结，并在最后由各小组推选一名成员为优秀志愿者 2. 汇总各小组优秀志愿者事迹及报告，由全体成员进行评选，评出优秀小组 3. 评选完成后，由相关同学进行汇总，并以微信公众号等形式进行宣传，鼓励大家践行劳动精神

表 7-18　基层挂职实践活动

实践活动三　体验基层挂职，感悟青春人生	
教学目标	1. 通过挂职锻炼，实现政治理论教育与工作实践相结合，使青年学生在全心全意为人民服务中增强社会责任感和历史使命感 2. 通过多层次、多岗位的基层实践锻炼，使青年学生积累经验，拓宽视野，为将来走向社会做良好的铺垫 3. 通过社区基层锻炼，明白自己肩负的使命，做到真正为各基层单位做力所能及的事情，解决实际问题，实现青年学生的人生价值
基础知识	1. 挂职锻炼的主要工作内容为协助和配合社区领导开展日常工作，包括文书写作、档案管理、组织协调、网络维护、信息采编，上传下达等 2. 挂职锻炼能促进社区与高校的互动意识，增强在校青年学生的责任感和使命感，使青年学生真正与社会接触积累社会经验
工具使用	工作服、计算机、本子、黑色签字笔等
参加人员	全体学生
活动设计	(一) 前期准备 1. 与学校附近一些街道社区居委会联系，由他们提供一些挂职锻炼的岗位 2. 线下宣传。在校内进行宣讲，讲解此次活动流程安排，宣传此次活动的意义，鼓励大家积极参与 3. 线上宣传。利用微信公众号、线上通知等进行宣传，全面部署、广泛动员，充分调动在校学生的积极性 4. 对每个岗位进行学生分组，选出每组的负责人

续表

活动设计	(二) 活动中期 1. 早上统一集合，由负责人分别带至指定地点 2. 每名挂职学生负责 1～2 个街道及其社区，协助社区组织建设和文化建设，志愿服务等 3. 挂职学生要定期做相关社区调研，及时反馈给学校 4. 挂职学生每半个月定期进行交流会，听取各方面工作汇报和工作意见 (三) 活动后期 1. 小组内进行交流，交流当天发生的事情，进行自我总结 2. 由各小组组长进行汇报，包括对本组学生进行点评，当天挂职期间的收获感悟等 3. 各成员上交挂职日记，应写出自己的体会和收获 4. 在微信公众号等平台进行宣传，弘扬学生的责任意识 5. 召开相关主题大会，由各组派人进行挂职风采展示，并以小组成员志愿期间的所见所闻为典型进行宣讲，呼吁学生积极参与挂职活动，真正为社会干实事、做贡献
安全保护	1. 乘车安全。各小组在前往目标地点时要注意人身安全，乘坐正规车辆，必要时准备好晕车药 2. 人身安全。提前安排行程负责人，在整个挂职过程中要求落实到位，做到行动一致，防止掉队或离队
考核评价	1. 小组内评审。组内所有成员举手表决是否合格进行了活动，不合格者视为未完成活动，取消奖励，通过轮流发言对自己进行总结，最后由小组推选一名学生作为优秀志愿者 2. 汇总各小组优秀志愿者事迹及报告，由全体成员进行评选，评出优秀小组 3. 评选后，由相关同学进行汇总，并以公众号等形式进行宣传，鼓励大家践行劳动精神

附　　录

附录A　中共中央国务院关于全面加强新时代大中小学劳动教育的意见

(2020年3月20日)

为构建德智体美劳全面培养的教育体系，现就加强新时代大中小学劳动教育提出如下意见。

一、充分认识新时代培养社会主义建设者和接班人对加强劳动教育的新要求

(一) 重大意义。劳动教育是中国特色社会主义教育制度的重要内容，直接决定社会主义建设者和接班人的劳动精神面貌、劳动价值取向和劳动技能水平。长期以来，各地区和学校坚持教育与生产劳动相结合，在实践育人方面取得了一定成效。同时也要看到，近年来一些青少年中出现了不珍惜劳动成果、不想劳动、不会劳动的现象，劳动的独特育人价值在一定程度上被忽视，劳动教育正被淡化、弱化。对此，全党全社会必须高度重视，采取有效措施切实加强劳动教育。

(二) 指导思想。以习近平新时代中国特色社会主义思想为指导，全面贯彻党的教育方针，落实全国教育大会精神，坚持立德树人，坚持培育和践行社会主义核心价值观，把劳动教育纳入人才培养全过程，贯通大中小学各学段，贯穿家庭、学校、社会各方面，与德育、智育、体育、美育相融合，紧密结合经济社会发展变化和学生生活实际，积极探索具有中国特色的劳动教育模式，创新体制机制，注重教育实效，实现知行合一，促进学生形成正确的世界观、人生观、价值观。

(三) 基本原则

——把握育人导向。坚持党的领导，围绕培养担当民族复兴大任的时代新人，着力提升学生综合素质，促进学生全面发展、健康成长。把准劳动教育价值取向，引导

学生树立正确的劳动观，崇尚劳动、尊重劳动，增强对劳动人民的感情，报效国家，奉献社会。

——遵循教育规律。符合学生年龄特点，以体力劳动为主，注意手脑并用、安全适度，强化实践体验，让学生亲历劳动过程，提升育人实效性。

——体现时代特征。适应科技发展和产业变革，针对劳动新形态，注重新兴技术支撑和社会服务新变化。深化产教融合，改进劳动教育方式。强化诚实合法劳动意识，培养科学精神，提高创造性劳动能力。

——强化综合实施。加强政府统筹，拓宽劳动教育途径，整合家庭、学校、社会各方面力量。家庭劳动教育要日常化，学校劳动教育要规范化，社会劳动教育要多样化，形成协同育人格局。

——坚持因地制宜。根据各地区和学校实际，结合当地在自然、经济、文化等方面条件，充分挖掘行业企业、职业院校等可利用资源，宜工则工、宜农则农，采取多种方式开展劳动教育，避免“一刀切”。

二、全面构建体现时代特征的劳动教育体系

(四) 把握劳动教育基本内涵。劳动教育是国民教育体系的重要内容，是学生成长的必要途径，具有树德、增智、强体、育美的综合育人价值。实施劳动教育重点是在系统的文化知识学习之外，有目的、有计划地组织学生参加日常生活劳动、生产劳动和服务性劳动，让学生动手实践、出力流汗，接受锻炼、磨炼意志，培养学生正确劳动价值观和良好劳动品质。

(五) 明确劳动教育总体目标。通过劳动教育，使学生能够理解和形成马克思主义劳动观，牢固树立劳动最光荣、劳动最崇高、劳动最伟大、劳动最美丽的观念；体会劳动创造美好生活，体认劳动不分贵贱，热爱劳动，尊重普通劳动者，培养勤俭、奋斗、创新、奉献的劳动精神；具备满足生存发展需要的基本劳动能力，形成良好劳动习惯。

(六) 设置劳动教育课程。整体优化学校课程设置，将劳动教育纳入中小学国家课程方案和职业院校、普通高等学校人才培养方案，形成具有综合性、实践性、开放性、针对性的劳动教育课程体系。

根据各学段特点，在大中小学设立劳动教育必修课程，系统加强劳动教育。中小学劳动教育课每周不少于1课时，学校要对学生每天课外校外劳动时间作出规定。职业院校以实习实训课为主要载体开展劳动教育，其中劳动精神、劳模精神、工匠精神专题教育不少于16学时。普通高等学校要明确劳动教育主要依托课程，其中本科阶段不少于32学时。除劳动教育必修课程外，其他课程结合学科、专业特点，有机融入劳动教育内容。大中小学每学年设立劳动周，可在学年内或寒暑假自主安排，以集体劳动为主。高等学校也可安排劳动月，集中落实各学年劳动周要求。

根据需要编写劳动实践指导手册，明确教学目标、活动设计、工具使用、考核评价、安全保护等劳动教育要求。

(七) 确定劳动教育内容要求。根据教育目标，针对不同学段、类型学生特点，以日常生活劳动、生产劳动和服务性劳动为主要内容开展劳动教育。结合产业新业态、劳动新形态，注重选择新型服务性劳动的内容。

小学低年级要注重围绕劳动意识的启蒙，让学生学习日常生活自理，感知劳动乐趣，知道人人都要劳动。小学中高年级要注重围绕卫生、劳动习惯养成，让学生做好个人清洁卫生，主动分担家务，适当参加校内外公益劳动，学会与他人合作劳动，体会到劳动光荣。初中要注重围绕增加劳动知识、技能，加强家政学习，开展社区服务，适当参加生产劳动，使学生初步养成认真负责、吃苦耐劳的品质和职业意识。普通高中要注重围绕丰富职业体验，开展服务性劳动、参加生产劳动，使学生熟练掌握一定劳动技能，理解劳动创造价值，具有劳动自立意识和主动服务他人、服务社会的情怀。中等职业学校重点是结合专业人才培养，增强学生职业荣誉感，提高技能水平，培育学生精益求精的工匠精神和爱岗敬业的劳动态度。高等学校要注重围绕创新创业，结合学科和专业积极开展实习实训、专业服务、社会实践、勤工助学等，重视新知识、新技术、新工艺、新方法应用，创造性地解决实际问题，使学生增强诚实劳动意识，积累职业经验，提升就业创业能力，树立正确择业观，具有到艰苦地区和行业工作的奋斗精神，懂得空谈误国，实干兴邦的深刻道理；注重培育公共服务意识，使学生具有面对重大疫情、灾害等危机主动作为的奉献精神。

(八) 健全劳动素养评价制度。将劳动素养纳入学生综合素质评价体系，制定评价标准，建立激励机制，组织开展劳动技能和劳动成果展示、劳动竞赛等活动，全面客观记录课内外劳动过程和结果，加强实际劳动技能和价值体认情况的考核。建立公示、审核制度，确保记录真实可靠。把劳动素养评价结果作为衡量学生全面发展情况的重要内容，作为评优评先的重要参考和毕业依据，作为高一级学校录取的重要参考或依据。

三、广泛开展劳动教育实践活动

(九) 家庭要发挥在劳动教育中的基础作用。注重抓住衣食住行等日常生活中的劳动实践机会，鼓励孩子自觉参与、自己动手，随时随地、坚持不懈地劳动，掌握洗衣做饭等必要的家务劳动技能，每年有针对性地学会 1 至 2 项生活技能。鼓励学校(家委会)和社区等组织开展学生生活技能展示活动。学生参加家务劳动和掌握生活技能的情况要按年度记入学生综合素质档案。鼓励孩子利用节假日参加各种社会劳动。家庭要树立崇尚劳动的良好家风，家长要通过日常生活的言传身教、潜移默化，让孩子养成从小爱劳动的好习惯。

(十) 学校要发挥在劳动教育中的主导作用。学校要切实承担劳动教育主体责任，明确实施机构和人员，开齐开足劳动教育课程，不得挤占、挪用劳动实践时间。明确学校劳动教育要求，着重引导学生形成马克思主义劳动观，系统学习掌握必要的劳动技能。根据学生身体发育情况，科学设计课内外劳动项目，采取灵活多样形式，激发学生劳动的内在需求和动力。统筹安排课内外时间，可采用集中与分散相结合的方式。组织实施好劳动周，小学低中年级以校园劳动为主，小学高年级和中学可适当走向社会、参与集中劳动，高等学校要组织学生走向社会、以校外劳动锻炼为主。

(十一) 社会要发挥在劳动教育中的支持作用。充分利用社会各方面资源，为劳动教育提供必要保障。各级政府部门要积极协调和引导企业公司、工厂农场等组织履行社会责任，开放实践场所，支持学校组织学生参加力所能及的生产劳动、参与新型服务性劳动，使学生与普通劳动者一起经历劳动过程。鼓励高新企业为学生体验现代科技条件下劳动实践新形态、新方式提供支持。工会、共青团、妇联等群团组织以及各类公益基金会、社会福利组织要组织动员相关力量、搭建活动平台，共同支持学生深入城乡社区、福利院和公共场所等参加志愿服务，开展公益劳动，参与社区治理。

四、着力提升劳动教育支撑保障能力

(十二) 多渠道拓展实践场所。大力拓展实践场所，满足各级各类学校多样化劳动实践需求。充分利用现有综合实践基地、青少年校外活动场所、职业院校和普通高等学校劳动实践场所，建立健全开放共享机制。农村地区可安排相应土地、山林、草场等作为学农实践基地，城镇地区可确认一批企事业单位和社会机构，作为学生参加生产劳动、服务性劳动的实践场所。建立以县为主、政府统筹规划配置中小学(含中等职业学校)劳动教育资源的机制。进一步完善学校建设标准，学校逐步建好配齐劳动实践教室、实训基地。高等学校要充分发挥自身专业优势和服务社会功能，建立相对稳定的实习和劳动实践基地。

(十三) 多举措加强人才队伍建设。采取多种措施，建立专兼职相结合的劳动教育师资队伍。根据学校劳动教育需要，为学校配备必要的专任教师。高等学校要加强劳动教育师资培养，有条件的师范院校开设劳动教育相关专业。设立劳模工作室、技能大师工作室、荣誉教师岗位等，聘请相关行业专业人士担任劳动实践指导教师。把劳动教育纳入教师培训内容，开展全员培训，强化每位教师的劳动意识、劳动观念，提升实施劳动教育的自觉性，对承担劳动教育课程的教师进行专项培训，提高劳动教育专业化水平。建立健全劳动教育教师工作考核体系，分类完善评价标准。

(十四) 健全经费投入机制。各地区要统筹中央补助资金和自有财力，多种形式筹措资金，加快建设校内劳动教育场所和校外劳动教育实践基地，加强学校劳动教育设施标准化建设，建立学校劳动教育器材、耗材补充机制。学校可按照规定统筹安排公用经费等资金开展劳动教育。可采取政府购买服务方式，吸引社会力量提供劳动教育服务。

(十五) 多方面强化安全保障。各地区要建立政府负责、社会协同、有关部门共同参与的安全管控机制。建立政府、学校、家庭、社会共同参与的劳动教育风险分散机制，鼓励购买劳动教育相关保险，保障劳动教育正常开展。各学校要加强对师生的劳动安全教育，强化劳动风险意识，建立健全安全教育与管理并重的劳动安全保障体系。科学评估劳动实践活动的安全风险，认真排查、清除学生劳动实践中的各种隐患特别是辐射、疾病传染等，在场所设施选择、材料选用、工具设备和防护用品使用、活动流程等方面制定安全、科学的操作规范，强化对劳动过程每个岗位的管理，明确各方责任，防患于未然。制定劳动实践活动风险防控预案，完善应急与事故处理机制。

五、切实加强劳动教育的组织实施

(十六) 加强组织领导。在党委统一领导下，各级政府要把劳动教育摆上重要议事日程，出台相关政策措施，切实解决劳动教育实施过程中的重大问题，做好督促落实。省级政府要加强劳动教育工作的统筹协调，明确市地级、县级政府及有关部门加强劳动教育的职责，推动建立全面实施劳动教育的长效机制。

(十七) 强化督导检查。把劳动教育纳入教育督导体系，完善督导办法。对地方各级政府和有关部门保障劳动教育情况以及学校组织实施劳动教育情况进行督导，督导结果向社会公开，同时作为衡量区域教育质量和水平的重要指标，作为对被督导部门和学校及其主要负责人考核奖惩的依据。开展劳动教育质量监测，强化反馈和指导。

(十八) 加强宣传引导。引导家长树立正确劳动观念，支持配合学校开展劳动教育。加强劳动教育科学研究，宣传推广劳动教育典型经验。积极宣传企事业单位和社会机构提供劳动教育服务的先进事迹。注重挖掘在抗疫救灾等重大事件中涌现出来的典型人物和事迹，大力宣传不畏艰难、百折不挠、敢于担当的高尚品格。鼓励和支持创作更多以歌颂普通劳动者为主题的优秀作品，大力宣传辛勤劳动、诚实劳动、创造性劳动的典型人物和事迹，弘扬劳动光荣、创造伟大的主旋律，旗帜鲜明地反对一切不劳而获、贪图享乐、崇尚暴富的错误观念，营造全社会关心和支持劳动教育的良好氛围。

附录B　高等学校学生勤工助学管理办法

(2018年修订)

为深入贯彻党的十九大精神，不断健全学生资助制度，根据当前学生勤工助学工作的新特点及新需要，教育部、财政部对现行的《高等学校学生勤工助学管理办法》进行了修订。

第一章　总　　则

第一条　为规范管理高等学校学生勤工助学工作，促进勤工助学活动健康、有序开展，保障学生合法权益，帮助学生顺利完成学业，发挥勤工助学育人功能，培养学生自立自强、创新创业精神，增强学生社会实践能力，特制定本办法。

第二条　本办法所称高等学校是指根据国家有关规定批准设立、实施高等学历教育的全日制普通本科高等学校、高等职业学校和高等专科学校(以下简称学校)。

第三条　本办法所称学生是指学校招收的本专科生和研究生。

第四条　本办法所称勤工助学活动是指学生在学校的组织下利用课余时间，通过劳动取得合法报酬，用于改善学习和生活条件的实践活动。

第五条　勤工助学是学校学生资助工作的重要组成部分，是提高学生综合素质和资助家庭经济困难学生的有效途径，是实现全程育人、全方位育人的有效平台。勤工助学活动应坚持“立足校园、服务社会”的宗旨，按照学有余力、自愿申请、信息公开、扶困优先、竞争上岗、遵纪守法的原则，由学校在不影响正常教学秩序和学生正常学习的前提下有组织地开展。

第六条　勤工助学活动由学校统一组织和管理。学生私自在校外兼职的行为，不在本办法规定之列。

第二章　组 织 机 构

第七条　学校学生资助工作领导小组全面领导勤工助学工作，负责协调学校的宣传、学工、研工、财务、人事、教务、科研、后勤、团委等部门配合学生资助管理机构开展相关工作。

第八条　学校学生资助管理机构下设专门的勤工助学管理服务组织，具体负责勤工助学的日常管理工作。

第三章　学 校 职 责

第九条　组织开展勤工助学活动是学校学生工作的重要内容。学校要加强领导，认真组织，积极宣传，校内有关职能部门要充分发挥作用，在工作安排、人员配备、资金落实、办公场地、活动场所及助学岗位设置等方面给予大力支持，为学生勤工助学活动提供指导、服务和保障。

第十条　加强对勤工助学学生的思想教育，培养学生热爱劳动、自强不息、创新创业的奋斗精神，增强学生综合素质，充分发挥勤工助学育人功能。

第十一条　对在勤工助学活动中表现突出的学生予以表彰和奖励；对违反勤工助学相关规定的学生，可按照规定停止其勤工助学活动。对在勤工助学活动中违反校纪校规的，按照校纪校规进行教育和处理。

第十二条　根据本办法规定，结合学校实际情况，制定完善本校学生勤工助学活动的实施办法。

第十三条　根据国家有关规定，筹措经费，设立勤工助学专项资金，并制定资金使用与管理办法。

第四章　勤工助学管理服务组织职责

第十四条　确定校内勤工助学岗位。引导和组织学生积极参加勤工助学活动，指导和监督学生的勤工助学活动。

第十五条　开发校外勤工助学资源。积极收集校外勤工助学信息，开拓校外勤工助学渠道，并纳入学校管理。

第十六条　接受学生参加勤工助学活动的申请，安排学生勤工助学岗位，为学生和用人单位提供及时有效的服务。

第十七条　在学校学生资助管理机构的领导下，配合学校财务部门共同管理和使用学校勤工助学专项资金，制定校内勤工助学岗位的报酬标准，并负责酬金的发放和管理工作。

第十八条　组织学生开展必要的勤工助学岗前培训和安全教育，维护勤工助学学生的合法权益。

第十九条　安排勤工助学岗位，应优先考虑家庭经济困难的学生。对少数民族学生从事勤工助学活动，应尊重其风俗习惯。

第二十条　不得组织学生参加有毒、有害和危险的生产作业以及超过学生身体承受能力、有碍学生身心健康的劳动。

第五章　校内勤工助学岗位设置

第二十一条　设岗原则：

(一) 学校应积极开发校内资源，保证学生参与勤工助学的需要。校内勤工助学岗位设置应以校内教学助理、科研助理、行政管理助理和学校公共服务等为主。按照每个家庭经济困难学生月平均上岗工时原则上不低于 20 小时为标准，测算出学期内全校每月需要的勤工助学总工时数(20 工时×家庭经济困难学生总数)，统筹安排、设置校内勤工助学岗位。

(二) 勤工助学岗位既要满足学生需求，又要保证学生不因参加勤工助学而影响学习。学生参加勤工助学的时间原则上每周不超过 8 小时，每月不超过 40 小时。寒暑假勤工助学时间可根据学校的具体情况适当延长。

第二十二条　岗位类型：

勤工助学岗位分固定岗位和临时岗位。

(一) 固定岗位是指持续一个学期以上的长期性岗位和寒暑假期间的连续性岗位；

(二) 临时岗位是指不具有长期性，通过一次或几次勤工助学活动即完成任务的工作岗位。

第六章　校外勤工助学活动管理

第二十三条　学校勤工助学管理服务组织统筹管理校外勤工助学活动，并注重与学生学业的有机结合。

第二十四条　校外用人单位聘用学生勤工助学，须向学校勤工助学管理服务组织提出申请，提供法人资格证书副本和相关的证明文件。经审核同意，学校勤工助学管理服务组织推荐适合工作要求的学生参加勤工助学活动。

第七章　勤工助学酬金标准及支付

第二十五条　校内固定岗位按月计酬。以每月 40 个工时的酬金原则上不低于当地政府或有关部门制定的最低工资标准或居民最低生活保障标准为计酬基准，可适当上下浮动。

第二十六条　校内临时岗位按小时计酬。每小时酬金可参照学校当地政府或有关部门规定的最低小时工资标准合理确定，原则上不低于每小时 12 元人民币。

第二十七条　校外勤工助学酬金标准不应低于学校当地政府或有关部门规定的最低工资标准，由用人单位、学校与学生协商确定，并写入聘用协议。

第二十八条　学生参与校内非营利性单位的勤工助学活动，其劳动报酬由勤工助学管理服务组织从勤工助学专项资金中支付；学生参与校内营利性单位或有专门经费项目的勤工助学活动，其劳动报酬原则上由用人单位支付或从项目经费中开支；学生参加校外勤工助学，其劳动报酬由校外用人单位按协议支付。

第八章　法 律 责 任

第二十九条　在校内开展勤工助学活动的，学生及用人单位须遵守国家及学校勤工助学相关管理规定。学生在校外开展勤工助学活动的，勤工助学管理服务组织必须经学校授权，代表学校与用人单位和学生三方签订具有法律效力的协议书。签订协议书并办理相关聘用手续后，学生方可开展勤工助学活动。协议书必须明确学校、用人单位和学生等各方的权利和义务，开展勤工助学活动的学生如发生意外伤害事故的处理办法以及争议解决方法。

第三十条　在勤工助学活动中，若出现协议纠纷或学生意外伤害事故，协议各方应按照签订的协议协商解决。如不能达成一致意见，按照有关法律法规规定的程序办理。

第九章　附　　则

第三十一条　科研院所、党校、行政学院、会计学院等研究生培养单位根据本办法规定，制定完善本单位学生勤工助学活动的实施办法。

第三十二条　本办法由教育部、财政部负责解释。

第三十三条　本办法自公布之日起施行。教育部财政部印发的《高等学校勤工助学管理办法》(教财〔2007〕7 号)同时废止。

参 考 文 献

[1] 朱忠义. 劳动教育与实践[M]. 北京：北京理工大学出版社.2020.
[2] 刘海滨. 职业院校劳动教育实践教程[M]. 沈阳：辽宁人民出版社.2020.
[3] 潘维琴，王忠诚. 劳动教育与实践[M]. 北京：机械工业出版社.2021.
[4] 蒋楠，张锋科，雷靖. 劳动教育实践教程[M]. 北京：中国大百科全书出版社.2020.
[5] 耿业斌. 劳动教育实践手册[M]. 合肥：安徽科学技术出版社.2020.
[6] 王郁葱. 高职劳动教育与实践[M]. 上海：上海交通大学出版社.2020.
[7] 刘松林. 新时代高校劳动教育理论与实践教程[M]. 长春：东北师范大学出版社.2020.
[8] 曹志超，胡烽. 大学生劳动教育实践教程[M]. 北京：知识出版社.2020.